KB260599

사회복지행정론

— 사회복지기관행정을 중심으로

사회복지행정론

— 사회복지기관행정을 중심으로

장신재 저

나눔의집

머리말

내가 대학에서 사회복지를 처음 접했을 때는, 미팅 자리에서나 집안 어른을 만나러 친척집에 가거나 그 어떤 자리에서도 "사회복지(사회사업)가 뭐냐? 자선사업같은 걸 뭘 배우냐? 돈만 있음 하는 거지"라는 무지몽매한 멘트에 매일 좌절하면서 항상 누구든 만난 후 적어도 처음 5분간은 내가 하려고 하는, 또는 하고 있는 공부가 무엇인지 설명하는 데 할애해야만 했었다. 그리고, 그 당시만 해도 몇 권 안 되는 교재와 참고 문헌들로 겨우겨우 외국의 사회복지의 맛을 조금씩 보고 있던 때이기도 하다.

그러나—진짜 그야말로 '그러나' 이다. 얼마나 다행스러운 일인지....—, 1990년대에 들어 사회복지에 대한 사회적 인지도가 매우 증가한 데다, 1990년대 후반 이후에는 조금 과장하여 말하면 '복지'라는 말이 붙지 않으면 되는 일이 없다싶을 정도로 그 관심은 거의 폭발적으로 증가했다고 해도 과언이 아닐 만큼 사회복지는 급속도로 팽창되어 왔다. 이제는 국내 어딜 가든지 내가 살고 있는 지역사회 내에 사회복지기관을 근거리에 두고 살 정도가 된 것이다.

사회복지를 누구든 돈과 의지만 있으면 할 수 있는 자선사업 정도로 알던 때는 행정이 없었다. 내 주머니 털어 그 돈으로 쌀 팔아 먹고, 없으면 같이 굶으면 그만이었다. 선의든 악의든 단발적으로 돈이나 물건을 나눠주거나 의식주를 나누는 공동의 삶이 있을 뿐이었다. 그렇기 때문에 사실 거기에는 사회복지도 없었다. 사회복지가 없는 곳에 행정이 웬 말이랴?

행정은 조직을 근간으로 한 다수의 행위체가 있을 때 가능해진다. 또한, 조직의 궁극적 목표는 목적 달성을 위한 과업 수행이다. 따라서, 가장 효과적이고 효율적으로 조직의 목적을 달성할 수 있을 때 사회복지는 훌륭한 빛을 발한다. 그러기에 가장 멋지게 사회복지를 수행해내기 위해서 필요한 것이 사회복지행정이다.

사회복지가 오늘날과 같이 수적으로 증가하고 종류별로 다양해짐과 동시에 국가나 사회에서 많은 관심을 보여주고 있음에도 불구하고 아직도 낙후되고, 임의적이고, 세련되지 못한 이미지를 떨쳐 내지 못하는 것은 아마도 제대로 된 사회복지행정이 부재하기 때문일 것이다.

그래서 나는 시도하였다. 한국 사회복지행정체계를 접수하기 위해 ^ ^ .... (쯧쯧, 여러분들의 혀 차는 소리가 귓전을 울린다!!) 물론 이 말은 내 생애의 궁극적인 도전이자 목적이 될 것이다. 그리고, 이 책은 그 첫걸음이다. 여러분들의 많은 꾸짖음과 더불어 따뜻한 관심을 바란다.

이 책에 대한 요약은 차례를 통해서 더 자세히 파악될 수 있을 것이다. 이 책의 특징을 간단히 생각해 보면, 이 책은 기존의 사회복지행정론의 전통적인 틀을 따르지는 않았다. 사실 책의 앞부분에 사회복지행정의 근간이 되는 조직에 관한 이론들을 다루었어야 하는데 그러지 않았다. 왜냐하면 행정에 관한 많은 문헌들이 하나도 빼놓지 않고 조직 이론을 다루고 있기 때문에 굳이 유사하거나 동일한 이론들을 또 다시 구색 맞추기로 끼워 넣고 싶지는 않았기 때문이다.

반면, 좀 더 신경 쓰고 싶은 부분이 있었다면, 첫째 사회복지조직은 무엇보다 휴먼서비스 조직이기 때문에 인적 관리의 부분을 강화한 것이다. 둘째, 우리나라 사회복지조직은 아직 효과성이나 효율성조차 제대로 성취해내고 있지 못하기 때문에 사회복지행정가들이 논의하기를 꺼려하는 사회복지행정의 윤리적 측면들, 현장에서 가장 필요로 하는 프로그램 기획과 수행, 사회복지관리자가 되기 위한 준비, 관리자의 역할 등 현장에서 실질적으로 더 중요하게 다뤄질 수 있는 사회복지행정들이었다. 그래서 현장에서 환영받는 사회복지사가 되는 데 좀 더 도움이 되고 싶었다.

그러나—진짜 그야말로 '그러나'이다. 얼마나 괴로운 일인지…—, 처음에 의도하였던 바를 제대로 담아냈다고 자신 있게 말할 수는 없다. 그리고, 한 가지 더 아쉬운 것은 이 책의 주요 대상이 학부 학생들인지라 쉽고 간략하고 재미있게 쓰고자 노력했는데, 행정 자체가 까다롭고 건조한 내용들이 많아 내용이 전반적으로 딱딱하고 어려운 부분이 많이 남아 있다. 후회스럽지만 항상 인간은 발전할 수 있는 것이니까. 내일은 더 나으리라 본다.

끝으로, 이 책을 통해 내가 알지 못하는 여러분들과 사회복지행정의 場 속에서 만나게 되길 기원하면서 이 책을 발간해 주신 나눔의집 출판사 유보열 대표이사께 감사의 말씀을 드린다. 그리고, 이 책이 발간되기까지 같이 힘을 보태준 조정아, 김경민, 최정아 등 사랑하는 나의 후배들에게도 깊은 감사를 드린다.

2005. 9.

장신재

차례

이 저서는 서울장신대학교 교수연구비지원에 의한 것임

제1장

사회복지기관과 사회복지기관행정

제1장
사회복지기관과 사회복지기관행정

제1장은 사회복지행정을 처음 접하는 이들을 위한 워밍업(warmingup)이다. 사회복지기관을 운영하고 서비스를 제공하는 것은 클라이언트의 삶을 향상시키기 위함이라는 정당성에서 사회복지기관의 행정은 출발한다. 따라서, 최근 들어 사회복지행정에 대한 발전과 관심이 고조되고 있는 가운데 급격한 사회환경 변화와 사회복지 서비스 운영 방식의 변화를 그 주요 원인으로 제시하였다. 특히, 사회복지행정이 더 세분화·구체화되면서 복지행정이라는 일반론보다는 사회복지기관이라는 고유한 특수성을 고려하여 사회복지기관행정을 더 중점적으로 고찰해 보고자 하였다.

본 장의 구성 내용은 먼저, 사회복지기관행정이라는 큰 바다를 순항하기 위하여 행정 및 조직들을 기본 개념으로 하여 사회복지기관행정과 그 특수성, 그리고 사회복지기관행정의 구성 요소 등에 대해서 간략하게 설명하였다. 그리고, 이 장의 후반부에서 사회복지기관행정의 가장 중심이 되는 서비스 성과 관리 측면에서 사회복지 서비스의 효과성에 대한 5가지 분류틀을 제시하였다.

1. 변화하는 복지환경과 사회복지기관

1) 사회복지 환경 변화와 적응

사회복지기관의 성공적인 혁신을 위해서는 기관을 둘러싼 내·외부 환경을 이해하고 환경의 변화에 적응해 가는 것이 반드시 필요하다. 많은 내부적 요인들은 역동적으로 상호작용을 하며, 기관 전체와 각각의 단위 부서들이 서로 관계를 맺고 있고 영향을 주고받는다(Lewis et al., 2001). 또한 사회복지기관은 외부환경 변화에 매우 민감하게 영향을 받는다(Bryson, 1995). 정치, 경제, 사회적인 분야들과 다양한 기술의 발전이 사회복지기관을 운영하고 실천하는 데 외부 환경으로서 중요한 역할을 담당한다.

한국 사회는 최근 들어 사회복지 서비스를 비롯한 다양한 사회복지 서비스들에 대한 수요가 크게 확대되고 있는 추세이다. 1980~1990년대 아동보육서비스에 대한 폭발적인 서비스 수요와 공급은 이미 목격했던 바이며, 2000년대에는 노인 및 장애인 관련 서비스들이 크게 확대될 것으로 예측되고 있다. 이러한 사회복지 서비스의 확대는 결과적으로 그러한 서비스를 행정·관리할 수 있는 능력을 요구하게 된다(김영종, 2001). 왜냐하면, 서비스의 다원화와 양적 확대는 임시적이고 단편적인 운영으로는 존재할 수 없으며 따라서, 필연적으로 경쟁 구도를 형성하게 되기 때문이다. 그러므로, 조직의 유효성과 체계화가 담보되지 않으면 그 기관은 도태될 수밖에 없다.

또한, 사회복지 서비스의 규모가 확대될수록 그에 따라 투입되는 사회적 자원의 규모도 증대된다. 사회적 부문에 대한 사회적 자원 할당이 증가하게 되면, 그에 따른 책임성의 문제도 그 만큼 더 커지게 된다. 이러한 사실은 1970~1980년대의 서구사회가 이미 경험했던 바이며, 1990년대 후반 이후에 한국사회에서도 이와 관련된 이슈들이 본격적으로 논의되고 있다(최일섭, 1999).

(1) 사회복지 서비스 운용 방식의 변화

이와 같이 서비스의 수요 및 공급의 확대와 더불어, 사회복지 서비스 운용 방식에 있어서 나타나는 변화들은 다음과 같다.

① 자원 확보를 위한 노력과 방향 모색

사회복지기관들은 기존에는 별 노력을 기울이지 않고 공공 자원을 지속적으로 활용할 수 있었다. 그러나, 국가가 제반 사회복지 운영시스템을 정부의 직접 투자는 줄이고 민간의 기여와 참여를 유도하는 방향으로 변화시키고 있기 때문에 이에 맞추어 사회복지기관들은 자원 확보를 위한 노력과 방향을 새로이 모색해야만 한다. 효과성과 효율성이 검증된 프로그램을 개발하여 수행하고 다양하고도 복잡한 자원 출처들을 탐색하고 지속적으로 관리하는 전문적인 능력을 갖추는 것이 필연적으로 요구된다.

② 사회복지 인력의 다전문직화

사회복지 서비스를 제공하는 기관들의 규모가 증대되고 세분화와 전문화가 진행되면 사회복지기관들은 더 이상 사회복지 전문직만의 조직이 아니라 심리 치료사, 특수 교사, 보육사, 간호사, 재활 상담가 등 다양한 인간 봉사 서비스 전문직들이 공존하는 조직으로 바뀌게 된다. 이와 동시에 조직 내에서의 이러한 기능 분화와 다전문직의 공존 현상은 기존의 사회복지행정 관리 능력이나 노하우(know-how)로는 감당할 수 없는 과제들을 만들어 낸다. 따라서, 이와 관련해서 서비스의 책임성을 증진시킬 수 있는 리더십을 비롯한 제반 행정 관리 기술들에 대한 요청이 더욱 크게 나타날 것이다.

③ 사회복지기관 간 연계와 통합의 필요성 대두

제한된 사회복지 서비스 자원의 활용에 따르는 효율성을 극대화하기 위해서는, 조직들 간의 연계와 통합에 대한 필요성이 더욱 커지고 있다. 이에 따라 조직들 간의 관계도 이전의 단일·폐쇄적 조직들의 집합에서 다수 조직들 간의 연계와 네트워크 강조로 변화하게 된다. 사회복지 서비스를 요청하는 클라이언트들의 욕구가 통합적이기 때문에 한 기관에서 클라이언트에게 필요한 모든 서비스를 총괄하여 연계·제공하고 사후 관리하는 'one-stop service'가 일반화될 것이다(김영종, 1999).

④ 사회복지 분야에 대한 책무성(accountability)의 증가

책무성이란 사회복지기관이 주어진 자원을 얼마나 효과적이고 효율성 있게 활용하였는지 객관적 자료를 통해 검증해 보여야 하는 책임성은 물론, 더 나아가 자원의 집행 과정 및 절차 등이 도덕적이며 윤리적이어야 한다는 것을 의미한다. 사회복지행정은 산출, 결과 및 서비스의 질 등 사회복지 프로그램의 효과성을 끊임없이 보여주어야 하는 압력에 시달리고 있다. 심지어 현대 미국 사회에서는 사회복지가 일종의 큰 비즈니스에 속한다. 사회복지 프로그램에 투입되는 재정이 매년 20억 달러가 넘는다. 예전에는 공공 체계에 속한 것이 대부분이었지만 가속된 민영화의 추세로 인하여 사회복지의 각 분야들은 공공과 민간이 경쟁하는 체제에 돌입하게 된 것이다. 따라서, 사회복지 성과에 대한 책무성은 향후 사회복지기관행정에 있어 가장 핵심이 될 것이다.

⑤ 정보 기술의 비약적인 발전

굳이 앨빈 토플러(Alvin Toffler)의 '제3의 물결'(The 3rd Wave)을 언급하지 않더라도 정보는 곧 힘이라는 사실이 드러났다. 정보 기술(Information Technology)의 발전은 사회복지 분야에서 클라이언트에 대한 접근성을 높이고 서비스를 제공하며, 사회복지기관과 클라이언트의 전문적 관계를 유지시키는 등 그 활용성과 적용성을 증가시켜 왔다. 클라이언트는 인터넷을 통하여 자신이 이용할 수 있는 서비스가 무엇인지 알 수 있으며 서비스의 종류를 확인하기도 하고 각 기관에서 제공하는 서비스를 비교한 후 가장 적합한 서비스를 선택할 수 있다. 또한, 이러한 정보 시스템은 사회복지기관에도 유용하게 활용되어 클라이언트와 상담할 수 있고 사례 계획을 짜기도 하고 상담, 방문, 온라인을 통한 모니터링이나 평가를 수행할 수도 있다. 전화, 팩스, 이메일, 화상 면담 등 수 많은 자원들을 활용하여 장소와 시간을 불문하고 서비스를 제공할 수 있다. 이제는 손바닥에 든 PDA(Personal Digital Assistant) 하나면 모든 소통이 가능한 시대에 접어들게 되었다.

⑥ 사회복지기관의 조직 개편 가속화

사회복지기관 간의 경쟁 심화, 발전된 정보 기술의 사용, 서비스 제공의 개별화 경향 등으로 인해 사회복지기관의 구조는 지속적으로 변화할 것이다. 현재도 대규모의 사회복지법인들이 자신들의 브랜드 가치를 높이고자 다양한 사회복지 사업에 손을 대고 있으며 그 영향력을 확대해 나가고 있다. 이는 우리나라 사회복지의 발달 단계가 전문성 향상과 질적 심화보다는 아직도 양적 팽창 단계에 있기 때문인데, 이러한 단계는 향후 수년 동안 지속될 것으로 예측된다. 이러한 변화에 따라 우리나라 사회복지기관 운영은 대형 법인과 소규모 개미 기관의 양 극단적인 형태를 취할 가능성이 높아지고 있기 때문에 이로 인해 제기될 수 있는 자원 배분의 불균형, 전문성, 서비스의 질, 비민주성, 수단과 목적의 전치 현상 등 다양한 문제들에 대비해야 할 것이다.

2. 사회복지기관행정

1) 사회복지기관행정의 개념

몇 년 전에 "살림살이 좀 나아지셨습니까?"라는 모 대통령 후보의 선거 연설 문구가 대대적으로 유행한 적이 있었다. 여기서 살림살이란 무엇인가? 단편적인 뜻으로만 본다면 아마도 '사는 형편 또는 경제 사정' 정도를 의미할 것이다. 그러나, 이 정도의 의미에서 더 나아가면 개인이나 가정, 가게, 공장, 회사 등이 잘 운영되고 있느냐, 그리하여 각각 이루고자 하는 목표를 잘 달성하고 있느냐에 이르기까지를 묻고 있는 것이다.

(1) 사회복지행정의 정의

'행정(administration)'이란 개념도 쉽게 말하면 '공식적인 살림살이'를 일컫는 것이다. 공식적인 살림살이라고 할 때 가장 먼저 떠오르는 것은 정부 행정, 군대 행정, 교육 행정, 지방 행정, 중앙 행정, 기업 행정 등을 들 수 있다. 이렇듯 오늘날 대부분의 행정에 대한 정의들이 '조직적 활동'을 전제하고 있다. 따라서, 행정이란 사회 및 국가에서 어떤 특정한 공식적인 기관이나 조직으로서 존재하고 있는 것의 운영 혹은 관리라고 할 수 있을 것이다.

사회복지행정은 일반적으로 서로 중복된 개념이 통용되어 왔다(Patti, 1988). 이러한 첫 번째 경향은 행정을 포괄적으로 정의한 것으로서 행정을 조직의 모든 활동에 다양하게 기여하는 구성원들을 모두 참여시키는 조화로운 노력으로 특징 짓고 있다. 이러한 의미에서 행정은 사회복지조직의 목표 설정, 계획, 수행, 변화, 평가 등의 각 단계에서 이루어지는 활동을 모두 포함하는 것으로서, 서비스나 목표 달성의 책임이 기관 내의 모든 구성원들에게 있다. 두 번째 경향은 제한적 의미의 정의로서 행정을 하나의 실천 방법론으로 보는 입장이다. 따라서, 사회복지행정은 체계적이고 개입을 필요로 하는 과정이며 상호의존적인 과업과 기능을 포함하고, 조직의 목적과 목표 달성을 위해 사회복지사들이 수행하는 활동이 된다. 이러한 관점에서의 행정은 목적 설정, 프로그램 기획, 자원 동원, 성과 평가에 대한 지식, 기술, 가치 등을 잘 적용할 수 있도록 해준다. 이러한 실천의 한 방법론으로서의 행정은 일반 조직이론이나 행정이론, 경영학 등에서 정보를 얻으며 사회복지기관의 특수한 목적이나 특징에 따라 영향을 받는다.

[그림 1-1] 조직 구성 요인

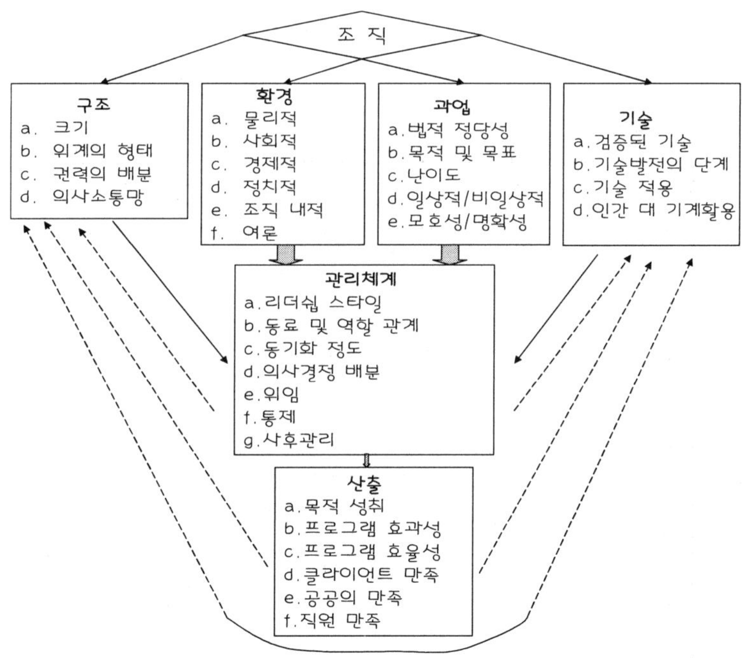

출처: Steiner(Richard), *Managing the human service organization; from survival to achievement*, CA: Sage Publications. 1977.

① 조직이란?

[그림 1-1]은 조직을 구성하는 요인들에 대해 개략적으로 구성해 본 것이다. 조직은 추상적이기 때문에 일반적으로 딱 '이것이다' 라고 규정지어 말하기는 어렵다. 그러한 이름 붙이기 놀이보다는 조직이 무엇이고, 어떤 기능을 하고, 무엇을 생산해내는지 그런 것들을 실타래를 풀어가듯이 하나씩 얘기해 보는 것이 더 유익할 것이다. 조직을 통해서 뭔가를 성취한다는 것은 서비스를 제공하는 기술적인 부분들과 직원의 능력, 그리고 일 하고자 하는 동기, 조직 구조, 관리자의 관리 스타일, 의사소통, 환경적인 제약과 같은 것들을 어떻게 통합시키고, 어떤 방법을 활용하고, 또 어느 정도로 서로 잘 조화시키는지 하는 것에 달려 있다. 이런 것들을 조직의 구성 요인들이라고 할 수 있는데, 이러한 요인들 중의 몇 가지는

[그림 1-2] 사회복지행정

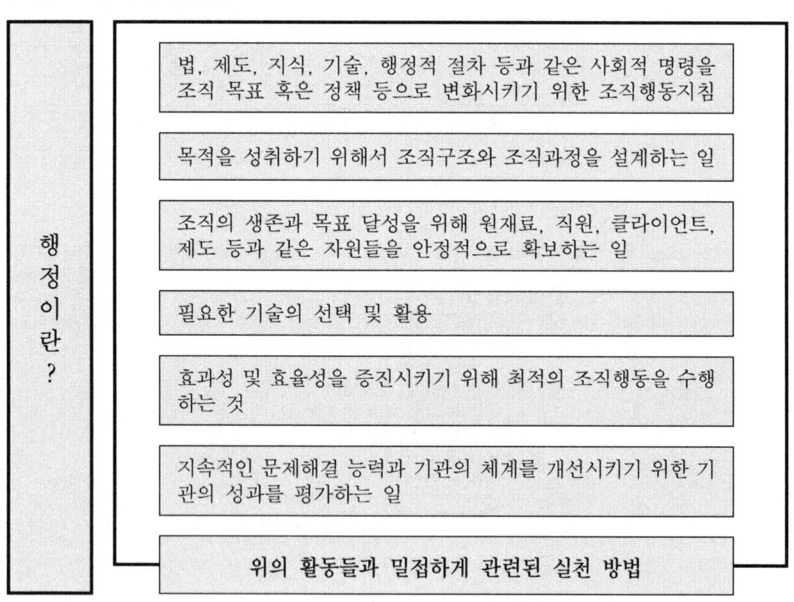

출처: Sarri(R.), *Administration in social welfare. Encyclopedia of social work* (18th ed.), Vol. I , 1971에서 재구성.

조직의 행정가나 관리자들이 직접적으로 다루는 것이다. 나머지 다른 요인들은 서로 영향 관계를 통해서 관련을 갖게 되며 관리자의 통제 영역 밖에 존재한다.

(2) 사회복지기관행정의 정의

이와 관련하여 사회복지기관행정(social welfare administration)은 이러한 행정의 한 영역으로서 일반적으로 사회복지행정이라고 표현되기도 한다. 그러나, 사회복지행정은 복지행정(welfare administration)과의 어의 구분이 명확하지 않으며, 복지행정 또한 사회복지정책의 영역과 많은 부분 중첩되어 있기 때문에(황성철 외, 2003), 사회복지 분야에 있어서는 그 용어가 그다지 잘 사용되지 않는 경향이 있다. 따라서, 이 책에서는 그 뜻을 명확히 하고 좀 더 실천적이며 현장에 잘 적용할 수 있도록 하기 위하여 사회복지기관행정이라는 표현으로 더욱 구체화된 용어를 사용하였다. 이러한 의도에 따라 사회복지기관행정이란 사회복지 서비스를 주로 제공하고 있는 기관 또는 시설에서 기관의 목표를 설정하고, 이를 효과적으로 달성하기 위하여 프로그램을 기획하고, 수행하며, 평가하는 등 기관 운영을 위한 전반적인 활동을 총체적으로 일컫는 것이다.

수감생활에서는…	조직생활에서는…
고분고분 말을 잘 들으면 쉬는 시간이 주어지기도 한다.	일을 잘 할수록 일이 더 많아진다.
세 끼 식사가 공짜로 해결된다.	일하지 않으면 한 끼도 못 먹는다.
교도소 내에서 제공되는 프로그램에 참여해도 그만 안해도 그만이다.	주어진 업무는 끝까지 완수해야 한다.
게임을 하거나 TV를 시청할 수 있다.	업무시간에 게임이나 TV시청을 할 수 없다.
친구나 가족의 격려 방문이 가능하다.	업무시간에 가족이나 친구와의 사적인 만남을 가져서는 안 된다.
반사회적 행동으로 인해 수감생활을 하게 된다.	반사회적 행동을 하게 되면 조직에서 쫓겨난다.
교도관이 있다.	관리자가 있다.

2) 사회복지기관행정의 등장 배경

사회복지기관행정은 최근 사회복지기관의 사회적 책임성을 강조하는 사회적 분위기에 따라 그 중요성이 더해가고 있다. 사회복지를 관리, 경영, 혹은 행정해야 할 필요성은 일차적으로 복잡다단하게 변화하는 현대 사회와 사회복지 기능이 전체 사회로 확산되고 있는 것에서부터 비롯된다(김영종, 2001). 행정의 발달은 미국에서 주도되었는데, 사회복지기관행정이 자리를 잡아가던 초기에 일반 행정에서 사회복지기관행정의 고유한 영역을 확보한 데에는 우리나라에서도 미국의 상황 변화와 공통된 특징들을 보이고 있다. 그러한 사회적 변화 중 몇 가지는 다음과 같다.

첫째, 사회복지기관행정이 일반 행정과는 다른 것으로 인식되기 시작하였다는 점을 들 수 있다(Patti, 1983). 기존에는 어떤 분야든 해당 기관의 존재 목적이 성취되고 효과적이라면 기관 관리나 운영의 형태는 어떠한 방식을 택하더라도 무관하다는 경영학적 마인드가 주류를 이루고 있었다. 그러나, 이러한 여러 분야에 공통적으로 적용될 수 있는 일반적 행정이 존재한다는 생각은 사회복지기관행정이 특수한 훈련과 전문 지식을 필요로 함에 따라 부정되었다. 즉, 사회복지기관행정의 특징은 서비스의 적절성과 질, 클라이언트 중심의 가치, 전문적 능력, 프로그램의 효과성 및 효율성에서 나왔으며(Kidneigh, 1950) 사회복지기관이나 행정가가 맡는 문제들도 특별한 것들이기 때문이다(Johnson, 1947). 또한, 급격한 사회변화로 인해 사회복지 기능이 점차로 확대됨에 따라 이를 실현하기 위해서는 공식적이고 체계적인 조직들을 통한 실천 활동이 필요하게 되었고 그 결과 조직적 활동을 기획, 실행, 평가, 수정할 수 있는 체계적인 지식에 대한 요구가 사회복지실천에 등장하게 된 것이다.

둘째, 사회복지실천기술의 발전과 함께 사회복지기관행정을 실천에 있어서의 지배적인 가치나 다양한 실천방법론과 연결(Trecker, 1946)시키려는 노력이 자리를 잡았다. 특히, 지역사회 조직사업의 발전은 사회복지기관행정의 체계를 확립(Kramer et. al., 1983)하는 데 결정적인 기여를 하였다. 1960년대는 미국에서 사회복지기관들이 비난의 표적이 되던 시절이었다. 그 이유는 사회복지기관이 변화하는 욕구를 충족하기보다는 기관 자체의 유지와 안정에 더 힘을 쓴다는 것이었다(Morris et. al., 1967). 이에 지역사회조직사업은 많은 사회복지기관들의 바람직한 대안이 될 수 있었다. 이 두 분야는 실제적인 면에서 상통하는 것이 많았으며 계획, 시민 사회의 참여, 위원회의 활동 등과 같은 분야는 행정의 이론과 실무에 곧바로 적용될 수 있었다.

셋째, 국가 발전이 가속될수록 사회복지 예산이 대폭 증가하여 정부의 중요한 관심이 사회복지 분야로 집중될 것이라는 대다수의 예측을 뒤엎고, 실제적으로는 사회복지 분야에서의 예산 감축이 초래되는 경우도 나타났을 뿐만 아니라 증가된 부분 또한 국가의 경제 규모에 비해서는 극히 미미한 수준이거나 오히려 상대적으로 감소한 측면이 없지 않다. 즉, 모든 사회복지계획을 지원할 만한 충분한 자원이 없다는 사실이 드러난 것이다. 특히, 우리나라는 남북 대치라는 특수한 상황까지 겹쳐 사회복지 예산은 전체 예산의 7% 정도 선에서 정체되어 있는 상태이다. 이에 계속되는 경기 악화로 긴축 재정의 압박까지 받고 있는 실정이다. 따라서, 정부에서는 지출된 돈에 비해 가장 큰 효과를 낼 수 있는 프로그램을 선정하여 재정 지원을 하는 정책을 펴지 않으면 안 되었다. 이러한 긴축 정책은 사회복지조직들과 사회복지기관의 근본적인 관리 기술에 영향을 미치게 되었는데, 이러한 변화가 일어나는 과정에서 사회복지기관들은 자신들이 남들에게 보여 줄 그 아무 것도 갖고 있지 못하다는 것을 깨닫기 시작한 것이다. 결과적으로, 사회복지기관들은 새 시대의 요구에 대응하는 행정을 위하여 필요한 지식과 기술에 눈을 돌리기 시작했다. 이 시기는 미국의 1960년대와 비슷한 현상을 보이고 있는데, 미국도 이후 사회복지기관행정에 대한 교육이 활발하게 이루어지기 시작하였으며, 여러 학술지에 실리는 행정에 관한 논문들의 숫자가 급격히 증가했다. 또한 CSWE[1], NASW[2], 그리고 NCSW[3] 등의 후원을 받는 전문직 협회들에서는 행정실무에 관한 토론회와 논문 발표를 대대적으로 지원하였다.

3) 사회복지기관행정의 특수성

일반적으로, 사회복지기관의 행정을 일반 행정과는 다른 것으로 인식하는 데는 재론의 여지가 없다. 초기에는 사회복지가 특수한 훈련과 전문지식을 필요로 한다는 점에서 사회복지기관행정의 특수성이 인정되었지만, 근래 들어 사회복지기관행정은 나름대로의 고유한 조직 구조상의 특성과 독특한 내외적 환경의 맥락에서 다양한 집단들의 이해관계, 클라이언트의 욕구, 변화들 속에서 서비스를 제공하는 과정을 거치기 때문에 일반 행정과는 다른 특수성을 내포하고 있다. 새리(Sarri, 1971)는 사회복지기관행정의 특수성을 다음과 같이 세 가지로 요약하여 기술하였다(Walter et al., 1976).

첫째, 사회복지기관행정의 클라이언트는 투입(input)인 동시에 산출(output)이다. 둘째, 사회복지기관행정은 상담과 사례관리 등 인간관계 기술에 매우 의존하며, 따라서 전문가의 역할이 절대적이다. 셋째, 사회복지기관행정은 비일상적인 사건에 자주 직면한다. 가족의 위험 상황, 위급한 건강 문제, 주택, 실업, 고용 등 과도한 긴장에 처한 클라이언트의 언행은 돌발적이고 예측할 수 없기 때문이다.

사회복지기관의 이러한 세 가지 특수성들로 인해 기관의 목표 달성이 어려워지는 경우도 종종 발생한다. 즉, 영리 기업에서 원자재(raw material)는 투입 요소이고 최종적으로 생산되는 상품이 산출물임에 반하여, 사회복지기관에서는 클라이언트가 기관의 주요 투입 요소이자 산출 요소로서 취급된다. 그러나, 이러한 개념을 받아들이지 않은 사회복지사일 경우 기관의 절차를 임의로 바꾸거나 새로운 시도를 하는 경우도 매우 빈번히 나타난다. 또한, 두 번째의 경우 어떤 목표들은 복잡다단하며 모호한 경우도 있으며, 혹은 어떤 측면에서는 모순되기도 한다. 목적이 곧 궁극에 가서는 수단이 되기도 하는 것이다(예를 들어 보호, 감금, 치

---

1) Council on Social Work Education: 사회복지교육협의회.
2) National Association of Social Workers: 미국사회복지사협회.
3) National Conference of Social Work: 미국사회사업회의.

[표 1-1] 전통적 시각에서의 사회복지기관과 일반 기업과의 특성 비교

일반 기업조직	특성	사회복지조직
규모의 다양성 구조의 복잡성	조직규모 및 구조	소규모 및 단순 여성 중심 유연한 구조
제품 판매	재원확보방법	외부 지원 및 이용자의 부분 분담
시장논리에 의해 설립	조직존립의 근거	사회적 필요성에 의한 역할 위임
다양한 인력 구성	인력구조	사회복지사 중심의 전문 인력
실적 중심, 목표 중심	조직관리 경향	자율적, 민주적
이윤제고	조직목표	이용자의 복지 확대
생산량 및 효율성	조직목표 달성 측정	측정 어려움
능동적 소비자	산출물 이용자	수동적 소비자

료, 재활 같은 것들은 교도소, 정신병원, 쉼터 같은 기관들의 목적으로 기관의 고유 목적이 곧 수단이 되는 경우라고 할 수 있다). 즉, 위와 같은 목적을 달성하기 위해 취하는 수단 또한 목적과 동일해질 수 있다는 것이다. 마지막으로, 클라이언트를 위한 산출 목적과 기관을 위한 유지 목적을 구별하기가 정말 쉽지 않은 경우도 발생할 수 있다. 평가 과정에서 클라이언트가 사회복지기관의 치료프로그램을 통하여 개선되었는가 아니면 단순히 치료프로그램을 이수하였나 하는 문제를 어떻게 볼 것인가 하는 것과 관련되어 있다. 기관의 유지 목적 차원에서만 본다면 클라이언트의 프로그램 종결만으로도 목적은 이미 달성되었다고 볼 수 있다. 그러나 클라이언트의 변화가 사회복지기관의 궁극적 목적이라고 볼 때 그것만으로는 불충분하며 클라이언트의 개선이 뒤따라야 한다.

4) 사회복지기관행정의 구성요소

사회복지기관행정을 구성하고 있는 3대 요소로, 먼저 목적 사업으로서의 사회

복지 프로그램이 있다. 사회복지기관은 프로그램을 통해 클라이언트들에게 서비스 기술을 직접 전달하는 구체적 활동을 할 수 있다. 이것은 사회복지기관에서 수행하고 있는 주요 업무로서 지역사회의 문제 분석과 욕구 조사를 통하여 프로그램을 설계한 후 실행·평가하는 것이다. 따라서, 프로그램에는 대부분 서비스의 형태로서 정책 계획, 자원 전문 지식 등이 나타난다[4]. 조직은 프로그램을 통해 맡은 바 사명을 수행하기 때문에 어떤 의미에서는 조직 내에서 일어나는 모든 일은 프로그램 활동을 보조하며 뒷받침하는 작용을 한다.

두 번째는 인적자원으로서, 인적 자원관리 만큼 사회복지 행정가에게 관심과 문제를 느끼게 하는 분야는 없을 것이다. 인적자원에는 관리자, 사회복지사, 행정가, 자원봉사자, 클라이언트 등이 있으며 사회복지기관은, 특히 기관을 이끄는 관리자와 사회복지사가 그 핵심을 이룬다고 볼 수 있다. 사회복지기관은 노동집약적 특징 때문에 인사 관련 예산이 항상 사회복지기관 지출의 85% 이상을 상회한다. 사회복지사는 관리자에 의해 사용되는 단순한 도구가 아니며, 관리자는 사회복지사가 클라이언트에게 하듯이 기관 종사자의 욕구, 성장, 개발에 관심을 기울여야 한다.

마지막으로 재정, 후원금 모금, 시설·장비 등을 포함하는 물적자원이 있다. 물적자원은 사회복지기관이 환경으로부터 획득하여 조직 전체에 배분하는 원자재와 같은 것이다.

(1) 프로그램(사업 또는 서비스)

프로그램이란 하나의 목표를 수행하기 위한 활동 전반을 의미하며 사회복지 실천의 중요 수단이다. 사회복지 프로그램이란 다른 사람을 돕는 원조 활동으로서 그 주된 업무는 사회복지사가 수행한다. 또한, 그것은 사회의 구성원을 원조하

---

[4] 사회복지기관의 다른 프로그램들의 경우, 여기에 해당하지 않을 수도 있다. 예를 들어, 사회복지사 훈련이나 조사 연구, 혹은 자금 후원에 관한 프로그램은 직접 서비스에 해당되지는 않는데, 이러한 프로그램들은 서비스 전달에 직접적으로 연관되는 것은 아니기 때문이다.

[그림1-3] 사회복지기관행정의 구성

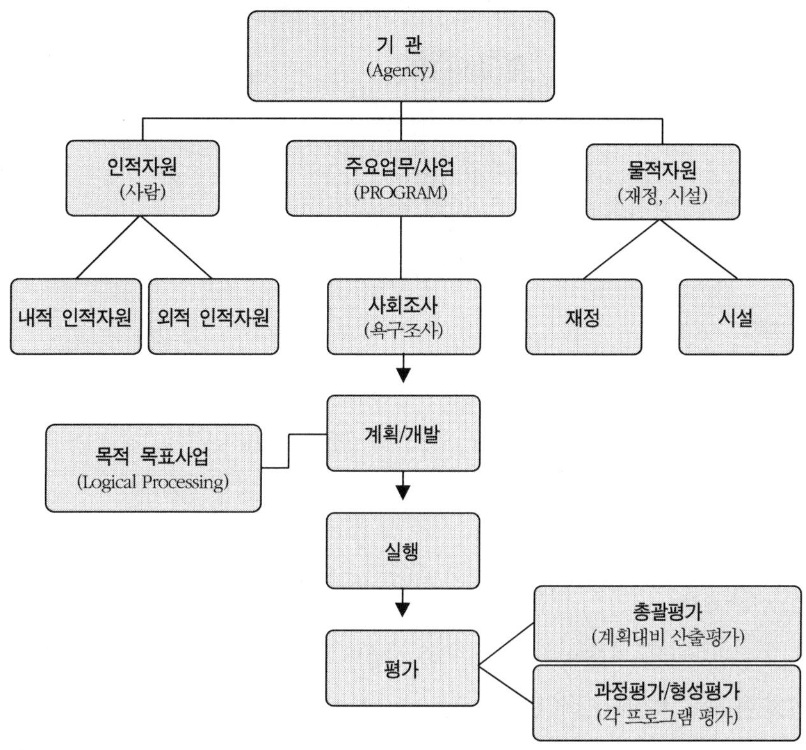

고자 하는 사회적 욕구이기도 하다. 사회복지기관행정은 사회정책이나 목적들을 서비스 실천으로 연결하는 과정으로, 그러한 과정에 대한 구체적인 디자인이 사회복지 프로그램들을 통해 나타난다. [그림1-3]은 사회복지기관의 서비스가 산출되는 기반을 나타낸 것으로서 이는 곧 조직 설립의 근거가 된다. 그리고, 사회복지 프로그램은 다른 프로그램들과는 달리 고유한 특성을 가지고 있다. 지역사회 정신건강센터의 주간보호 프로그램, 종합사회복지관의 이혼가족지원사업, 독거노인의 서비스 보호망, 청소년수련관의 동아리 활동 등이 사회복지기관 프로그램의 형태라고 하겠다.

[그림 1-4] 서비스 산출의 근거

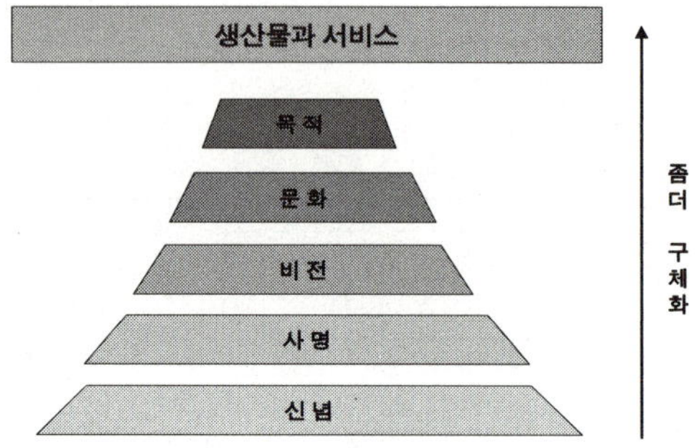

출처: The National Network for Social Work Managers, *The organizational platform*, *Washington*, DC: Author, 1994.

(2) 인적자원

그 동안 사회복지행정학 분야에서는 직원의 만족감과 업무의 효과성 간의 긍정적 관계를 파악하는 데 소홀했었고 클라이언트의 욕구 충족에만 관심을 기울였지 사회복지사의 욕구는 항상 간과되었다. 그러나, 단편적으로만 생각해 보아도 소극적이고 냉소적인 사회복지사가 클라이언트로 하여금 긍정적인 성과를 이끌어 낸다는 것은 상상하기 어려운 일이다. 사회복지기관은 클라이언트, 사회복지사, 기관 자체를 위해서 지속적으로 기회를 제공하며 사회복지사들은 노력을 통해 이익을 창출한다. 사회복지사는 그들의 전문성과 업무 능력 등 다양한 가치들을 최선의 결과를 얻어내기 위해 쏟아 붓는다.

최근 외부 인적자원인 자원봉사자에 대한 모집 및 관리가 기관의 중요 관심사로 등장하고 있다. 또한, 이제까지는 유명무실했던 사회복지기관 내의 각종 위원회들도 이에 해당된다.

(3) 물적자원

사회복지기관의 유지 목적 차원에서 중요하게 고려해야 할 부분이 바로 물적자원 관리이다. 물적자원 관리 중에서는 재정 관리와 정보관리가 매우 중요한 활동 업무이다.

이 중 재정 관리는, 사회복지가 이윤 추구의 기관이 아니라는 특성 때문에 자원 유입은 외부에만 의존해야 한다는 점에서 자원 확보에 많은 어려움이 있다. 따라서, 자원 획득의 지속성을 확보하여 안정화를 기하는 것이 사회복지기관의 가장 중요한 숙제이다. 이를 위해서는 수입원을 다양화하는 것과 프로그램의 효율성을 추구하여 사회복지기관의 지출을 최소화하는 것이다. 그러나, 지출을 줄일 때 중요한 것은 기관의 주요 목적 사업을 줄여서는 안 된다는 점을 반드시 고려해야 한다.

정보관리는 정보 시대로의 진입에 따라 최근 들어 매우 중요하게 부각되는 분야로서 산업 사회의 자원 구분이 변화되고 있다는 점에서 그 중요성을 알 수 있다. 즉, 4가지 자원인 사람(man), 기계(machine), 원료(material), 돈(money)에 새로운 핵심 요소인 정보(information)가 포함되었기 때문이다. 그러므로, 사회복지기관에서는 다양하고 많은 정보를 어떻게 신속하고 체계적으로 관리하여 업무에 활용하느냐가 경쟁력의 관건이 되고 있다.

5) 사회복지기관행정의 효과성

목표를 달성하는 것이 성과, 즉 효과성이다. 행정이 곧 성과라는 개념은 이제 일반적인 영역뿐만 아니라 사회복지를 포함하는 전반적인 인간복지서비스(human services) 분야에서도 서서히 자리를 잡아가고 있다. 인간복지서비스는 미국에서 사용하기 시작한 표현으로서 영국에서는 소득보장, 주택, 고용 등의 대인서비스(personal service)를 포함하여 사회서비스(social service)라고도 하며, 클라이언트에게 직접적으로 서비스를 제공하는 의료, 교육, 복지, 시민·사회단체 등의 분야를 의미한다. 이러한 인간복지서비스에서는 기관의 성과를 클라이언트 변화, 서비스 성과, 안정적 자원 확보, 효율성, 마지막으로 직원의 직무 만족 등의 5가지 영역으로 구분하여 볼 수 있다(Rapp & Poertner, 1992).

(1) 클라이언트 변화

클라이언트 변화는 기관 및 행정 성과의 핵심으로서 막대한 노력의 결과로 클라이언트가 얻는 유익이다. 이는 현재 클라이언트의 열악한 상태나 악화되고 있는 상황에서도 지속적으로 변화를 추구하는 것이다. 기업 경영의 최우선 목표가 이익 추구인 것과 같이 클라이언트 변화는 사회복지기관에서 서비스 제공의 가장 기본적인 기준이 된다. 기업에서 최고경영자(CEO)는 생산물과 획득, 그리고 직원의 사기에 대해 꼼꼼하게 살핀다. 그러나, 직원들의 만족감만으로는 이윤 추구를 보장할 수 없다. 이와 마찬가지로 사회복지기관에서도 관리자는 다양한 영역에서 성과를 추구한다. 하지만, 이러한 다양한 영역들의 총합이 사회복지기관의 성과가 될 수 없으며 클라이언트의 변화 및 개선이라는 측면이 반영된 효과성이어야 한다는 것이다.

이러한 클라이언트 변화를 측정하는 것은 다섯 가지 유형으로 구분될 수 있으며 이는 정서적 변화, 학습, 행동 변화, 지위 유지 및 변화, 그리고 환경 수정이다. 정서적 변화는 클라이언트가 기존에 어떠한 것에 대해 느꼈던 방식의 변화, 또한 감정에 반응하는 방법에 대한 변화를 의미하는 것이다. 예를 들면, 누군가가 예전에는 다른 사람의 성공에 대해 질투와 열등감을 느꼈다면 지금은 그 사람의 성공에 대해 기뻐하는 마음과 그것을 본받고자 하는 마음가짐으로 변화하는 것이다. 학습은 클라이언트가 지식을 얻게 되는 것을 의미한다. 예전에는 알지 못하였으나 서비스를 제공받고 난 이후에는 새로운 지식을 습득하게 되는 것이다. 약물 중독자가 교육 이수 후에 약물의 폐해를 알게 되는 것이 바로 이 부분에 해당된다. 그리고, 행동 변화는 클라이언트에게 가장 많이 기대하는 것으로서 약물 중독자가 약물을 끊는 것이며, 끊임없이 자살을 시도하는 사람이 자살하고자 하는 시도를 멈추는 것 등이 행동변화를 가져 온 것이라 볼 수 있다. 마지막으로, 지위의 유지 및 변화는 행동 변화 이후에 그 변화된 행동이 지속적으로 장기간 계속되는 것과 나아가 자신의 생활이나 삶의 여건이 개선되는 것을 의미한다. 약물을 중단한 클라이언트가 구직 활동을 하여 직업을 얻게 되는 것이 지위의 유지 및 변화라고 볼 수 있다.

(2) 서비스 성과

서비스 성과는 민간 기업에서 일반적으로 일컫는 생산성에 해당되는 것으로 제공된 서비스의 양이며, 서비스 단위로 측정된다. 서비스 단위는 서비스에 노력이 포함된 것이지만 이것은 서비스의 질과는 무관하다. 서비스 성과는 주로 제공된 서비스 실적을 보고하는 방식으로 활용되어 왔다. 그렇기 때문에 형식은 서비스를 제공한 클라이언트의 수, 서비스 사례, 서비스 건수, 소요 시간 등이 포함되는데, 가장 빈번하게 쓰이는 서비스 성과 척도는 클라이언트 수이다. 클라이언트 수는 서비스를 받는 사람의 수를 말한다. 서비스 사례는 사례가 접수된 이후부터 완전하게 종결에 이르기까지 단위별 서비스를 제공받은 것을 의미한다. 서비스 건수는 클라이언트와의 계약을 통하여 클라이언트와 사회복지기관 종사자 간에 이루어진 계획된 활동을 일컫는다. 소요 시간은 서비스에 투자된 시간을 측정한 것이다.

(3) 안정적 자원 확보

안정적 자원 획득은 사회복지기관이 클라이언트를 위해 서비스를 제공하는데 필요한 자원을 일시적이거나 임의적이 아니라 장기간, 지속적으로 획득하는 것이다. 사회복지기관은 재정, 인력, 기술, 장비, 클라이언트 및 공공의 영향력과 지원 등 유형·무형의 자원들을 필요로 한다. 그러나, 우리나라는1997년 IMF 외환위기 이후 사회복지기관 효과성에 대한 검증을 요구하는 사회적 분위기, 이에 따른 사회복지 평가의 정례화 등이 사회복지기관의 위기 의식을 심어 주었고,

사회복지기관 간에도 경쟁 체제가 도입되는 계기가 되었다. 그렇기 때문에 최근 자원 획득에 대한 안정성 확보는 사회복지기관의 가장 중요한 관심사 중의 하나가 되었다. 기관장의 대표적 업무는 자원 획득을 위한 다양한 활동이며, 심지어 모든 종사자들이 자원을 확보하기 위해 많은 업무 시간을 할애하기도 한다.

(4) 효율성(efficiency)

효율성은 서비스 제공 시 사용된 자원에 대한 경제성을 의미하는 것이다. 효율성을 측정하는 척도는 서비스 단위 당 비용이다. 또한 전체 표적 집단(target population) 대 서비스를 받은 클라이언트의 비율도 효율성에 해당된다. 표적 집단은 문제를 경험한 위험 집단(risk population) 중에서 프로그램의 대상이 되는 집단을 말한다. 물론 표적 집단이 클라이언트 집단이 될 수 있지만 대부분은 표적 집단에 속한 모든 클라이언트에게 서비스를 제공할 수는 없다. 따라서 서비스를 제공받는 표적 집단의 비율은 효율성의 좋은 잣대가 된다. 이전에 수행하였던 프

[그림1-5] 조직 목표와 직원 성과의 역동성

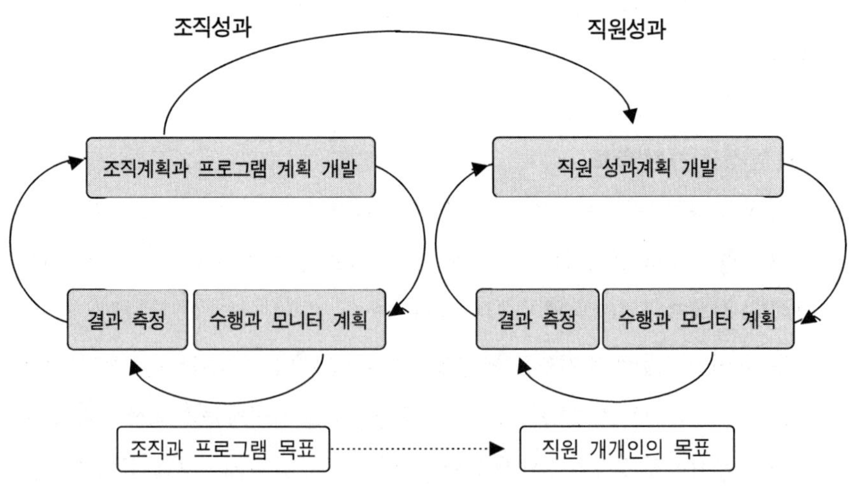

로그램에 할당된 비용과 사회복지사의 근무 시간이 동일한 다른 프로그램을 수행한 후에 그 비율이 증가되었다면, 이 때의 프로그램은 더 효율적이라고 할 수 있다.

(5) 직원의 만족

직원의 직무 만족은 사기(morale)와 관련된 것이다. 사회복지는 노동집약적이기 때문에 가장 중요한 것이 사람이다. 행동과 그 결과를 측정하는 업무 수행과는 달리, 직무 만족도는 그들이 맡고 있는 여러 가지 직무들이나 조직의 상황에 대한 그들의 주관적인 느낌으로 측정된다. 직무 만족은 직무나 급료, 승진 기회, 다른 직원들과의 관계, 감독 업무, 의사결정에의 참여, 조직과의 일체감 등에 대한 근로자들의 느낌들이 포함된다. 클라이언트를 돕는 데 있어서 업무 만족도와 성취도는 동시에 영향을 미친다. 그러나, 업무에 대한 만족도와 효과성의 관계에 있어 그 방향성이나 관련성의 정도를 증명해줄 일관성 있는 증거는 드러나지 않고 있다. 최근 들어 사회복지사의 소진(burn out)에 관한 연구가 많이 이루어지면서 사회복지기관의 직무 만족도 증가를 위해 근무여건 개선, 갈등 관리, 의사 소통 등에 대한 중요성이 높아지고 있는 추세이다.

제2장
사회복지 프로그램

제2장
사회복지 프로그램

　사회복지기관을 나무에 비유하면 기관에서 제공하는 프로그램은 그 열매에 해당된다고 볼 수 있다. 나무와 그 나무에서 열리는 열매가 유기적인 관계인 것처럼, 사회복지기관과 프로그램도 서로 유기적인 관계를 맺고 있다. 그리고, 훌륭한 열매를 맺기 위해서는 충분한 양의 햇볕과 물과 자양분, 그리고 적당한 기후 조건이 필요하다. 따라서, 사회복지기관과 사회복지 프로그램은 따로 분리해서 생각할 수 없으며 그래서도 안 되는 것이고, 또한 프로그램의 생성과 실행에는 많은 과정과 요건들이 요구되는 것이다. 이러한 과정은 흔히 기획 단계(또는 과정)로 표현된다.

　이번 장에서는 사회복지 프로그램의 생성(기획) 단계에서 출발하여 프로그램 실행 및 관리 그리고 평가까지 다룬다. 좀 더 구체적으로 살펴보면 먼저 사회복지 프로그램 기획이 중요한 이유, 프로그램 기획의 개념과 속성, 프로그램 기획 과정, 프로그램 실행 방법, 프로그램 관리 방법, 프로그램 평가 방법에 대해서 알아본다. 그리고, 이 장의 마지막 부분에는 국내의 민간복지재단의 프로그램 지원 공모에서 선정된 프로그램 제안서를 비롯한 세 가지 종류의 프로그램 기획서를 예시로 첨부하였다.

이번 장을 학습할 때는 특히 프로그램 기획 단계에 대해 확실하게 익혀야 할 것이다. 그리고, 이를 바탕으로 실제로 프로그램을 연습삼아 기획해보고, 이를 현장에서 어떻게 실행하고 관리할 것인지에 대해서도 본서에 나와있는 내용을 기준으로 활용하여 생각하는 연습을 하는 것이 필요하다.

1. 사회복지 프로그램 기획

1) 사회복지 프로그램 기획의 중요성

사회복지 프로그램은 사회복지기관의 핵심 산출물이자 동시에 기관의 목적을 수행하기 위한 중요한 수단이다. 또한, 사회복지 프로그램은 클라이언트들에게 변화(도움)를 줄 것인가 또는 욕구를 충족시킬 수 있을 것인가에 관한 방법을 담고 있기도 하다. 따라서, 사회복지 프로그램은 사전에 꼼꼼한 준비 과정을 거쳐서 명확한 목적과 확실한 대상 집단을 선정한 후 적절한 개입전략과 논리를 갖추어 만들어져야 하는 것이다.

그러나, 현실에 존재하는 사회복지 프로그램들이 모두 그렇게 만들어지는 것은 아니다. 이러한 현상의 원인으로 '사회복지 수요에 비해 적은 공급'이나 '다양한 이해집단의 욕구 충족'이 제시되기도 하지만, 이제 더 이상 그런 논리가 제대로 된 기획 과정 없이 만든 프로그램을 정당화시켜주지 못한다.

과거에 비해 오늘날, 사회복지기관의 프로그램 기획은 매우 중요하다. 자, 지금부터 세 가지 차원—현재 사회복지기관을 둘러싼 환경변화 차원, 사회복지기관이 태생적으로 갖고 있는 책임성 차원, 사회복지기관 운영차원—에서 프로그램 기획이 중요한 이유를 찾아보도록 하자.

① 달라진 사회복지 환경

1990년대 이후 사회복지 환경이 과거와는 매우 다른 양상을 보인다는 점에서 프로그램 기획의 중요성을 찾아볼 수 있다. 1990년대에 들어서면서부터 각종 신문·방송 매체에서는 사회복지시설(특히 사회복지 생활시설)과 관련된 비리 사건과 입소자들에 대한 인권 유린이 언론에 자세히 보도(소쩍새 마을, 에바다 사건 등……)되기 시작했다. 과거에도 이러한 보도가 전혀 없었던 것은 아니지만, 국민의 후원금과 정부 보조금이 주된 재원이라는 점을 강조하면서 사회복지기관에서 이사회를 둘러싼 친인척 간의 비리로 재정을 횡령하고, 생활 시설 입소자들에게 인권 유린 행위를 했다는 것은 안일한 기관 운영에 대한 문제 제기를 넘어서 과연 입소자(클라이언트)에게 필요한 프로그램이 제대로 제공되고 있는지에 대한 문제를 제기한다.

또한, 1990년대 들어서면서부터 사회복지 이용 시설, 특히 사회복지관이 양적으로 팽창(2003년 6월 30일 기준, 전국 사회복지관의 수는 360개임)하여 전국이 사회복지관으로 채워지기 시작했다. 1980년대까지만 하더라도 정부는 이제껏 단순히 재정 지원 역할과 문제가 있는 경우에 감사를 하는 소극적인 역할을 해왔던 데 비해서 갑자기 사회복지관 수가 급격히 증가하고 이에 따라 결과적으로 보조금의 총량이 증가하게 되면서 기관에서 제공되는 프로그램에도 관심을 갖게 되었고 관리와 감독 활동도 좀 더 적극적으로 하게 되었다.

1997년 IMF 외환 위기도 사회복지기관을 둘러싼 환경 변화에 한 몫을 톡톡히 하였다. 당시 전 사회적인 구조 조정이 행해지면서 전체적 구조 조정 분위기 속에서 '사회복지기관'의 효과성에 대한 의문이 사회복지 내·외부에서 제기되었고, 사회복지학계에서도 기관 평가 및 프로그램 평가에 대한 연구에 관심을 보이고 실제 연구 결과물이 등장하였다. 게다가 IMF로 인해 사회복지 대상자들이 대폭 증가함에 따라 한정된 파이를 나눠야 하는 딜레마 속에서 기관의 효과성과 투명성을 제시하지 않으면 외부 자원이 전부인 사회복지기관은 자원의 안정적 확보가 불가능하였다.

그리고, 전국 지방자치단체 중에서 처음으로 서울시에서는 1996년부터 사회복지관에 대한 평가제를 도입하였다. 도입 초기에는 기관 운영 전반에 걸친 기관평가 중심이었으나, 점차적으로 프로그램 기획과 실행 및 평가와 관련된 프로그램 평가의 비중이 증가되었다. 게다가 1997년에는 사회복지 평가제가 법적으로 의무화되었다. 또한 1997년에 개정된 사회복지사업법에서는 사회복지기관은 3년에 1번씩 평가받도록 하는 조항이 신설되어 사회복지기관행정에서 평가는 가장 주된 관심사로 부각되었다.

② 사회복지기관의 책임성

사회복지기관은 태생적으로 대사회적 차원의 책임성을 갖고 있으며, 달라진 환경 속에서 책임성을 적극적으로 제시할 필요가 있다. 책임성이란 보통 프로그램의 정당성을 합리화할 수 있는 분석이나 설명을 제시할 수 있는 능력을 가리킨다.

사회복지기관은 태생적으로 사회로부터 자원을 제공받아 클라이언트의 욕구를 충족하고 복지 수준(삶의 질)을 향상시키기 위한 서비스를 제공하도록 하는 사회적 위임을 부여받았다. 따라서, 프로그램이 사회적 문제들을 경감하는 데 있어서 과연 효과적이었으며 다른 대안들보다도 자원을 가장 효율적으로 사용하는 수단이었음을 객관적이고 경험적인 증거에 근거해서 정당화할 것을 요구받는 것이다(김영종, 2004). 또한, 사회복지기관에서는 프로그램에 필요한 자원을 효율적으로 사용하고, 애초에 세운 프로그램의 목적을 달성하는 효과적인 프로그램을 제공하여야 한다. 이것은(책임성 증명) 전문적인 사회복지 프로그램 기획 과정과 평가 과정을 통해 수행될 수 있는 것이다.

③ 사회복지기관의 운영

사회복지기관의 주요 기능은 사회문제 해결과 욕구 충족을 위한 서비스 제공이다. 이 서비스는 대부분 프로그램의 형태로 나타난다. 하나의 사회복지기관을 운영한다는 것은 곧, 이러한 프로그램을 기획하고 개입 전략을 수립하며, 어떻게 수행하는가를 관리하느냐와 별반 다르지 않다. 따라서, 사회복지기관 운영 차원에서 프로그램 기획의 필요성을 찾아볼 수 있다(Skidmore, 1995).

□ 불확실성 감소

프로그램 기획은 사회복지기관의 미래에 대한 불확실성을 감소시켜준다. 기획 과정이 없다면 한마디로 콩가루 조직 형태를 갖기 쉬워지며, 외부 환경의 변화에 적절하게 대처하지 못해 결국 조직의 생존까지 위협받을 가능성이 높아지게 되며, 조직 구성원들도 불안해하는 취약한 조직 구조 형태가 되기 쉽다.

□ 프로그램 운영 기준

프로그램 기획을 통해 프로그램 운영상 기준을 세울 수 있다. 따라서, 프로그램을 안정적으로 수행할 수 있고, 수행 과정상에서 발생할 수 있는 문제에 미리 대처할 수 있게 하고, 합리성을 증진시킬 수 있다.

□ 효율성 증진

프로그램 기획은 프로그램 운영의 효율성을 증진시킨다. 프로그램 기획 과정을 거침으로써 설정된 목표를 달성할 수 있는 여러 가지 대안 중에서 가장 효율적으로 달성할 수 있게 하는 대안을 선택할 수 있다. 사회복지조직은 인력과 재원이 한정적이며, 재원은 사회로부터 나온 것이기 때문에 영리 조직이 추구하는 최소의 비용으로 최대의 효과를 내는 효율성 개념이 그대로 적용될 수 있다. 사실 과거에는 사회복지기관과 효율성은 양립하기 어려운 것으로 이해되었다.

□ 효과성 증진

프로그램 기획은 조직 차원과 프로그램 차원의 효과성을 증진시키는 데 핵심적인 역할을 한다. 원칙적으로 조직에서 제공하는 프로그램(서비스)은 클라이언트의 문제를 해결하는 데 효과가 있어야 한다. 프로그램이 클라이언트의 문제 해결이나 삶의 질 향상에 효과가 있으려면 주먹구구식으로 금방 뚝딱 만들어낸 프로그램이 아닌 사전에 치밀하게 기획된 프로그램이어야 한다. 이렇게 기획된 프로그램은 발생 가능한 실수나 문제를 최소화시키면서 궁극적으로 프로그램이 애초에 의도한 목적을 달성시킬 수 있게 한다. 기관의 모든 프로그램이 이렇게 진행될 경우 결국 조직 차원의 효과성도 증진된다.

□ 책임성 수행

프로그램 기획은 사회복지기관의 책임성을 수행하는 데 필수적이다. 사회복지기관은 사회적 자원을 사용하여 클라이언트에게 프로그램(서비스)을 제공하기 때문에, 기획 과정을 거치지 않고 목표도 불명확하고 꼼꼼하게 준비되지 않은 프로그램을 제공하는 것은 사회로부터 부여된 책임성을 회피하게 하여 결국 책임성을 제시하지 못하게 한다.

□ 관련 자원의 관심 유도

프로그램 기획을 통해서 프로그램 수행과 관련 있는 사람들의 관심을 유도할 수 있다. 프로그램과 관련 있는 전문가, 이용자, 관련 인사들의 관심을 유도함으로써 프로그램 기획에 자칫 사회복지기관 직원의 한정된 시각에서 벗어날 수 있게 한다. 또한, 프로그램에 관련된 사람들의 건설적인 의견이 기획 과정을 통해 반영될 수 있는 기회가 생기면서 좀 더 완성도 높은 프로그램이 제공될 수 있다.

□ 조직 구성원 사기 진작

프로그램 기획을 통해서 조직 구성원의 사기를 진작시킬 수 있다. 어느 날 일시적으로 만들어진 프로그램에는 관심이 없던 조직 구성원들이 하나의 프로그램이 기획되는 과정 속에서 직·간접적으로 참여할 수 있고 관심을 보이게 되면서 프로그램의 질도 더욱 높일 수 있고, 기관의 프로그램에 참여하는 기회를 얻게 됨으로써 자연스럽게 사기를 증진시킬 수 있고, 참여적인 조직 문화를 만들수 있다.

이상과 같은 이유로 사회복지기관에서의 프로그램 기획은 점차 중요성을 더해 가고 있다. 다음 절에서는 프로그램 기획의 개념에 대해서 좀 더 구체적으로 살펴보고, 그 속성까지 함께 알아본다.

2) 프로그램 기획의 개념 및 속성

(1) 프로그램 기획의 개념

프로그램 기획의 개념을 알아보기 전에 우선 '기획'의 개념에 대해서 짚고 넘어가도록 하자. '기획(planning)'이라는 용어와 '계획(plan)'이라는 용어는 종종 혼용되는 경우가 있다. 두 용어 모두 일상 생활에서 사용할 때는 명확하게 뜻을 구분하지 않아도 크게 무리가 없지만, 공식적인 활동을 하는 사회복지기관에서 사용할 경우에는 원칙에 따라서 명확하게 구분할 필요가 있다.

기획과 계획의 개념을 두 개념 간의 차이점을 중심으로 간단히 구분하면, 기획은 계획을 세우는 과정이 되며 계획은 기획의 결과물이다. 예를 들면, 매 학기 개강일마다 학생들에게 선생이 나눠주는 수업 계획서는 바로 한 학기 동안 수업을 이끌어나가는 기획의 산물인 계획이 되는 것이다. 좀 더 구체적으로 정리해 보면 계획은 어떤 일을 하기에 앞서 방법, 순서, 규모 등을 미리 생각하여 세운 내용을 의미하는 것으로서 기획 과정을 통해서 얻어진 결과 산출물이다. 반면 기획은 그러한 계획을 수립하는 과정이 되는 것이다.

'기획'은 프로그램에만 해당되는 것은 아니다. 이것은 적용되는 상황이나 세부적인 관심 또는 초점에 따라서 조직 기획, 정책 기획, 행정 기획, 프로그램 기획

[그림 2-1] 기획과 계획

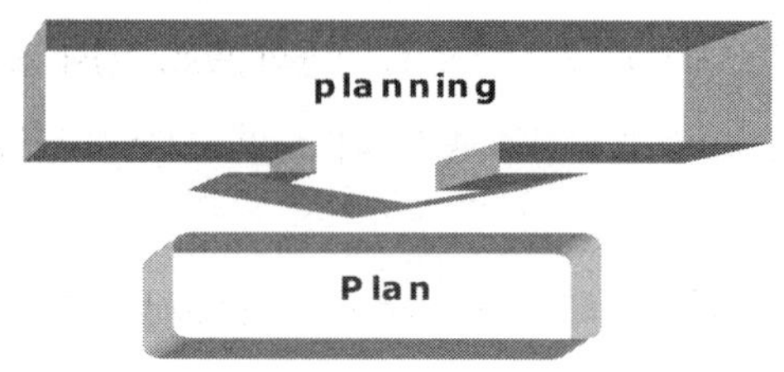

으로 구분된다.

조직 기획은 조직 내/외부 환경 변화에 대응하여 목표를 수립하고 달성하기 위한 미래의 활동 계획을 합리적으로 결정해가는 의사결정 과정을 의미한다. 정책 기획은 다양한 정책 목적들 간의 합리적 비교와 선택을 위한 의사결정 과정을 의미한다. 행정 기획이란 선택된 목적을 달성하기 위한 조직 차원의 합리적 전략이나 수단을 택하는 과정을 말한다. 프로그램 기획이란 앞서도 설명했듯이 프로그램을 설계하는 일련의 과정들을 합리적으로 결정하고 고안하는 과정과 과정 속의 활동을 말한다. 앞으로 중점적으로 살펴보게 될 기획은 바로 프로그램 차원의 기획인 것이다. 프로그램 기획에는 프로그램을 설계하는 활동에서부터 실행하고 관리하고 평가하는 활동까지 포함된다. 김영종(2004)은 프로그램 기획의 개념에 대해서 "현재와 미래의 환경변화에 대응하기 위한 것으로 프로그램의 목적 설정, 수단의 선택, 실행, 평가에 이르는 제반 프로그램 과정에서의 합리적인 의사결정과 활동들"로 규정하고 있다. 프로그램 기획은 단순히 프로그램을 개발하는 것에서 그치는 것이 아니라 실행 과정 준비와 관리, 실행, 평가까지도 포함되는 개념임을 명심해야 한다.

(2) 프로그램 기획의 속성

앞서 기획의 개념과 계획의 개념을 비교하여 살펴보았는데, 학자들마다 '기획'에 대해서는 각기 다른 정의를 내리고 있다. 길버트와 스펙트(Gilbert & Specht, 1977)는 기획은 "문제를 해결하고 미래의 사건들에 대한 경로를 통제하려는 의식적인 시도로서 예견, 체계적 사고, 조사, 그리고 가치선호를 통해 대안들을 선택해 나가는 의사결정들"로 규정했다. 드로어(Dror, 1967)는 "목적들이 최적의 수단들에 의해 성취되도록 하기 위한 것으로 미래의 행위에 대한 일련의 결정들을 준비하는 과정"이 기획이라고 정의했다.

요오크(York, 1982)는 기획에 대한 다양한 정의들 속에서 공통적으로 포함된 속성들을 발견하여 제시하였다. 즉, 요오크(York)에 의하면 기획의 개념 정의는 각기 달리 표현될 수 있어도 기획이라고 한다면 그 안에 공통적으로 '미래지향성', '지속성', '의사결정', '목적 지향성', '수단과 목적의 연결'이 포함되어 있다. 요오크가 제시한 기획의 속성을 프로그램 기획에 적용해 보면 다음과 같다.

첫째, 프로그램 기획은 미래지향적이다. 프로그램 기획은 과거에 이미 수행되었던 일을 다시 서술하는 것이 아니다. 또한, 프로그램과 관련되어 이미 결정된 사항을 합리적인 용어로 정당화시키는 것이 아니다. 프로그램 기획은 바로 미래의 프로그램을 만드는 과정인 것이다.

둘째, 프로그램 기획은 연간 행사가 아닌 지속적인 과정이다. 계획은 환경에 따라 변하는 프로그램 실행 단계를 거치면서 반드시 수정되어야 하기 때문에 지속적인 속성을 갖는다. 따라서, 프로그램 기획에서는 모니터링과 피드백 과정을 매우 중요시하게 된다. 특정 프로그램의 기획이 다 끝났다고 그것으로 특정 프로그램과 관련된 모든 것이 끝난 것은 아니다. 프로그램이 실제로 수행되는 동안 상황이나 환경이 변화될 경우 수정해야 하기 때문에 프로그램 기획 과정은 연속적인 과정이다. 특히 사회복지기관은 외부 환경의 영향을 많이 받기에 더더욱 이런 특성이 강하게 나타난다.

셋째, 프로그램 기획은 의사결정과 불가분의 관계에 있다. 왜냐하면, 사회복지 프로그램을 수행한다는 것은 많은 전략과 대안들 중에서 가장 적정한 것을 선택한다는 의미이기 때문이다. 프로그램 기획의 목적은 의사결정을 쉽게 하고 과정상 체계적이고 합리적인 방법을 제시하는 데 있다. 모든 프로그램 기획 활동은 의사결정과 관련 있을 뿐만 아니라 의사결정 과정에서의 모든 요인들은 기획 과정에 포함되어 있다.

넷째, 프로그램 기획은 목적 지향적이다. 프로그램 기획은 적절한 수단을 통해서 목적을 달성하는 과정이다. 목적 지향적이라는 의미는 프로그램 기획이 집단의 정치적 또는 전문적 권력을 유지시키기 위해 존재한다기보다는 사회에 기여하는 것과 관련이 깊다는 것이다.

다섯째, 프로그램 기획은 수단과 최종 목적을 연결시킨다. 프로그램 목적을 설정하는 것도 중요하며, 수단을 목적 성취로 연결시키는 것도 매우 중요하다. 따라서, 특정 목적을 달성하는 데 필요한 적절한 수단을 개발할 필요가 있다.

2. 프로그램 기획 과정(단계)

프로그램 기획 과정은 각 단계들의 합이며 각각의 단계들은 서로의 활동들에

[그림 2-2] 프로그램 개발 과정의 총괄도

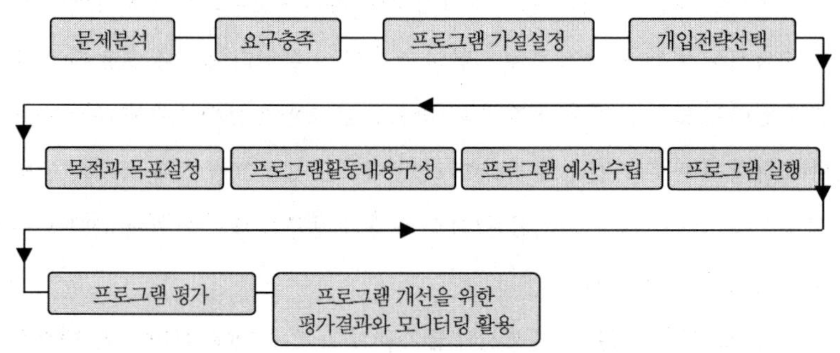

출처: Kettner(Peter M.), *Achieving excellence in the management of human service organizations.* MA: Allyn & Bacon, 2002.

영향을 미친다(York, 1982). 이러한 단계와 과업들은 상호간에 깊이 연관되어 있어서 하나를 고려하기 위해서는 다른 것들을 함께 고려해야 한다. 이제 프로그램 기획의 각 단계별로 구체적인 내용을 알아보자.

1) 사회문제 분석

사회문제가 없다면 사회복지라는 제도는 존재할 수 있을까? 사회문제에 개입하고 해결을 목적으로 사회복지 프로그램을 만들고 수행하기 때문에 사회복지 프로그램이 존재하는 것이다. 사회복지 프로그램 기획 과정의 첫 번째 단계는 바로 사회문제 분석이다. 개입하고자 하는 사회문제를 이 단계에서 명확하게 분석해내고 확인하는 작업이 우선적으로 요구된다. 여기에서는 사회문제에 대한 개념을 다시 정리해보고, 사회문제를 분석할 때 사용하는 기준과 고려 사항을 검토하여, 실제로 프로그램 기획의 첫 번째 단계에 필요한 지식을 정리하도록 한다.

(1) 사회문제 분석의 기준

오늘날 사회문제로 규정되는 문제는 수없이 많다. 학교 폭력, 노숙자 문제, 각종 범죄, 빈곤문제, 아동학대 문제, 외국인 노동자 문제, 성차별 문제 등등……. 이렇듯 사회문제에 해당되는 문제는 많다. 그렇다고 해서, 이 사회에 존재하는 모든 문제가 다 사회문제가 되는 것은 아니다. 사회문제라고 규정할 때는 사회문제들이 공통적으로 갖고 있는 몇 가지 특성들을 충족시키는지 확인할 필요가 있다. 사회문제의 경우 특정 현상이, 첫째 사회적 가치 규범에서 벗어나 있고, 둘째 상당수의 사람들이 그 현상으로 인해 부정적 영향이나 피해를 받게 되고, 셋째 그 현상의 원인은 개인이 아닌 사회에 있으며, 넷째 다수의 사람들이나 사회에 영향력을 끼치는 사람들이 그것을 문제라고 판단하고, 다섯째 사회가 그 현상의 개선을 원하고, 여섯째 개선을 위해 집단적·사회적 개입이나 활동이 요구되는 것이다(최일섭 외, 2002). 따라서, 이러한 특성을 갖춘 특정 사회현상 중에서 개입의 우선 순위가 높은 문제를 선택하여 다시금 사회문제에 해당하는지 확인하는 작업을 기획의 첫째 단계에서 수행한다.

(2) 사회문제 분석 시 고려사항

사회문제를 분석할 때는 앞서의 사회문제의 개념과 특성에 해당되는지 여부를 확인함과 동시에 다음의 몇 가지 사항에 대해서 집중적으로 고려해야 한다.

첫째, 사회문제를 분석하고 확인하는 단계에서는 사회적 사실(social fact)에 중점을 두어야 한다. 발생하지 않은 상황을 가정해서 개입 방안을 마련하는 것은 사회복지기관에 사용되는 자원의 한정성을 감안할 때 적절하지 못하다.

둘째, 사회적 사실 중에서도 특히 'harm, negative, pathological(위해, 부정적인, 병리적인)'에 해당되는지, 해당된다면 그 정도가 어떤 수준인지에 대해서 판단해야 한다.

셋째, 문제로 판단되는 상황을 문제로 인식하는 사람(집단)과 그 근거를 파악해야 한다. 복잡한 사회 구조 속에서는 동일한 상황에 대해서도 그것을 개입해야 할 사회문제로 인식하는 경우와 그 반대의 경우가 발생하기 마련이다. 때로 프로그램을 만들어서 개입할 사회문제로 확인되는 경우에도 실제 프로그램을 수행하는 과정에서 특정 집단의 문제 제기를 받을 수 있기에 문제 분석 단계에서는 이러한 판단도 함께 해야 한다.

넷째, 문제 분석 단계에서는 문제에 대한 해결책을 찾는 데 중점을 두지 말고 문제의 이해에 초점을 두어야 한다. 문제에 대한 해결책은 기획 과정의 다른 단계에서 다루게 되며, 문제 분석 단계에서는 문제에 대해서 충실히 파악하고 확인해야 한다.

다섯째, 현재 특정 프로그램(또는 서비스)에 대한 가정을 기반으로 문제를 분석해서는 안 된다. 특히 어떤 프로그램이나 자원이 부족하기 때문에 그것을 확대해야 한다는 방식으로 결론을 내리는 것은 기획의 본질적인 의미에서 볼 때도 부적절하다.

2) 욕구 측정

　프로그램 기획의 두 번째 단계는 욕구 측정이다. 첫째 단계인 사회문제 분석이 매우 중요한 작업이기는 하나 분석이 끝났다고 곧바로 프로그램 내용이 구성되는 것은 아니다. 사회문제에 대한 분석이 끝나면 기획하려 하는 사회복지 프로그램의 대상에 대한 욕구 측정이 뒤따라 수행되어야 한다.

(1) 욕구의 개념

　욕구란 기본적으로 인간의 생존과 성장 발전을 위해 필요하여 구하는 것을 의미한다. 로스(Roth)는 개인이나 집단에 있어 바람직하다고 요구되는 수준에서 현재 상태를 뺀 것이 욕구에 해당된다고 도식화하였다. 욕구에 대해서는 다양한 정의가 있지만 기본적으로 충족되어야 할 또는 해결해야 할 바람직하지 못한 상태로 정리할 수 있다.

(2) 욕구의 속성

　욕구의 개념은 학자들마다 다르지만, 다양한 정의 속에서 공통된 속성을 추출해볼 수 있다. 첫째, 욕구는 정적이며 절대적이기보다는 탄력적이며 상대적이다. 따라서, 비슷한 상황에서도 개인이나 집단의 욕구 수준은 다르게 나타날 수 있는 것이다. 둘째, 욕구는 사회·정치적 환경 변화에 영향 받는다. 여성의 사회 진출 기회가 확대되고 과거에 비해 맞벌이 가구가 급격히 증가하면서 보육에 대한 욕구가 매우 중요하게 대두되었다. 셋째, 욕구는 자원의 유용성과 기술 수준에 영향을 받는다. 기술 개발은 특정 분야의 수요를 창출시키고 이는 결국 욕구로 발전된다. 인공 심장 기술이나 장기 이식 기술의 경우 이에 해당된다.

(3) 욕구의 유형

　욕구에 대한 개념 정의가 학자마다 다르듯이 욕구의 유형 또한 다양하게 분류된다. 여기에서는 매슬로우(Maslow, 1954)와 브래드쇼(Bradshaw, 1972), 두 학자의 욕구 유형 구분에 대해서 집중적으로 살펴본다.

먼저 매슬로우(Maslow)에 따르면 인간에게는 5단계의 욕구 체계가 있는데, 생존을 위한 욕구에서부터 자기 성장과 발전을 위한 욕구 순으로 상향적으로 만족시키기를 원한다고 지적한다. 그는 인간의 욕구를 위계적으로 구분하여 설명함으로써 인간은 가장 기본적인 하위의 욕구가 충족되면 더 높은 단계의 욕구가 충족된다고 설명하였다.

가장 하위 단계의 욕구는 신체적 욕구 또는 생리적 욕구로서 생존하기 위해 필수적으로 충족되어야 할 욕구이며 가장 기본적인 것이다. 그 다음 단계의 욕구는 안전에 대한 욕구이다. 이것은 이미 충족된 생리적 욕구를 박탈당하지 않으려는 욕구를 말한다. 다음은 소속과 애정에 대한 욕구이다. 생리적 욕구와 안전 욕구가 충족되면, 이제는 타인으로부터 친밀하고 정서적 만족을 얻기를 원한다. 다음은 자존감에 대한 욕구이다. 이것은 자기 존중에 대한 욕구이며, 자신과 타인으로부터 존중받으려는 욕구이다. 마지막으로, 가장 상위의 욕구는 인간의 잠재적인 것과 이상적인 것의 실현이라고 할 수 있으며, 앞의 4가지 욕구가 어느 정도 충족된 후에 충족될 수 있는 욕구이다.

매슬로우(Maslow)의 욕구계층이론은 욕구의 유형을 식별하여 사회복지적 개입의 우선 순위를 설정해야 하는 경우에 대단히 유용하게 사용할 수 있다. 예를 들어, 신체적으로 심각한 학대를 받은 아동을 위한 위기 개입사례를 매슬로우(Maslow)의 욕구 분류에 적용해 보자. 우선 사회복지사는 피해 아동을 위기의 현장에서 분리하여 의료기관에 데려가 치료를 받게 할 것이다. 이 때 아동에게는 여러 가지 욕구 중에서도 신체적 욕구가 가장 우선적으로 충족되어야 하는 것이다. 의료 기관에서 치료를 받은 후 아동은 학대가 없는 상황을 원하게 된다. 따라서, 일단 위험한 가정환경으로부터 분리시키고 좀 더 안전한 쉼터와 같은 환경에서 학대 상황을 피하고자 하는 안전의 욕구가 충족될 필요가 있다. 이렇게 신체적 욕구와 안전의 욕구가 충족되고 나면 또는 충족되었다는 전제 하에서 피해 아동의

정서 안정 및 소속과 애정에 대한 욕구를 충족시키고 이어서 자존감을 회복하는 등의 상위 욕구를 충족시키는 방향으로 개입할 수 있는 것이다.

매슬로우(Maslow)와는 달리 브래드쇼(Bradshaw)는 욕구 인식 기준에 따라 4가지 욕구로 구분하였다. 인식 기준에 따른 구분은 욕구 측정에 대한 접근 방향이 다양함을 의미한다. 그는 욕구를 규범적 욕구, 감지된 욕구, 표출된 욕구, 상대적 욕구로 구분하여 제시하였다.

① 규범적 욕구

먼저 규범적 욕구(normative need)란 전문가, 행정가, 학자 등이 욕구의 상태를 규정하는 것을 말한다. 규범적 욕구는 관습, 권위, 일반적 합의에 의해 확립된 일정한 기준이 존재한다는 것을 가정하는 데서 출발한다. 따라서, 기존 자료나 조사 결과, 전문가 의견으로 제안된 어떤 목표 기준에 도달하지 못할 때 특정 부분에 대해서 욕구가 있는 것으로 파악하는 것이다.

이러한 규범적 욕구는 객관적 목표 설정이 가능하다는 장점을 갖는 반면, 지식의 발전과 사회의 가치 기준의 변화에 따라서 달라지는 단점을 갖고 있다.

② 감지된 욕구

감지된 욕구(perceived need)는 개인의 생각이나 느낌으로 정의하는 욕구이다. 다시 말해, 어떤 욕구 상태에 있는지를 조사해서 파악하게 되는 욕구이다. 감지된 욕구는 주로 사회 조사(survey)를 통해서 수치화가 가능하기 때문에 객관적 근거 자료로 활용되는 장점이 있는 반면, 사람마다 욕구인지에 대한 기준이 변화하고 다르다는 단점이 있다.

③ 표출된 욕구

표출된 욕구(expressed need)는 특정한 욕구를 지닌 사람이 그 욕구를 충족하기 위해 실제적으로 어떤 행동을 하였는가에 초점을 두고 있다. 따라서, 특정 서비스를 실제로 받기 원하는 사람의 수로 표출된 욕구를 파악할 수 있다. 이것은 주로 의료서비스 욕구 파악에 많이 이용되며, 주로 대기자 명단에 의해서 욕구 수준이 파악된다. 사회복지 분야의 경우 예를 들면, 주간/단기 치매노인 보호 센터의 대기자 리스트를 통해 치매노인 보호 서비스에 대해 표출된 욕구 수준을 파악할 수 있다. 표출된 욕구의 파악은 무엇보다 명쾌한 수준 파악이 가능하다는 장점이 있는 반면 적극적 수요가 나타나지 않은 것은 욕구 자체가 없는 것으로 판단하게 되는 단점이 있다.

④ 상대적 욕구

상대적 욕구(comparative need)는 서로 다른 인구 집단 간의 상대적인 비교를 통해 욕구를 파악하려는 것이다. 즉, 어떤 서비스를 받고 있는 사람들과 비슷한 특성을 갖고 있으면서도 서비스를 받고 있지 않는 사람들의 경우에 그러한 서비스를 받고자 하는 욕구가 있다고 규정하는 것을 의미한다. 예를 들면, 비슷한 인구학적 특성과 상황을 갖고 있는 A, B 두 지역이 있다고 가정해보자. A지역에는 방과 후 교실 프로그램이 지역사회 차원에서 제공되고 있는데, B지역에는 그 프로그램이 없을 때 우리는 B지역 거주 아동/청소년과 그 부모들이 방과 후 교실 프로그램에 대한 욕구가 있을 것이라고 판단하는 것이며, 이 때 방과 후 교실 프로그램의 시행에 대한 욕구가 바로 상대적 욕구인 것이다.

이처럼 상대적 욕구는 둘 이상의 집단들 간의 비교를 통해서 파악할 수 있는 욕구이다. 이것은 동일한 상태인 경우에는 자원의 가용성이 낮은 사람들에게 자원이 우선적으로 배정되어야 함을 나타낼 때 유리하게 활용할 수 있다. 반면 이것은 욕구 충족을 위한 서비스 수준을 미리 설정하고 이 수준에 근거하여 욕구를 파악하는 것이라 할 수 있는데, 이 경우 실제 제공되고 있는 서비스 수준이 욕구 충족의 수준과 반드시 일치하는 것은 아니다.

브래드쇼(Bradshaw)가 제시한 네 가지 욕구는 각기 다른 인식 기준에 의해 정의된 것이기에 일치하지 않을 경우가 많다. 따라서, 하나의 접근 방법만으로 욕구를 적절하게 측정할 수 없기 때문에 사회복지 프로그램을 기획할 때는 다양한 욕구 측정 방법을 통하여 대상자의 욕구에 대해 복합적으로 고려해야 한다.

(4) 욕구 측정 시 점검사항

이제까지 욕구의 개념에서부터 유형까지 살펴보았는데, 이제 본격적으로 욕구 측정 방법들에 대해서 알아보기 전에 욕구 측정을 위해 고려해야 할 사항에 대해서 먼저 짚어볼 필요가 있다.

첫째, 특정 서비스에 대한 욕구가 개인이나 지역사회 가치관, 문화, 경험 정도에 따라 다를 수 있음을 알아야 한다. 둘째, 욕구는 여러 상황과 복합적으로 상호 연관되어 있다는 것을 명심해야 한다. 따라서, 욕구를 측정할 때는 제반 상황에 대해서도 함께 파악해야 한다. 셋째, 지역사회의 욕구는 역동적으로 변한다는 것을 인정해야 한다. 넷째, 욕구를 프로그램으로 옮기는 데는 그 사회나 조직이 갖고 있는 인적/물적자원 등의 요인으로부터 영향을 받는다. 따라서, 욕구를 프로그램화하는 데 있어서 현실적인 역량이나 제약사항들을 욕구 측정 시 함께 파악해야 한다.

(5) 다양한 욕구 측정 기법

욕구를 측정하는 데는 여러 가지 기법들이 있지만 실제로 욕구를 측정할 때 모든 기법들을 다 사용하지는 않는다. 다양한 욕구 측정 기법들은 각기 장·단점이 있으며 제 각각 다른 차원의 중요한 정보를 제공한다. 각 욕구 측정 기법에 대한 개념을 분명히 이해하고, 장·단점을 파악하여 해당 욕구를 측정할 수 있는 최적의 방법을 찾아내어 측정하는 것이 중요하다.

[표 2-1]에서는 총 7가지의 욕구 측정 기법에 대한 설명 및 장·단점과 함께 해당 욕구 측정 기법에서 가장 잘 드러나는 욕구의 유형을 제시하고 있다.

[표 2-1] 욕구 측정 방법의 장·단점 비교

욕구측정 기법	방 법	장 점	단 점	욕구유형
지표분석	인구센서스와 같이 일반적인 목적으로 수집된 자료이용	표적집단의 확인, 다른 집단 및 변수 간의 비교, 기초선(baseline)자료, 비용저렴	관심사항에 딱 맞는 자료찾기가 어려움, 정태적자료 - 어느 한 시점에서 수집	상대적 욕구
일반 인구조사	특정 목적에 맞는 조사도구를 사용하여 일반집단(예: 지역 주민)의 욕구나 정보수집	미해결 욕구의 확인, 정돈된 정보, 기존 서비스의 이용을 막는 장애원인 파악	많은 비용과 시간소요, 표집·척도의 설계 등을 위해 사회조사에 대한 지식요구	감지된 욕구
표적 인구조사	특정 목적에 맞는 조사도구를 사용하여 특정 문제를 지닌 사람들을 대상으로 욕구나 정보수집	특정 문제를 지닌 사람들만의 특성을 심도있게 파악	많은 비용과 시간소요, 표집·척도의 설계 등을 위해 사회조사에 대한 지식요구	감지된 욕구
자원재고 /자원목록 조사	기존 지역사회자원 및 자원을 가진 사람들의 의견조사	지역사회의 능력확인, 서비스중복·결핍확인	용어의 불일치와 표준화문제, 미해결 욕구의 불충분한 지표	표출된 규범적 욕구

욕구측정 기법	방 법	장 점	단 점	욕구유형
주요정보 제공자 조사	서비스 제공자, 인접직종 전문직 종사자, 지역 내 사회복지단체 대표자, 공직자 등 전문가의 견해로 문제확인	원인확인, 비용저렴	견해의 협소, 편향가능성	규범적 욕구
공청회	문제의 본질과 대책에 대하여 관심있는 사람들의 의견	관심집단의 의견을 통해 지역사회 지지확보, 지역사회 우선순위 및 소비자들의 감지된 욕구확인 가능	대표성의 문제, 이익집단들에 의해 지배될 가능성	표출된 욕구
델파이 기법	어떤 문제에 대해 전문가들의 합의점을 찾는 방법	전문가들 간의 오랜 논의를 바탕으로 심도깊은 욕구 파악가능	많은 시간 소요, 극단적 의견은 제외되기도 함	규범적 욕구

3) 프로그램 대상 선정

기획의 셋째 단계는 바로 프로그램 적용 대상을 결정하는 일이다.

(1) 프로그램 대상 선정의 개념

프로그램을 수행할 때 문제와 욕구가 있는 모든 대상자에게 프로그램을 실시하는 것은 현실적으로 불가능한 일이다. 프로그램 대상 선정은 잠재적 클라이언트 집단에 대한 매핑(mapping, 일정기준에 의해 경계를 정하여 구분)을 의미한다. 다시 말하면, 개발될 프로그램에 참여하는 대상이 누구이고 그 사람들의 특성은 어떤지를 파악하여 일단 프로그램 참여가 예상되는 사람들을 대략적으로 확인하는 작업인 것이다.

(2) 프로그램 대상 선정 과정

프로그램 대상 구분은 프로그램이 겨냥하고 있는 전체 대상, 즉 일반 집단으로부터 위험 집단, 표적 집단, 클라이언트 집단으로 점차적으로 추출한다.

일반 대상은 대상 집단이 속한 커다란 일반 인구 집단을 의미한다. 대개 사회복지조직이 서비스를 제공하는 행정 관할 구역 내의 모든 사람이 이에 해당된다.

위험 집단은 일반 집단 중에서 특정 문제에 노출되었거나 문제를 겪은 경험이 있는 사람을 의미한다. 표적 집단은 프로그램의 제공을 통해 문제 해결의 대상으로 삼는 집단으로 프로그램을 통하여 관련 서비스를 받아야 할 대상이다. 위험 집단으로부터 표적 집단을 추출할 때는 특정 기준을 정하여 문제의 심각성이 높은 집단을 선정하되, 프로그램이 접근할 수 있는 지리적 경계 내에 있는 사람들로 한정해야 한다. 클라이언트 집단은 표적 집단 중에서 프로그램에 직접 참여하게 되는 사람들이다. 물론, 표적 집단과 클라이언트 집단은 동일할 수 있다.

예를 들면, 초등학교 학교 폭력 피해 아동들을 대상으로 프로그램을 기획할 때, 현실적으로 하나의 프로그램에서 모든 초등학교 학교 폭력 피해 아동들을 대상으로 삼을 수는 없는 일이다. 프로그램의 뚜렷한 목적과 방향, 프로그램에 주어지는 자원, 프로그램을 수행할 현실적인 능력, 우선 순위 등을 모두 고려해서 프로그램 참가 대상을 선정하게 된다. 이 프로그램의 경우 서울 소재 초등학교 학생들 중에서 1년 이상 지속적으로 학교 폭력을 경험한 아동들에게 정신 건강 차원의 개입을 목적으로 한다. 이 경우 프로그램 대상 선정 과정을 하나씩 살펴보면 다음과 같다.

일반 집단은 서울시 소재 초등학교 학생이 된다. 위험 집단은 서울시 소재 초등학교 학생들 중에서 한번이라도 학교 폭력을 당해본 경험이 있는 학생이 된다. 표적 집단은 서울시 소재 A구 소재 초등학교 학생들 중에서 1년 이상 지속적인 학교 폭력에 시달린 경험이 있는 학생이 된다. 클라이언트 집단은 표적 집단 학생들 중에서 교사와 부모의 의뢰를 받은 학생이 된다(보통 이 경우 구체적인 인원수를 지정해서 밝히기도 한다).

4) 프로그램 가설 설정

(1) 프로그램 가설의 개념 및 필요성

가설이란 어떤 개입이나 조건이 주어질 때 상황이 어떻게 변화될 것을 서술해

놓은 문장을 말한다. 예를 들면, "강의를 집중해서 들을수록 좋은 학점을 받는
다", "결혼 전 예비 부부 교육을 받은 부부의 이혼율은 받지 않은 부부에 비해 낮
을 것이다", "비공식 지지망을 많이 갖고 있는 노인일수록 우울증이 낮다" 등은
가설에 해당된다.

따라서, 프로그램 가설은 특정 프로그램이 실시될 경우(독립 변수에 해당) 변
화되는 클라이언트의 상황(종속 변수에 해당)을 서술해 놓은 문장이 된다. 이러
한 프로그램 가설을 설정하는 것은 다음과 같은 몇 가지 이유로 기획 과정에 필수
적으로 작용한다.

① 프로그램 가설은 프로그램을 활동보다 문제에 초점을 맞출 수 있게 한다.
프로그램 가설은 문제지향적이기 때문에 프로그램 목적에 대해서 끊임없이 생각
하게 한다.

② 프로그램 가설은 프로그램 활동을 결과로 연결시킬 수 있게 한다. 프로그램
가설이 개입할 내용과 예상되는 결과 사이의 관계를 제대로 포함하는 기술이라
면 설계 의도대로 개입이 실행되었는지, 또한 기대했던 결과들이 어느 정도 성취
되었는지에 대한 기준으로 작용하게 된다.

③ 장기적인 기획의 기초를 제공하며 세부 목표 설정을 돕는다.

④ 지속적인 모니터링과 평가를 위한 틀을 제공한다.

(2) 프로그램 가설 설정 시 고려사항

프로그램 가설을 설정하는 이유는 문제의 원인을 변화시키거나 제거시킴으로
써 문제를 해결할 때 가장 중요한 원인을 제대로 파악하기 위해서이다. 그런데 사
회문제의 원인들 중에는 프로그램 가설 설정에서 원인으로 적용되기에는 어려운

것들도 존재한다. 이런 원인들의 경우 프로그램 가설 설정 시 특별히 고려해야 한다.

① 거시적 또는 전국적 차원에서만 다룰 수 있는 특정 전제 조건

우리는 종종 사회문제를 분석하여 그 원인을 설정할 때 특정 정치·경제 체제를 제시할 때가 있다. 예를 들어, 실업 문제나 빈곤 문제의 근본적인 원인으로 현재의 자본주의 체제가 대두되기도 한다. 이 경우 문제 해결을 위한 개입 방안은 체제의 변화 또는 체제의 수정이 되는 것이다. 이 경우 가설은 "현재의 자본주의 체제가 변화되거나 수정된다면, 빈곤 문제(실업 문제)가 해결될 것이다"로 설정된다. 그러나, 설령 빈곤 문제에 대한 원인이 현재의 정치·경제 체제라고 할지라도 현실적으로 사회복지기관의 전문가가 기존의 체제를 변화시키는 것은 불가능하다. 또한, 사회복지기관의 전문가가 체제 변화에 앞장서야 하는 것에 대해서도 합의가 안 된 상태이다. 분명, 오늘날 우리 사회의 빈곤 문제의 원인 중 일부에는 현 자본주의 체제가 갖고 있는 모순이나 폐해와 관련된 구조적인 것도 존재한다. 그러나, 사회복지기관의 전문가 차원에서는 그러한 문제에 대한 거시적인 원인보다는 특정 시점과 지역 차원의 문제에 개입하여 변화가 가능한 현실적인 요인을 분석해내는 것이 중요하며, 또 우선적으로 요구되는 일이다. 즉, 사회문제의 원인을 거시적인 관점에서 분석해내고 개입하려고 하기보다는 지역사회 수준에서 개입 가능한 원인을 파악해 내야 한다.

② 변화시킬 수 있는 지식이나 기술이 없는 일부 전제 조건

때때로, 우리는 사회문제에 대해 현실적으로 변화 가능한 원인이 아닌 원인을 찾기도 한다. 이 경우 변화 가능하지 않은 원인이 본질적인 원인이 될 수는 있겠지만, 궁극적으로 원인에 대한 개입이 불가능한 것이라면 프로그램 가설에 적용될 수 없는 원인이 된다. 예를 들면, 중증 정신지체아동이 있는 가정이 정상 아동이 있는 가정에 비해 아동학대 가능성이 높다는 상황이 있다. 원인을 분석할 경우 정신지체아동의 존재 자체를 아동학대 발생의 원인으로 파악하게 되면 원인의 변화는 불가능하게 된다. 즉, 문제의 원인을 중증 정신지체아동의 존재 또는 장애 상태로 파악하고 해결책을 찾는다면 현재 갖고 있는 의학 지식이나 기술로는 최소한의 개선만을 가져올 수 있거나 아예 불가능하게 된다. 따라서, 이런 경우에는 매개 변수(intervening variable)가 있는지 분석해야 한다. 따라서, '정신지체아동 가정 → 높은 양육 스트레스 → 아동학대 위험'의 문제 발생 과정을 분석하여, 양육 스트레스를 감소하는 데 문제 해결의 초점을 두는 프로그램 가설을 세울 수 있게 된다.

③ 사회적으로 또는 문화적으로 수용되지 않는 일부 전제 조건

각종 사회문제의 원인이 되는 행동은 현실적으로 개별적인 통제가 불가능하다. 예를 들면, 마약 중독이나 10대 임신으로 인한 미혼모의 경우 그 자체가 하나의 사회문제가 된다. 이 경우 문제의 원인은 바로 마약을 투입하는 행위와 성행위가 되는 것이다. 그러나, 일일이 마약을 투입하는 현장에 찾아가서 행위를 막는다거나, 10대의 성행위를 일일이 차단하는 것은 불가능한 일이며 사회적으로도 수용되지 못하는 해결 방안이 된다. 따라서, 이런 종류의 사회문제에 대한 원인이라면 실천적 수준에서 다룰 수 있는 원인으로 재구조화해야 한다. 위의 예에서 적용해 보면 마약 행위를 소멸시키는 것이 아니라 '마약 사용을 예방할 수 있다면'으로, 성행위를 차단시키는 것이 아니라 '임신을 예방할 수 있다면'으로 원인을 찾아 프로그램 가설을 설정해야 한다.

(3) 프로그램 가설 개발 과정

프로그램 가설을 개발하는 과정은 보편적으로 5단계를 거치게 된다. 상황에 대한 기술 → 사회문제에 대한 기술 → 욕구 사정 → 개입 방안 모색 → 프로그램 가설 수립이다.

① 상황에 대한 기술

이 단계에서는 지금 개입하고자 하는 상황, 즉 문제가 되는 상황을 사실적으로 기술하는 것이다. 상황에 대한 주관적인 평가나 관점을 제시하는 것이 아니고 중립적이고 객관적으로 현재의 사실(fact)을 기술한다.

문제가 되는 상황을 그대로 제시할 뿐, 이것이 사회문제가 되는지에 대해서는 다음 단계에서 제시한다. 예를 들어, "K구 G동에 살고 있는 5,000 가구 중에 2,000 가구는 가구 총소득이 80만 원 이하이다."와 같은 형태로 단순히 상황에 대한 정확한 기술을 하면 된다.

② 사회문제에 대한 기술

상황에 대한 기술이 끝난 후에는 그 상황이 질적인 차원에서 왜 문제가 되는지와 양적인 자료를 가지고 문제의 심각성을 제시한다. 그렇게 함으로써 그 상황이 왜 사회문제가 되는지에 대해서 기술하게 된다. 사회문제의 분석 기준에는 여러 가지가 있는데, 그러한 세부적인 분석 기준을 전체 프로그램 기획 단계의 첫 단계에서 활용하면 된다. 프로그램 가설 개발 과정에서는 비교적 간단히 사회문제가 되는 이유를 앞에서의 두 가지 차원으로 제시하면 된다.

예를 들면, 위의 예와 동일한 지역(G동)에는 최저 생계비 이하의 수준에서 살아가고 있는 가구가 2,000가구이며, 이는 그 지역 전체 가구의 40%에 해당된다. 이 수치는 다른 구/다른 동에 비해 월등히 높은 수치이다. 따라서, 자활 사업과 같은 일종의 소득 증진 프로그램이 행해져야 한다는 등의 개입의 정당성이 들어갈 수 있는 것이다.

다음 단계는 상황을 사회문제로 규정하고, 상황에 대해 제시되는 것을 바탕으로 문제를 갖고 있는 2,000가구는 어떤 가구이며, 또 이들 가구 소득이 최저 생계비 이하인지를 파악해야 한다.

③ 욕구 사정

욕구 사정을 통해 왜 이들 가정의 가구 소득이 최저 생계비 이하인지를 이해할 수 있게 한다. 이것은 실제 욕구 조사를 통해서 파악할 수 있기도 하고, 기존의 2차 자료를 통해서도 정보를 얻을 수 있다. 위의 사례를 계속 적용해 보면 소득이 최저 생계비에 못 미치는 2,000가구 중에,

- 1,000가구, 즉 50%는 남편이 없거나 있어도 경제적으로 무능력하여 여성이 가장의 역할을 맡고 있으며, 이들은 임시직-시간제 일에 종사하고 있다.
- 500가구, 즉 25%는 성인남녀의 근로능력이 없거나 실업상태의 지속으로 소득이 거의 없는 가구이다.
- 300가구, 즉 15%는 독거노인 가구이다.
- 200가구, 즉 10%는 알코올 중독과 같은 약물 남용으로 비정기적인 직장을 갖는 남성 가장 가구이다.

④ 개입 방안 모색

이 단계에서는 문제에 대한 구체적인 상황과 원인에 대한 실질적인 개입 방안을 모색하는 것이다. 개입 방안을 모색하는 데 있어서는 프로그램 기획자 개개인의 창의력과 논리력에 많은 영향을 받게 된다. 위의 사례를 적용해서 비정규 임시직에 종사하는 여성 가장 1,000가구에 대하여 개입 방안을 모색해보면 다음과 같다.

- 낮 시간 동안(혹은, 밤 시간까지) 아동 보육
- 좀 더 안정적인 직업을 갖기 위한 직업훈련

⑤ 프로그램 가설 수립

이제 개입 방안까지 마련되었다면, 가설 형식에 맞추어 프로그램 가설을 세우면 된다. 앞의 사례에 적용해보면 다음과 같다.

- 만약 이들의 아동 자녀에게 낮 시간 동안(혹은, 밤 시간까지) 보육 서비스가 제공된다면
- 만약 좀 더 안정적인 직업을 갖기 위한 직업훈련을 받게 된다면

⇒아동 보호에 대한 불안에서 벗어날 수 있을 것이다.

⇒전일제 직장을 다닐 수 있을 것이다.

⇒직업훈련 과정을 수료하고 좀 더 안정된 직장을 찾을 것이다.

5) 프로그램 개입 전략 선택

프로그램 가설이 설정된 후에는 구체적인 프로그램 내용을 설계하게 된다. 이때 프로그램 내용은 임의로 구성하는 것이 아니라 특정한 개입 전략을 바탕으로 구성해야 한다. 개입 전략은 어떤 특정한 개입이 의도된 변화를 가져올 것인가에 대해 논리적이고도 경험적으로 타당한 설명들로 뒷받침되어야 한다.

(1) 프로그램 개입 전략 유형

사회복지 프로그램에 사용되는 개입 전략은 사회복지가 특정 사회문제 해결을 위해 어떤 관점과 기술을 갖고 있는지를 나타내주는 것이다. 기본적으로 사회복지는 '환경 속의 인간'에 초점을 두고 있기에, 사회문제에 대해서 전적으로 개인의 잘못이나 책임에 돌리는 것도 아니며, 그렇다고 해서 구조와 환경에서 모든 원인을 찾지도 않고, 개인과 상황/환경의 상호작용을 고려한다. 그러나, 실제 개별 프로그램 내용에서는 이 모든 상호작용들이 한꺼번에 발현되기는 현실적으로 어렵고, 하나의 프로그램 안에는 결국 프로그램 기획자가 가장 중요시하는 특정 측면이 강조되기 마련이다. 동일한 사회문제에 개입하는 프로그램이라고 할지라도 어떤 사회복지 프로그램 기획자의 경우 문제의 원인을 개인의 인식 부족에 초점을 두어 일종의 교육 프로그램으로 구성하는 반면, 또 다른 기획자는 문제의 원인을 사회적 차원의 기회 부족이나 박탈에서 찾아내어 지역사회 행동(community action) 형태의 프로그램을 구성하기도 한다. 기획자마다 각기 다른 프로그램 개입 전략에 대하여 펄만(Perlman, 1986), 하센펠드(Hasenfeld, 1983), 랩과 포트너(Rapp & Poertner, 1992) 등과 같은 학자들은 다음과 같이 유형화하여 제시하고 있다. 세 학자들이 제시하는 프로그램 개입 전략 유형을 구체적으로 살펴보자.

① 펄만(Perlman)의 사회복지 개입전략

☐ 동기(motivation) 강조 전략: 개인들이 겪는 사회문제, 특히 부적응 문제를 그 개인이 갖고 있는 심리학적 측면의 결함에 둔다. 특히 문제의 원인을 '동기'가 부족한 데서 찾기 때문에 사회문제의 해결은 개인의 동기를 강화시킴으로써 해결할 수 있다고 본다.

☐ 능력(capacity) 강조 전략: 역시 개인에게 좀 더 많은 초점을 두는 전략으로서 개인이 겪는 문제의 원인을 개인의 능력 부족에서 찾는다. 따라서, 이 전략에 의해 사회복지 개입전략으로 만들어진 프로그램은 대부분 교육 프로그램의 형태를 띠게 된다.

☐ 기회(opportunity) 강조 전략: 이것은 문제의 원인을 개인보다는 그 개인이 속한 구조의 문제로 본다. 따라서, 특정 문제에 대한 해결책을 구조의 변화, 특히 기회의 확대를 통해서 찾는다.

② 하센펠드(Hasenfeld)의 클라이언트 변화 개입전략

☐ 환경적 접근: 클라이언트의 경제, 사회·생태적 환경을 조작하는 개입 방법으로 펄만(Perlman)의 개입 전략 중에서는 기회를 강조하는 전략에 해당된다. 소득 보장, 노숙자 쉼터 등과 같은 전략이 해당된다.

☐ 생-물리적 접근: 클라이언트의 생물학적 혹은 물리적 측면에 개입한다. 약물 치료나 각종 물리적 치료 방법들이 여기에 해당된다.

☐ 인지적 접근: 클라이언트의 인식을 변화시킴으로써 문제를 해결하려고 하는 전략이다. 교육 프로그램, 정보 제공 프로그램 등이 이 전략을 사용한 것이다.

☐ 정서적 접근: 클라이언트의 정서나 감정을 변화시킴으로써 문제를 해결하

려고 하는 전략이다. 심리 치료나 각종 상담이 정서적 접근 전략을 활용한
것이다.

③ 랩과 포트너(Rapp & Poertner)의 조직 차원의 개입전략

랩과 포트너(Rapp & Poertner)는 개입을 사회 조직의 차원에 따라서 구분하였
다. 즉 개인, 집단, 조직, 제도, 지역사회 혹은 사회 전체적 요소 등의 개입을 구분
하여 각 단위에 적절한 개입전략을 별도로 구성하는 것이다. 예를 들어, 아동복지
프로그램을 조직 차원의 개입전략으로 구분하면 다음과 같다.

□개인: 아동 개별 상담, 아동 옹호(advocacy)

□가족: 가족 치료, 일시위탁보호

□집단: 특정 문제를 겪고 있는 아동들의 부모 모임, 부모교육

□지역사회/이웃: 아동보호센터, 지역사회 차원의 아동보호 캠페인

□제도: 법적 기준 변화(아동복지법 개정), 학교 사회사업

□사회: 각종 아동복지 관련 프로그램들의 보편화

6) 목적과 목표 설정

목적과 목표 설정 단계는 프로그램을 통해서 구체적으로 무엇을 성취할 것인
가를 결정하는 단계이다. 이 단계에서는 궁극적으로 달성하고자 하는 목적뿐만
아니라, 세부적인 목표들까지도 설정해야 한다.

(1) 목적과 목표의 개념

목적과 목표는 실생활에서 엄격하게 의미를 구분하여 사용하지 않는다. 대체
로 두 개념이 혼용되어도 의사소통에 별로 문제가 발생하지 않기 때문이다. 그러
나, 학문적으로나 업무상 두 개념이 독립되어 사용될 때는 원칙적인 의미 구분이

필요하다. 프로그램 기획 과정에서도 이 두 가지 개념은 엄밀히 구분되어 사용되고 적용되어야 한다. 목적과 목표 중에서 목적이 좀 더 포괄적이고 궁극적이며 일반성을 갖는 개념인데 반해 목표는 보다 구체성을 가진 개념이다. 이 두 가지 개념을 구체적으로 살펴보자.

① 목적

목적(goal)은 바라는 결과에 대한 추상적이고 일반적인 진술을 의미한다. 따라서, 지향하는 바가 거시적이고 포괄적이면서 추상적이고 장기적 성격을 갖는다.

② 목표

목표(objective)는 미시적이고 구체적이며 단기적인 진술을 의미한다. 따라서, 좀 더 구체적인 하위 목표(sub-objectives)로 세분화된다.

(2) 목적 설정기준

프로그램 목적은 개별 프로그램에 따라서 다르게 설정되겠지만, 보편적으로 목적을 설정하여 기술할 때 고려해야 할 기준은 존재한다.

① 문제 해결 관점

목적은 문제 해결의 관점에서 설정되어야 한다. 즉, 문제 분석에서 나타나는 원인-결과와 관련지어 그 문제의 해결을 위한 방향으로 목적을 설정하여야 한다. 문제 해결의 관점에서 목적을 설정하기 위해서는 우선 문제를 발생/유지시키는 데 기여하는 요인들의 목록을 작성한다. 그리고 나서, 그 요인에 영향을 주거나 변화시키는 관점에서 목적을 설정하면 된다.

② 클라이언트 결과의 입장

클라이언트가 달성할 결과의 입장에서 설정되어야 한다. 특히, 프로그램 기획자가 소속된 사회복지기관의 입장에서 무엇을 제공하겠다는 방식으로 목적을 나타내는 것은 바람직하지 않고 지양해야 한다. 또한, 가능하면 클라이언트에 대한 바람직한 성과 위주로 목적을 설정해야 한다. 그리고, 이렇게 설정하는 것이 프로그램의 궁극적 의도와 목적에 좀 더 근접하게 설정하는 것이 된다. 예를 들면, "직업 훈련을 제공한다"라는 식으로 목적을 기술하는 것은 바람직하지 못하다. 이것은 조직이 무엇을 한다고 하는 것이지 기대하는 결과를 반영하지는 못하기 때문이다. 대신, "클라이언트들은 취업에 필요한 전산 정보 처리 기능을 습득한다"로 기술하는 것이 적절한 목적 설정이 될 수 있다.

③ 현실적 수준

목적은 현실적인 수준에서 타당하게 설정되어야 한다. 특히 재정적으로, 기술적으로, 윤리적으로, 법적으로 현실적인 수준에서 받아들이는 데 무리가 없는 수준으로 설정되어야 한다.

④ 명료성

목적은 명료하게 설정되어야 한다. 프로그램 목적을 좀 더 고차원적인 것으로 나타내기 위해서 일부러 전문적 용어나 지나친 수사들을 사용하는 것은 오히려 프로그램 목적을 적절하게 표현하지 못하게 한다.

⑤ 관찰과 측정 가능

목적은 관찰과 측정이 가능하도록 설정해야 한다. 목적 자체는 추상적이지만 추후에 관찰되고 측정될 수 있는 가능성을 확보할 수 있는 수준에서 설정해야 한다.

⑥ 긍정적 설정

목적은 가급적이면 긍정적으로 설정되어야 한다. 목적 설정은 "무엇이 존재하지 않는다"라는 방식보다는 "무엇이 성취된다"라는 방식으로 기술하는 것이 더욱 바람직하다. 물론 경우에 따라서 긍정적인 표현이나 긍정적인 어휘가 포함된 목적 설정은 정확성과 명확성을 약화시키기도 한다.

예를 들어, 어떤 프로그램의 목적을 기술할 때 "정신 장애인에 대한 지역사회 보호 증가"라는 식으로 기술하기보다는 "정신 장애인의 재입원 감소"라는 형태로 제시하는 것이 "감소"라는 부정적인 표현에도 불구하고 좀 더 명확한 의미를 전달한다.

(3) 목표의 설정 기준

① 논리적 일관성

목표들은 앞서 설정된 목적 또는 상위 목표와 논리적 일관성을 가져야 한다. 목표는 목적을 달성하는 하나의 수단의 위치를 차지하는 것이기 때문에, 목표를 달성하면서 상위의 목적이 달성되어가는 구조가 되어야 바람직하며, 목적이 달성되어야 비로소 하위 목표가 달성되는 구조는 논리적으로 무리가 있다. 목표의 내용과 상위 목적의 내용이 일관성이 없는 것 또한, 바람직한 목표 설정이 아니다.

② 명료성

목표는 명료성을 지녀야 한다. 목표는 목표를 접하는 모든 사람에게 동일하게 이해되어야 하는 것이다. 따라서, 가급적이면 추상적인 용어(이해한다, 느낀다, 할 수 있다)보다는 구체적인 용어 (증가시킨다, 작성한다)로 표현하는 것이 더욱 적절하다.

③ 시간적 기준

목표에는 가급적 시간적 기준이 있어야 한다. 즉, 목표에는 성취되어야 하는 시간 기준이 제시되는 것이 바람직하다. 예를 들어, 노숙자 수를 감소시킨다는 목표를 설정할 경우 이 목표는 10년에 걸쳐 감소되는 노숙자 수를 의미하는 것인지,

아니면 1개월, 6개월 동안 달성되어야 하는 것인지를 밝혀야 한다.

④ 명확성

변화의 대상이 명확해야 한다. 이것은 목표가 달성되었을 때 변화될 것으로 기대하는 집단이나 요소가 구체화되어야 함을 의미한다. 예를 들어, 목표를 기술할 때 일반적으로 클라이언트라고 대상을 제시하는 것보다는 지역사회 내의 저소득 여성 가장 100가구, 부모로부터 학대받은 200명의 아동 등과 같이 변화되어야 할 대상과 그 규모까지도 제시하는 방식으로 기술하는 것이 바람직하다.

⑤ 성취 가능

목표는 성취 가능해야 하는 것이다. 이는 다른 말로 바꾸면, 목표가 현실성이 있어야 함을 의미한다. 따라서, 현실적인 수준에서 목표 달성이 지나치게 어려운 것은 바람직하지 않다. 어차피 달성이 불가능한 목표에 대해서 지속적으로 노력하는 것 또한 불가능하며, 프로그램의 대상자들도 현실적으로 달성 불가능한 목표에 거부감을 느끼게 되어 프로그램의 진행에 무리가 생길 수 있기 때문이다. 그러나, 그렇다고 해서 반대로 지나치게 쉬운 목표도 바람직하지 않다. 목표가 지나치게 쉬울 경우 프로그램에 지속적인 참여에 대한 동기를 유발하지 못한다.

⑥ 측정 가능

성취 수준을 측정할 수 있도록 설정되어야 한다. 목표들은 변화의 방향(증가하는 것)뿐만 아니라 기대되는 변화 수준(구체적인 수치, 특히 비율, %로 표현)도 나타내야 하는 것이다. 이러한 정보는 향후 평가의 기준으로 작용한다. 예를 들어, 목표가 단순히 노숙자 수를 감소시키는 것으로 제시되었다면 단 한 명의 노숙자가 해당 기간에 줄어들었다 하더라도 그 목표는 성취된 것으로 평가된다.

⑦ 클라이언트 성과 중심

가능한 한 클라이언트에 대한 성과 목표들을 포함해야 한다. 목적 설정 기준에서도 가급적 기관 입장에서 제시하는 것이 바람직하지 않았던 것처럼 목표를 설정할 때도 조직이나 서비스 제공자의 활동보다는 클라이언트가 달성하게 되는 성과를 중심으로 제시하는 것이 목표로서 적절하다.

⑧ 긍정적 설정

목표 또한 목적처럼 가급적 긍정적으로 제시되는 것이 바람직하다.

(4) 목적과 목표 설정 구조 사례

지금까지 목적과 목표의 개념에서부터 설정 기준까지 살펴보았는데, 목적과 목표의 개념 이해는 [표 2-2]의 목적과 목표 위계 구조 그림을 이해할 때 좀 더 완전해질 수 있다. 목적은 여러 목표들로 이루어진 일반적이고 포괄적인 성격을 갖는 진술이다. 목표들은 각각 나름대로의 세부(하위) 목표를 갖는다. 결국 세부(하위) 목표들을 각각 달성함으로써 최종적으로 목적을 달성할 수 있게 된다.

[표 2-2] 목적과 목표 설정의 위계

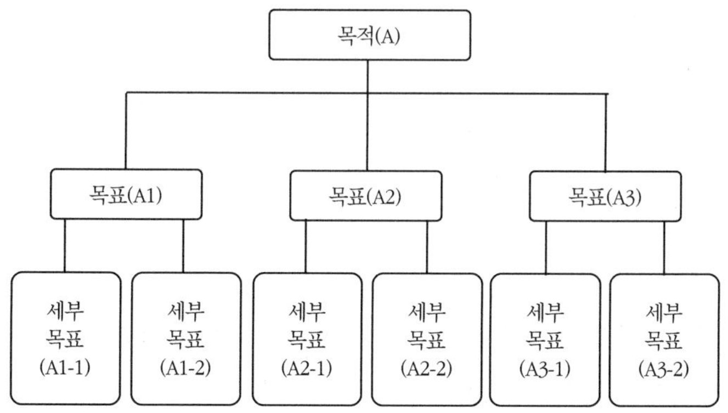

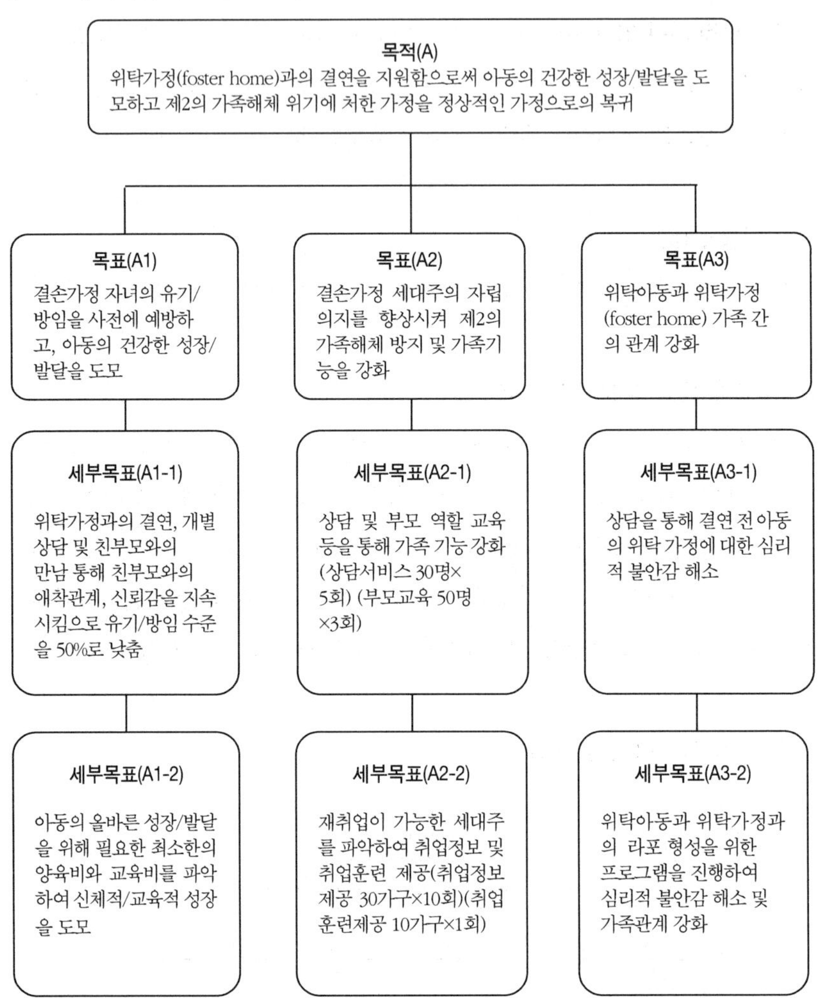

자, 이제 구체적인 실례에서 목적과 목표 설정이 어떻게 이루어졌으며 이들의 위계 구조는 어떤 식으로 구성되는지 [표 2-3]을 통해 살펴보자.

앞의 목적과 목표 설정 위계 구조는 '위기 결손 가정 자녀 위탁 가정(foster home) 결연 프로그램'의 목적과 목표 설정을 재구성한 것이다. 이 프로그램은 프로그램 대상 지역에 거주하고 있는 결손 가정 중에서 대리 양육자가 없어 자녀를 방임/유기할 상황에 있는 가정의 자녀를 대상으로 일정 기간 동안 보호·양육해 줄 위탁 가정(foster home)과의 결연을 지원하여 궁극적으로 아동의 건강한 성장과 발달을 도모하고 제2의 가족 해체 위기에 처한 가정을 정상적인 가정으로 복귀시키고자 하는 프로그램이다.

위기 결손 가정 아동의 건강한 성장 및 발달을 도모하고, 해체 위기에 처한 가정을 정상 기능의 가정으로 복귀시키고자 하는 프로그램의 최종 목적(A)은 목표 A1, 목표A2, 목표A3의 세 가지 목표로 구분된다.

목표A1은 결손 가정 자녀의 유기와 방임을 사전에 예방하고 아동의 건강한 성장과 발달을 도모하는 것이다. 이를 달성하기 위해 우선 위탁 가정과의 결연과 정기적인 개별 상담, 그리고 친부모와의 만남을 통해 친부모와의 애착 관계 및 신뢰감을 지속시킴으로써 유기 및 방임 수준을 50% 감소하는 세부 목표(A1-1)를 설정했다. 그리고, 아동의 올바른 성장과 발달에 도움을 주기 위해 필요한 최소한의 양육비와 교육비를 파악하여 제공함으로써 신체적·교육적 성장을 도모하는 세부 목표(A1-2)를 설정하였다.

목표A2는 결손 가정 세대주의 자립 의지를 향상시켜 제2의 가족 해체 방지 및 가족 기능을 강화하는 것이다. 이를 위해 상담 및 부모 역할 교육을 통해 가족 기능을 강화시키고(A2-1), 재취업이 가능한 세대주를 파악하여 취업 정보 및 취업 훈련을 제공(A2-2)하는 세부 목표를 설정하였다.

목표A3는 위탁 아동과 위탁 가정 가족 간의 관계를 강화시키는 것이다. 이를 위해 상담을 통해 결연 이전 아동의 위탁 가정 보호에 대한 심리적 불안을 해소시키고(A3-1), 위탁 아동과 위탁 가정과의 라포(rapport) 형성을 위한 프로그램을 진행하여 심리적 불안감을 해소하고 가족 관계를 강화시키는(A3-2) 세부 목표를 설정하였다.

7) 프로그램 내용 구성

목적과 목표가 설정되었다면, 이제는 프로그램의 본 내용을 구성할 단계에 도달한 것이다. 프로그램 내용은 앞서의 프로그램 기획 단계를 하나하나 꼼꼼히 거쳐서 앞 단계의 내용을 기반으로 구성될 수 있다. 다음의 각 내용들을 살펴보면서 어떻게 프로그램 내용을 제대로 구성할 수 있는지 알아보자.

(1) 프로그램 내용의 구성 순서

프로그램 내용을 구성할 때는 다음 순서에 따라 진행하면 된다.

① 목적과 목표를 빈 종이에 적어둔다.
② 목적과 목표를 달성하는 데 필요하다고 생각되는 모든 활동을 생각해내고 모두 기입한다.
③ 각 활동 수행 시 발생할 수 있는 문제점을 생각해내어 각 활동 옆 칸에 기입한다.
④ 각 문제점에 따른 대안을 고려하여 문제점이 적혀있는 옆 칸에 기입한다.
⑤ 목적과 목표를 달성하는 데 필요한 여러 가지 활동과 그것의 문제점과 대안을 최종적으로 고려하여 활동 중에서도 우선 순위를 정하여 프로그램 활동 내용을 선정한다.

(2) 프로그램 내용 선정 및 구성 기준

여러 가지 프로그램 내용 중에서 최종적으로 프로그램 내용을 선택하거나, 또는 프로그램 내용을 처음 구성할 때는 외형적으로 멋있어 보이거나 비용이 적게 드는 것이 아닌 다음의 여러 가지 기준을 갖춘 것을 선택하거나 구성하여야 한다. 프로그램 내용을 선정하고 구성할 때 기본적으로 고려해야 할 몇 가지 기준을 제시하면 다음과 같다(정무성 외, 2001).

① 합목적성

프로그램 내용은 목표가 제시하는 그 내용과 논리적 일관성을 갖춰야 한다. 프로그램 대상자들에게 자아존중감을 고취시킨다는 목표를 세워놓고, 그 프로그램의 세부 내용에는 협동심을 증진시키는 내용만을 포함시켰다면 그 프로그램 활동 내용은 목표에 맞지 않는 것이 된다.

② 능력 수준과 흥미에의 적합성

프로그램을 기획하는 처음 순간부터 끝까지 염두에 두어야 할 원칙이 바로 프로그램 대상에 대한 고려이다. 프로그램 내용을 구성할 때도 이 원칙은 그대로 적용될 수 있다. 아무리 잘 만든 프로그램이라 할지라도 프로그램 대상자들의 능력 수준에 맞지 않고, 대상자들이 지루함을 느끼고 빨리 프로그램이 끝나기만을 바란다면 애초에 의도한 프로그램의 효과를 달성하지는 못한다. 따라서, 프로그램 내용은 대상자들의 흥미를 유발할 수 있어야 하며 능력 수준을 고려하여 설정되어야 한다.

③ 서비스 가능성

아무리 훌륭한 프로그램 내용이 만들어졌다 하더라도 실제 프로그램 형태로 제공될 수 없다면 무용지물(無用之物)이 된다. 프로그램 내용을 구성하고 선정할 때는 이상적 견지에서 선정된 내용이 현실적인 프로그램으로 전달 가능한지의 문제를 검토하여 설정하여야 한다.

④ 포괄성 및 다양성

하나의 목표를 달성하기 위해서는 단 하나의 내용이 아닌 몇 가지 내용과 연관지어 구성되어야 한다. 반대로, 한 가지 내용이 두 가지 이상의 목표와 관련되어 동시 활동이 이루어질 수 있도록 선정하여야 한다.

또한, 하나의 프로그램 활동에 대해서도 한 가지 방법만을 사용하지 않고 다양한 다른 방법을 포함하여 전체가 조화와 균형을 이루도록 변화를 주는 것이 필요하다. 이것은 동기 유발, 주의 집중, 계속적인 흥미와 관심의 표명, 적극적인 참여와 긍정적인 태도를 유지시키는 데 필요하다.

⑤ 실용성

프로그램 내용은 구체적으로 현실의 생활과 관련이 있고 실생활에 적용할 수 있는 내용이 바람직하다. 특히 사회복지 프로그램은 현실과 생활과의 관련 속에서 현실에서 직접 부딪히고, 구체적으로 실생활에 적용할 수 있는 방법이어야 하며, 그 활동의 결과는 실제 생활에 도움이 되는 것이어야 한다.

⑥ 지역성

대개 사회복지 프로그램은 지역사회기관 차원에서 제공되는 것이 많기 때문에, 동일한 프로그램이라 할지라도 특정 지역사회의 상황과 특성에 따라 다르게 적용될 수 있는 것이다. 따라서, 프로그램 내용은 가급적 지역의 특성이 반영되어 제공되는 것이 바람직하다.

⑦ 적절성 및 효율성

프로그램 내용을 구성하고 선정할 때 다양한 방법의 도입이 바람직하다고 할지라도, 이러한 방법의 채택이 얼마나 능률적이며, 또한 시간적·경제적으로 효과가 있는지 검토해야 한다. 이러한 검토 후 프로그램 내용이 목표와 목적을 달성시키는 데 가장 적절한 방법인지, 그리고 같은 시간과 같은 비용을 투입할 경우 더 많은 효과를 내는(효율성) 내용인지를 고려하여 선정하는 것이 바람직하다.

⑧ 자발성

이상의 기준들을 만족시켰다면 마지막으로 자발성의 기준을 충족시키는 것도 고려해볼 만하다. 사회복지 프로그램은 거의 대부분이 공급자와 대상자가 다르기 때문에 세부 프로그램 활동 진행에는 어느 정도 강제성이 있게 마련인데 이런 강제성을 구조적으로 약화시키고, 대상자들의 자발성을 높이게 할 수 있다. 즉, 프로그램 내용을 선정할 때 여러 방법 중에서 대상자가 원하는 것을 자발적으로 선택할 수 있게 준비하는 것이다.

프로그램 선정 시 대상자 스스로가 자기의 활동 목표를 달성해 가는 과정에서 임의로 선택하기도 하지만, 활동의 진전에 따라 여러 가지 방법을 조합하여 전체적인 성과를 높일 수 있는 방법들이 선택된다면 대상자 스스로의 선택을 존중하면서도 좀 더 높은 효과를 얻을 수 있게 된다. 따라서, 대상자가 스스로 자기의 활동 목표를 달성하고 활동의 진전에 따라서 여러 자발적인 방법을 사용할 수 있도록 내용이 구성되는 것이 바람직하다.

(3) 프로그램 구성 요소

프로그램에 포함되어야 하는 구성 요소는 개별 사회복지기관에 따라, 또 프로그램 기획서(program proposal)를 요구하는 기관에 따라 다양하다. 여기에서는 보편적으로 프로그램에 포함되어야 하는 요소들을 중심으로 살펴보도록 하자.

① 참가자: 프로그램 대상과 프로그램 수행 인력

프로그램 내용에는 참가자에 대한 이해가 필수적이다. 프로그램 참가 대상은 어떤 집단(개인)인지, 또 규모는 얼마나 되는지, 집단(개인)의 특성은 어떠한지에 대한 정확한 파악이 필수적이다. 아무리 프로그램의 내용이 훌륭하다고 하더라도 참가자에 대한 명확하고 분석적인 이해가 없다면 그 프로그램은 모래 위에 집을 짓는 것과 마찬가지인 것이다.

② 실시 주체: 프로그램을 기획하고 수행하는 기관

프로그램에는 실시 주체에 대해서 명확하게 밝혀야 하며, 실시 주체가 지향하고자 하는 의도가 무엇인지를 정확하게 파악하고 그것을 프로그램에 반영하도록 하는 것이 필요하다(정무성, 2001).

③ 활동 내용: 구체적인 프로그램 내용

프로그램 활동 내용은 프로그램의 목적 및 목표를 달성하기 위해서 프로그램 참여자들이 경험하게 될 구체적인 내용을 의미한다. 따라서, 프로그램 활동 내용은 곧 프로그램의 목적과 목표를 달성하기 위한 하나의 매개체라고 볼 수 있는 것이다. 프로그램이 지향하는 의도성이 달성되기 위해서는 그 객체의 변화와 발달을 실현하게 하는 구체적인 활동 내용이 반드시 필요하다.

④ 실시 방법: 각각의 프로그램 활동을 수행할 때의 수단 및 방법

프로그램 목적과 목표 달성을 위해 적절한 방법을 선택하는 것은 단순히 프로그램 내용을 쉽게 전달해줄 뿐만 아니라, 대상자들이 프로그램에 참여할 때 참여적인 분위기를 조성하고 변화의 동기를 높이기도 한다.

⑤ 장비 및 도구: 각각의 프로그램 활동 시 필요한 물리적 장비 및 도구

프로그램의 효과를 높이기 위해서는 프로그램 실시 방법뿐만 아니라 프로그램 활동 시 사용되는 각종 장비와 도구의 선택도 매우 중요하다.

⑥ 실시 기간: 전체 프로그램 수행 기간

프로그램 편성에 영향을 미치는 시간적 요소로서는 프로그램 실행의 시기, 시간대, 총 시간 수 등을 들 수 있다. 프로그램이 실시되는 시기는 프로그램의 내용 및 방법에 따라 좌우되는 경우가 많기 때문에 이를 유의하여야 한다. 또한, 참가자들이 이용 가능한 시간대에 프로그램을 편성해야 하고 프로그램 실시 기간이 지나치게 짧으면 참가자의 참여 및 활동 의욕에 있어서도 문제가 생길 수 있으므로 실시기간을 적절하게 편성하는 것이 바람직하다(정무성, 2001).

⑦ **환경 및 장소: 프로그램이 수행될 곳과 그곳의 주변 환경**

프로그램은 기획 과정을 거친 후에 그 프로그램의 내용과 방법에 가장 적절한 장소와 환경에서 수행되어야 한다. 아무리 훌륭하게 기획된 프로그램이라 할지라도 프로그램의 목적을 달성시키기 어려운 분위기를 갖는 장소나, 프로그램 대상자들에게 거부감을 주는 환경에서는 의도한 프로그램의 목적을 달성하기가 어렵다.

⑧ **프로그램 담당자: 프로그램을 진행할 담당 인력**

완성된 프로그램은 일반적으로 프로그램 담당자, 수퍼바이저, 자원봉사자가 하나의 팀을 이루어 수행된다. 프로그램 기획 과정 못지 않게 중요한 작업이 바로 기획된 프로그램을 효과적으로 수행하는 인력을 구성하는 일이다. 그리고, 프로그램 인력을 선정할 때는 세부적인 프로그램 수행 역할을 명확히 설정하고 그에 맞는 경력 요건을 엄격히 제시하여 그 기준에 부합하는 인력을 선정하는 것이 바람직하다.

8) 프로그램 예산 편성

(1) 예산과 예산 편성의 개념

예산이란 일정 기간(보통은 회계 연도)에 걸친 조직의 수입 및 지출에 관한 예정액 또는 계획안을 의미한다. 예산 편성(수립)은 특정 목적의 실현을 위해 필요한 비용을 계상(計上)해 내는 과정을 의미한다. 예산 편성은 단순히 1년 간의 수입과 지출의 재정 계획만 수립하는 것이 아니라 다음과 같은 특성도 함께 갖고 있다(Weiner, 1990).

① **정치적 과정**

예산 수립은 정치적 과정이다. 예산의 초점은 자원 배분에 있는데 이러한 자원 배분에 대한 의사결정이 정치적으로 이루어진다는 의미이다.

② 사업 기획의 과정

예산 수립은 조직의 목표 달성을 위한 사업을 수행하기 위한 것이고 예산 수립 과정은 목표설정, 대안 개발 및 기대 효과 분석, 효과성 평가 기준 설정 등의 사업 기획 절차와 병행·통합되므로 사업 기획 과정이라 할 수 있다.

③ 사업 관리의 과정

예산 수립은 조직의 관리자가 조직 각 단위의 활동과 그 책임자 및 시행 일정 등을 검토하므로 사업 관리 과정이 된다.

④ 회계 절차

예산서는 회계 담당자가 자금의 내적 및 외적 흐름을 통제하고 재정 활동을 승인하는 근거가 되므로 예산 수립은 회계 절차의 성격을 갖는다.

⑤ 인간적인 과정

예산은 클라이언트와 예산을 집행하는 조직 구성원, 그리고 지역사회주민들에게 커다란 영향을 끼치게 되므로 예산 수립을 잘하기 위해서는 이들과 접촉하여 대화하는 기회를 가질 필요가 있기 때문에 예산 수립은 인간적인 과정이라 할 수 있다.

⑥ 미래를 변화시키는 과정

예산은 장래의 활동 계획에 대한 재정 계획이므로 미래의 목표를 새로 설정할 수 있고 이에 따른 새로운 활동을 할 수 있기 때문에 미래를 변화시키는 과정이 된다.

(2) 예산의 유형

① 항목 예산(line-item budget)

이 예산 유형은 가장 오래되고 전통적이며, 오늘날에도 많은 조직의 예산 유형으로 사용되고 있다. 이것은 예산을 항목별로 구분하여 제시하는데, 각 항목은 그것이 지니는 속성으로 분류된다. 이러한 항목들은 회계 담당자가 지출을 통제하는 근거로 작용한다.

항목 예산의 가장 큰 장점은 간편하다는 데 있다. 즉, 항목별로 할당된 양과 실제 지출된 양의 비교를 통해 간단하게 지출 수준을 파악할 수 있다. 반면, 항목 예산 방식에서는 구체적으로 특정 세부 목표를 성취하는 데 예산이 어떻게 사용되었는지 명백히 알기 어렵다. 또한, 프로그램 비용과 행정 비용을 비교할 근거를 제공하지 못하고 있어 효과성을 측정하기 어려우며, 효율성 판단에 필요한 정보를 주지 못한다. [표 2-4]에서 이러한 항목 예산 방식의 실제 사례를 살펴보도록 하자.

[표 2-4] 항목 예산의 사례

항　　목		예산(단위: 원)
인건비	관장	600,000
	프로그램 담당자	4,500,000
	강사비	1,000,000
사업비	현수막 제작	300,000
	숙박비	900,000
	캠코더 대여비	240,000
관리비	냉난방비	500,000
	차량유지비	300,000
기　　타		100,000
총　　계		8,440,000

② 기능별/성과 예산(functional/performance budget)

기능별 예산은 개별 지출 항목들을 조직 활동들과 연결시킨 예산 방식이다. 기본적으로 세부사업의 단위 원가를 구하고, 거기에 업무량(서비스량)을 곱해서 산출된다. 이 방식에 사용되는 예산 할당 기준은 효율성이다. 이것은 서비스 산출에 대한 투입 비용의 적절성을 근거로 파악될 수 있다. 이 방식은 실제 원가 계산이 어려운 사회복지조직에서는 적용하기가 어렵다는 단점이 있다. 그러나, 일단 서비스(프로그램) 단위당 원가가 계산되면 투입 비용의 적절성과 산출 결과를 평가할 수 있게 된다.

실제, 모 사회복지기관 상담지도팀의 '청소년 상담 및 치료 프로그램'에 관한 예산을 기능별 예산으로 재구성하면 다음과 같다. 청소년 집단 상담의 경우 클라이언트인 청소년 1명당 상담 비용은 50,000원이고 한 세션(session)에 총 7명이 해당되며, 전체 3회 시행된다고 할 때 청소년 집단 상담 총비용은 1,050,000원으로 계산된다. 열린 전화, 심리 진단, 심리 치료도 같은 방식으로 산출된다.

③ 프로그램 기획 예산

프로그램 기획 예산(planning-programming budgeting system)은 장기적인

[표 2-5] 기능별 예산의 사례

단위 : 원

산　　출	비　　용
·청소년 집단 상담 50,000×7명×3회	1,050,000
·열린 전화(전화상담 서비스) 상담원 교육비 30,000×30명×2회	1,800,000
·심리진단 5,000×30명×12개월	1,800,000
·심리치료 8,000×30명×12개월	2,880,000
총　　계	7,530,000

사업 계획을 세우고 (즉, 기획 과정을 거쳐서) 그것을 실천하기 위한 당해 연도의 사업 계획과 이를 뒷받침하는 예산을 통합하여 수립하는 예산 체계이다(최성재, 남기민, 2001). 이 예산 체계는 목표와 사업을 분명히 하고 장기적인 사업 계획의 바탕 위에 이루어지기 때문에 사업 계획과 예산 수립의 괴리를 막을 수 있고 사업의 효과성을 높일 수 있다는 장점이 있다. 그러나, 목표 설정 과정이 용이하지 않고 결과에만 치중하기 때문에 과정을 등한시하고 의사결정이 집중화되는 경향이 있다.

이 예산 체계의 단점과 도입의 전제 조건으로 본다면 목표가 비교적 불분명한 속성을 지닌 사회복지조직에서는 도입하기 어렵겠지만, 목표 설정의 명확성과 구체성을 통한 효율성과 효과성 달성의 책임이 강조되는 경향을 생각하면 사회복지조직에서도 이 예산 체계의 적용을 도입할 수 있을 것이다. 이러한 예산 체계에 따른 특별한 예산 양식은 없고 항목 예산 체계 양식과 기능별·성과 예산 양식을 혼합하여 사용하는 경우가 일반적이다(Skidmore, 1990).

④ 영기준 예산

영기준 예산(zero base budgeting system)은 모든 사업을 매년 처음 시작한다는 전제 하에 매년 사업의 필요성에 대한 정당성을 제시하고 다른 사업과의 경쟁적인 상태에서 우선 순위에 입각하여 예산을 수립하는 것이다.

이러한 방식은 사업 쇄신에 기여할 수 있고, 재정 운영과 예산 배정에 탄력성을 높이는 장점을 갖고 있는 반면, 효과적이고 공정한 사업 평가가 전제되지 않을 경우 부적합하다. 또한, 이와 같은 예산 체계가 도입되려면 관리자가 의사 소통, 사업 평가에 대해 완벽히 파악하고 있어야 한다.

이러한 예산 체계는 단독적으로 사회복지에 도입하기는 어렵지만 사업의 효과성과 효율성을 증진하고 사업 쇄신에 기여할 수 있으므로 다른 예산 체계에 통합시킨다면 사회복지에 도입이 가능할 것이다.

3. 프로그램 실행

1) 프로그램 실행 단계

(1) 점검(준비) 단계

프로그램이 원활하게 진행되기 위해서는 점검 단계에 달려있다고 해도 과언이 아니다. 이 단계에서는 프로그램 진행 인력에 대한 점검과 프로그램 실행에 필요한 용품이나 기구, 시설, 각종 장비들에 대해 미리 준비해놓아야 한다. 이러한 점검과 준비 작업이 끝나더라도 다시 한 번 확인하는 과정이 필요하다.

(2) 수행 단계

이 단계는 실제로 프로그램을 실시하는 단계로서 프로그램의 생명이 달려 있는 시기이고 프로그램의 궁극적인 목표가 실현되는 단계이다. 프로그램을 좀 더 원활하게 수행하기 위해 필요한 과제는 ① 역할 분담 내용의 확인, ② 프로그램 지도안의 진행, ③ 상황 변화에의 대응이다.

역할 분담 내용의 확인은 주로 운영 조직과 관련되는 것으로서 지도자 및 운영 조직의 확인, 준비물의 사전 점검 등이 프로그램의 실시 당일에 확인해야 할 가장 중요한 것이 된다. 프로그램 기획안의 진행은 해당 프로그램을 실시하기 위하여 구상하고 편성하는 것으로서 구체적이고도 계획적인 활동을 요구한다. 상황 변화에의 대응이란 프로그램 편성 시에 예상치 못했던 기상 조건의 변화, 진행자의 사정, 참가자의 상황 변화 등과 같은 일에 직면하였을 때 효과적으로 대처할 수 있는 방안을 마련하는 것이다(정무성 외, 2001).

(3) 정리 단계

대개 프로그램을 수행하면 그 단계로 끝나는 것으로 생각한다. 그러나, 마지막으로 프로그램의 진행 과정과 결과를 기록하고 정리하는 단계가 남아있다. 이 단계에서 프로그램 수행 과정 및 결과 상황들을 꼼꼼하게 기록하고 정리하지 못한다면 향후 정확한 프로그램 평가를 시행하기가 어려워지게 된다. 프로그램 정리단계에서는 가능한 한 구체적인 상황 변화까지 꼼꼼히 체계적으로 정리할 필요가 있다.

4. 프로그램 관리

1) 프로그램 관리의 필요성

설계된 프로그램을 효과적으로 수행하기 위해서는 일종의 수행 계획이 있어야 한다. 수행 계획은 프로그램의 활동에 대한 체계적인 스케줄의 수립, 즉 프로그램 관리(계획)이다. 아무리 훌륭하게 프로그램이 설계되었다 하더라도 집행이 제대로 되지 않는다면 무용지물이 된다. 그리고, 집행을 제대로 하기 위해서는 프로그램이 계획에 따라 관리되어야 한다.

2) 프로그램 관리 기법

프로그램 관리 기법은 크게 MBO(management by objectives), 문제 발견 및 예측에 대한 관리 기법, 프로그램 진행에 대한 관리 기법으로 구분된다.

(1) MBO(목표달성에 대한 관리 기법)

MBO는 피터 드러커(Peter Drucker)가 1954년 고안한 관리 기법이다. MBO는 영리 기업을 중심으로 활용도가 급속히 증대되어 왔다. 비영리기관, 특히 사회복지기관에서는 1980년대 이후로 그 활용도가 증가하고 있다(Raider, 1985). MBO는 프로그램 설계에서 정한 목표가 어느 정도 달성되고 있으며, 목표 달성

[그림 2-4] 계통도

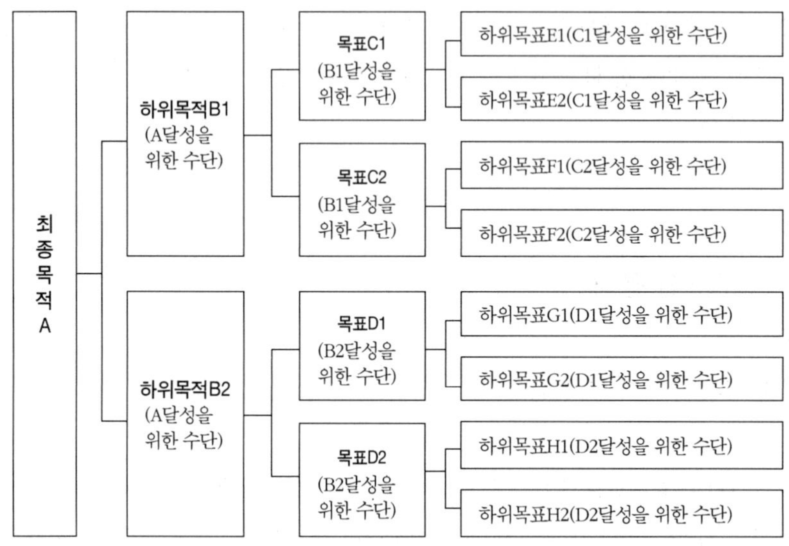

에 영향을 미치는 요인이 무엇인지를 파악하기 위한 것이다. 이를 위해서는 단 하나의 기법이 아닌 여러 가지 기법이 존재한다. 일반적으로 목표 달성을 위한 관리 체크 시트, 각 하위 활동별 책임 담당자 체크 시트, 계통도(tree-diagram) 등이 있다. [그림 2-4]는 MBO중에서 계통도를 적용한 것이다.

(2) 문제 발견 및 예측에 대한 관리 기법

문제를 발견하는 방법에는 여러 가지가 있으나 오늘날 프로그램 관리에서 가장 많이 사용되는 것은 5W1H기법이다. 5W1H는 Who, What, When, Where, Why, How의 여섯 차원에서 프로그램내용 및 관련 사항을 확인하고 업무 누락을 발견하거나 방지하기 위한 기법이다. 이 기법은 다양한 차원에서 전체를 빠짐없이 찾아낼 수 있는 장점이 있는 반면 단순 체크로 끝나거나 대책을 마련하지 않고 소홀하게 취급하기 쉬운 단점이 있다(정무성 외, 2001). [표 2-6]은 5W1H에 기법에 의한 체크리스트이다.

[표 2-6] 5W1H 프로그램 관리 체크리스트

5W1H	Questions	Check
Who	・현재 누가 담당하고 있는가?	
	・정말 누가 담당하는 것이 좋은가?	
	・이 프로그램을 담당할 수 있는 사람은 그 외에 없는가?	
	・이 프로그램을 담당해야 할 사람은 그 외에 없는가?	
	・3無(낭비, 무리, 한결같지 않음)를 하고 있는 사람은 없는가?	
What	・현재 무엇을 하고 있는가?	
	・정말 무엇을 하는 것이 좋은가?	
	・이 프로그램 외에 할 수 있는 프로그램은 없는가?	
	・이 프로그램 외에 담당해야 할 프로그램은 없는가?	
	・3無를 하고 있지 않은가?	
When	・언제 하는가?	
	・정말 언제 하는 것이 좋은가?	
	・그 외에 할 수 있는 시간은 없는가?	
	・그 외에 할 수 없는 시간은 없는가?	
	・그 외에 해야 하는 시간은 없는가?	
	・시간에 있어 3無를 하고 있지 않는가?	
Where	・현재 어디에서 하고 있는가?	
	・어디에서 하는 것이 정말 좋은가?	
	・현재의 장소 외에 할 수 있는 곳은 없는가?	
	・현재의 장소 외에 해야 하는 곳은 없는가?	
	・장소에 있어서 3無를 하고 있지 않는가?	
Why	・왜 그 사람이 담당하는 것인가?	
	・왜 그 일을 하는 것인가?	
	・왜 그 시간에 하는 것인가?	
	・왜 거기에서 하는 것인가?	
	・왜 그 방법으로 하는 것인가?	
	・사고 방식에 3無는 없는가?	
How	・현재 어떤 방법으로 하고 있는가?	
	・어떤 방법으로 하는 것이 정말 좋은가?	
	・그 방법 외에는 없는가?	
	・그 방법 외에 할 수 있는 방법은 없는가?	
	・방법에는 3無가 없는가?	

(3) 프로그램 진행에 대한 관리 기법

계획된 프로그램을 보다 효율적이고 효과적으로 준비하여 진행하는 데 좀 더 직접적으로 사용되는 관리 기법은 프로그램 평가검토기법(PERT), 활동별 시간계획표(gannt chart), 총괄도(flow chart)가 있다.

① 활동별 시간계획표(gannt chart)

활동별 시간계획표는 프로그램 관리 기법 중 가장 간단한 것으로 총괄도와 함께 사회복지기관뿐만 아니라 대부분의 조직에서 가장 많이 활용되고 있는 방법이다. 이 기법은 하나의 프로그램을 진행하는 일정 기간 동안 행하게 될 의도적인 활동들을 보통 막대 도표를 이용하여 나타내는 기법이다. 활동별 시간계획표에서는 세로축(칸)에 활동이 제시되고 가로축(줄)에 활동 기간이 표시된다. 이것을 통해 전체 프로그램에 필요한 활동을 확인하고 진행 상황(활동 완료)을 확인할 수 있다.

② 총괄도(flow chart)

프로그램의 진행 상황을 시작에서부터 종료에 이르기까지 총괄적으로 한눈에 볼 수 있게 도식화한 것으로서 가장 많이 사용되는 프로그램 관리 기법 중의 한 가지이다.

[표 2-7] 활동별 시간계획표의 예

활동 \ 기간	1월	2월	3월	4월	5월	6월
A 활동	▬▬	▬				
B 활동		▬	▬▬	▬		
C 활동					▬	▬

[그림 2-5] 총괄도의 예

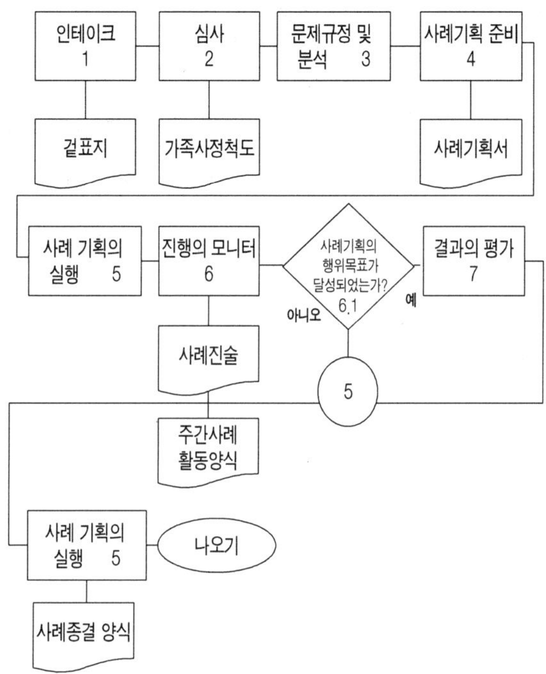

출처: Kettner(Peter M.), Moroney(Robert M.), & Martin(Lawrence L.), *Designing and managing programs - An effectiveness-based approach (II)*, CA: Sage publication, 1999.

③ 프로그램 평가검토기법(PERT: program evaluation and review technique)

프로그램 평가검토기법은 목표와 수단을 합리적이고 체계적인 방식으로 연결하는 데 사용되는 기법이다(McKenna, 1980). 활동별 시간계획표는 개별 활동을 명확히 파악할 수 있는 반면에 활동들 간의 상호 관계는 알 수 없는 단점이 있다. 그러나 PERT는 활동별 시간계획표와는 달리 활동 간의 상호 관계를 일련의 행사망(event network)형태로 파악할 수 있게 한다. 따라서, 이 기법은 프로그램을 목표와 활동들로 조직화하고 진행 일정표를 작성하며, 자원 계획을 세우고 프로그램 진행 사항을 추적하는 등에 활용된다.

[그림 2-6] PERT의 예

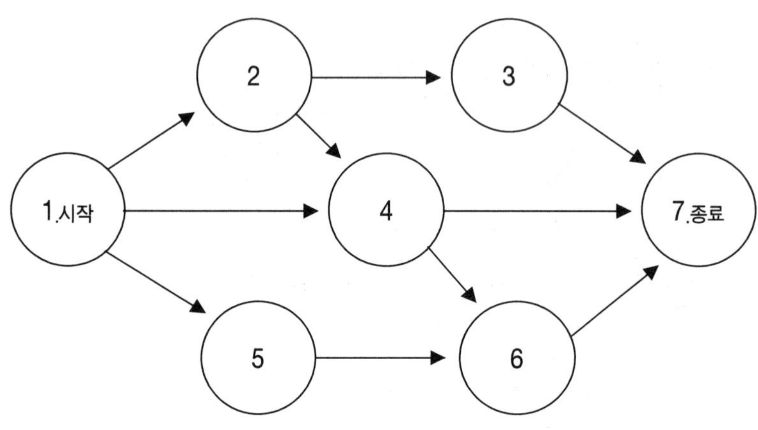

5. 프로그램 평가

1) 평가의 개념

평가는 기본적으로 '사물 또는 그 속성에 대한 가치 판단'을 의미한다. 가치 판단을 하기 위해서는 판단의 근거(criteria)나 기준(standard)이 함께 제시되어야 한다.

스크리븐(Scriven, 1967)은 "평가는 어떤 것에 대한 이점이나 가치를 판단하는 것"이라고 하였다. 와이스(Weiss, 1998)는 "평가는 정책이나 프로그램의 개선을 목적으로 일련의 내재적 · 외재적 기준에 따라 효과성 혹은 시행 상태를 체계적으로 사정하는 작업"으로 정의하고 있다. 로시와 프리먼(Rossi & Freeman, 1993)은 평가를 "사회 개입 프로그램의 개념화 · 설계 · 시행 · 효용성을 사정하기 위해 사회조사 방법을 체계적으로 응용하는 것"이라고 정의하고 있다. 이러한 학자들의 평가에 대한 정의를 종합해보면 결국 평가는 논리적이고 과학적인 방법을 사용하여 프로그램의 효용성을 높이고자 하는 의도적인 노력이라고 볼 수 있다.

사회복지행정에서는 이러한 평가를 행정 관리 수단으로 인식한다. 즉, 평가는 "프로그램이 욕구를 지닌 사람들에게 제공되는가? 적절한 서비스를 제공하는가? 서비스는 효과적인가? 그리고, 효율적인가?"를 파악하는 데 초점을 두게 되므로 행정 관리 수단으로서의 역할을 지닌다(성규탁, 1994).

2) 평가의 유형

평가의 유형은 평가하는 목적에 따라 모두 다르게 나타난다. 그러나, 대개 평가의 목적은 크게 두 가지 방향으로 정리된다. 하나는 평가에서 나오는 정보를 프로그램의 개선이나 개발에 사용하는 것이고, 다른 하나는 프로그램의 목표 달성 여부를 확인하는 데 사용하는 것이다. 평가의 이런 주된 목적 2가지를 기준으로 하여, 다음 두 가지 유형으로 프로그램 평가를 구분한다.

① 형성 평가(formative evaluation)

형성 평가는 대개 프로그램 수행 중간에 프로그램의 운영 및 활동을 평가한다. 따라서, 평가를 통해 프로그램의 개선과 관련된 정보들을 수집하고 평가하게 된다. 또한, 이것은 프로그램 개발이나 진행 과정에서 피드백에 사용되는 정보들을 얻는 것이 목적이기에 평가 정보들은 비교적 유연한 틀을 적용해서 도출된다는 특징이 있다.

② 총괄 평가(summative evaluation)

총괄 평가는 대개 시기적으로 프로그램이 모두 종결된 후에 시행하는 것으로 프로그램의 결과에 주로 평가의 초점을 둔다. 즉, 프로그램이 애초에 설정했던 목표를 얼마나 효과적으로 또한 효율적으로 달성하였는지를 파악하고자 한다. 형성 평가가 과정지향적인 평가라면, 총괄 평가는 목표지향적 평가라고 볼 수 있다.

또한, 총괄 평가는 형성 평가보다는 상대적으로 엄격한 틀을 필요로 하는데 대개 기관 외부로부터의 시각과 전문적인 평가 방법들이 개입되는 경향이 있다.

평가의 유형은 여기에 제시되어 있는 것뿐만 아니라 평가의 어느 부분에 초점을 두느냐에 따라 다양하게 구분될 수 있다. 평가의 용도에 따라 모니터링 평가, 비용 평가 등이 있고, 평가 기준에 따른 다양한 평가들(노력성 평가, 서비스 질 평가, 영향 평가 등)도 있다. 이런 평가 유형들은 평가에 대한 이해를 돕는 목적으로 만들어진 것이다. 따라서, 실제 평가를 활용하는 기관에서는 다양한 목적과 용도상 필요한 평가 유형을 결합해서 사용할 수 있다.

3) 평가의 원칙

정무성·정진모(2001)는 프로그램 평가가 갖추어야 하는 9가지 원칙을 다음과 같이 제시하고 있다.

① 클라이언트의 욕구와 제공된 프로그램의 관계는 기관의 직원 혹은 관리당국에 의해서 적어도 매년 재조사되고 평가되어야 한다.

② 기관은 다음과 같은 프로그램 평가 체계를 갖고 있어야 한다.
□ 프로그램과 서비스 성과 측정
□ 모든 이용자 대상 조사 또는 표본 조사
□ 6개월 혹은 그 이상 유지된 프로그램에 대한 프로그램 목표와 관련하여 클라이언트의 경과를 규칙적으로 측정
□ 평가 정보에 대한 사후 관리

③ 프로그램 평가 체계는 적어도 다음의 것들을 포함해야 한다.

□이용자 선정 기준

□제공된 서비스 목록

□측정할 수 있는 목표

□각 측정이 제공된 시간의 내역

□목표의 우선 순위

□효과성과 효율성 측정

□프로그램에 대한 클라이언트의 만족도 측정

④ 프로그램 평가 체계에서 얻어진 정보는 알맞은 조건으로 적절한 운영 수준에서 활용할 수 있어야 한다. 그러한 정보는 프로그램을 중지하거나 유지하고 향상시키기 위한 의사결정의 중요한 정보로서 활용되어야 한다.

⑤ 프로그램 평가 정보가 행정상의 기능과 프로그램상 기능에 포함되는 기관의 모든 차원에서 활용된다는 것을 입증해야 한다.

⑥ 이용자 특성의 재조사가 해마다 전문적이고 행정적으로 이루어져야 한다.

⑦ 프로그램 평가 정보는 이해할 수 있는 방식으로 활용되어야 하며 이용자, 서비스 제공자와 지지자를 포함하는 관리 당국과 직원, 일반 시민에게 알맞은 방법으로 전달되어야 한다.

⑧ 운영위원회는 프로그램 평가 체계의 적절성에 대한 계속적인 재검토가 있어야 한다.

⑨ 프로그램 평가 체계로부터 얻은 결과는 이용자에 바탕을 둔 계획 과정과 통합되어야 한다.

4) 평가의 기준

평가 기준은 학자들마다 다양하게 제시하고 있고, 실제 현장에서도 나름대로의 평가 기준을 갖고 있다. 이렇듯 다양한 평가 기준 중에서 가장 보편적으로 사용되는 평가기준 7가지는 노력성, 효과성, 효율성, 영향, 서비스 질, 과정, 공평성이다. 이러한 평가 기준은 평가의 주체나 평가 목적에 따라 다르게 선호된다.

① 노력성(effort)

이 기준은 프로그램 활동의 양을 의미한다. 즉, 얼마나 많은 양의 프로그램 활동이 제공되었는지, 어떤 활동들이 있었는지에 대해서 평가하는 것이다. 노력성 수준을 파악하는 데는 주로 다음과 같은 요소들을 평가한다.

□ 단위 활동의 수
□ 클라이언트 수
□ 전문 지식과 기술의 소유와 활용 정도(전문 인력의 수)
□ 프로그램 예산 및 자원
□ 프로그램의 기간 및 하위 활동들의 단위 기간
□ 프로그램 활동에 대한 전문 인력의 투입 시간

② 효과성(effectiveness)

이 기준은 프로그램 목표의 달성 정도를 의미한다. 노력성과 관련된 정보들이 주로 프로그램 투입에 초점을 두는 반면 효과성 기준 정보들은 목표가 달성되었는지, 목표가 달성되었다면 그것이 그 프로그램으로 인한 효과인지를 확인할 수 있는지에 초점을 둔다.

효과성은 프로그램이 의도했던 성과를 직접적인 자료 또는 간접적인 자료로 파악해볼 수 있다.

□ 직접 자료: 클라이언트에 대한 의도된 성과를 직접 측정(취업률)
□ 간접 자료: 성과를 측정할 수 있는 간접적인 지표를 측정(클라이언트 만족도)

사실 사회복지기관에서는 효과성과 관련된 직접적인 정보를 확인하기가 어렵다. 프로그램의 목표가 클라이언트의 인지적 변화나 삶의 질 증진이라면 실제로 인지적 변화 상태와 삶의 질 변화 상태를 객관적이고 직접적으로 측정한다면 가장 바람직하지만 실제로는 어려운 것이 사실이다. 프로그램의 효과성을 직접 파악하기 어려울 때는 간접 지표를 사용하기도 한다.

③ 효율성(efficiency)

이 기준은 프로그램 산출 대비 비용 수준을 의미한다. 즉, 프로그램에 투입된 비용(자원)을 경제적으로 효율적인 방법으로 적절하게 활용했는지를 파악하고자 한다. 효율성을 평가하는 데는 다음과 같은 평가 요소들이 활용된다.

□ 프로그램 산출물의 단위와 관련한 비용
□ 프로그램 투입에 대한 비용
□ 프로그램 목표들을 성취하는 데 부과된 비용

④ 영향(impact)

이 기준은 프로그램 기획 차원에서 주로 검토되는 것이다. 이것은 프로그램이 애초에 의도했던 사회문제의 해결이나 클라이언트의 변화에 미친 영향을 의미한다. 영향을 평가하는 것은 단일한 프로그램을 평가하는 것으로는 불가능하다. 개별적인 프로그램의 효과성을 넘어서 특정 문제와 관련되어 투입된 프로그램들의 전반을 장기적으로 평가함으로써 가능하다. 영향을 평가하는 데는 다음과 같은 평가 요소들이 활용된다.

□ 위험 집단과 표적 집단 내에서의 변화 정도
□ 사회 지표상의 변화에 대한 실증적 기대 정도

⑤ 서비스 질(quality)

대개 서비스 질은 효과성을 나타내는 기준으로 폭넓게 사용되나, 엄밀히 말하자면 프로그램의 전문성이 된다. 프로그램 전문성이란 전문 인력이 채용되는 정도나 프로그램 제공자의 전문성을 의미한다. 사회복지 분야에서는 프로그램의 효과성에 대한 직접 측정이 어려울 경우에 서비스 질을 많이 평가하는데, 이것은 전문성을 갖춘 인력이 프로그램을 수행한다면 효과성에 있어서도 일정 부분 기대할 수 있다는 가정이 전제되어 있는 것이다.

서비스 질의 평가 요소에는 다음과 같은 것이 있다.

□ 프로그램 인력의 전문 자격증 소유 여부
□ 프로그램에서 활용하고 있는 전문 지식과 기술의 발전 상태

⑥ 과정(process)

이 기준은 프로그램 결과의 경로를 의미한다. 즉, 특정 프로그램의 성공이나 실패에 대한 이유를 파악하려는 것이다. 과정 평가는 프로그램의 속성, 프로그램 대상 인구, 프로그램 시행 시 환경에 주로 초점을 둔다. 과정 평가 요소에는 다음과 같은 것이 있다.

□ 하위 목표들의 달성 정도와 연계성
□ 하위 목표와 프로그램 결과 사이의 영향 정도의 차이

⑦ 공평성(equity)

이 기준은 프로그램 배분의 공평성을 의미한다. 이 기준은 기획 차원의 평가에서 주로 검토된다. 실제 현실에서는 욕구에 따른 분배 기준보다는 일관성의 기준이 프로그램 분배에서 적용되기가 더 쉽다. 공평성 평가는 프로그램의 접근성 평가로 주로 평가된다. 공평성 평가 요소에는 다음과 같은 것이 있다.

□대상 집단에게 동일한 접근기회가 주어지는지 여부와 그 정도

□프로그램 활동이 지역 내에 균등하게 배분되는 정도

5) 평가의 과정

평가 과정은 평가 목적이나 유형에 따라 각기 다르게 나타난다. 여기에서는 평가할 때 보편적으로 적용되는 과정에 대해서 제시한다.

① 프로그램의 확인

프로그램의 목적과 목표, 프로그램이 다루는 사회문제, 이와 관련된 프로그램 활동이 무엇인지를 파악한다. 이 단계에서는 평가할 구체적인 대상(target)을 확정한다.

② 평가 기준 선택

평가에 사용될 기준을 결정하는 단계이다. 앞서 제시한 7가지 평가 기준 중에서 해당 평가에 사용할 평가 기준을 합리적으로 선택한다.

③ 평가 디자인 선택

평가 기준을 선택한 다음에는 어떤 평가 디자인을 사용할 것인지 선택해야 한다. 프로그램 종결 후에 클라이언트의 만족도를 갖고 평가할 것인지, 아니면 실험 설계 디자인을 사용할 것인지, 아니면 다른 대안적인 방법을 택할 것인지에 대해서 판단한다.

④ 자료 수집

이 단계에서는 실제 평가에 사용되는 자료를 수집한다. 어떤 출처에서 어떤 자료를 수집할 것인지, 적절한 수집 도구는 무엇인지를 결정하고 본격적으로 자료

수집 활동을 시작한다.

⑤ 자료 분석 및 결과 제시

수집된 자료들을 평가 목적에 맞추어서 분석하고, 그 결과를 보고서 형태로 제시하는 단계이다.

6. 사업계획서

1) 사회복지 프로그램 기획 예시[5]

지금까지 사회복지 프로그램의 기획 과정을 단계적으로 살펴보았다. 이제 마지막으로 실제 사회복지 프로그램 기획 사례 3가지를 보도록 하자. 첫 번째로 제시된 사례는 S복지재단에서 전국의 사회복지기관을 대상으로 공모하여 지원 선정된 사회복지 프로그램 제안서 중 발췌한 것이다. 두 번째로 제시된 사례는 서울시 소재 W종합사회복지관에서 수행 중인 프로그램을 총괄적인 기획 과정의 틀에 적용하여 사업제안서의 형태로 재기획한 것이다. 마지막으로, 세 번째 기획서는 S여대 사회복지학과에 재학중인 학생이 직접 기획 과정을 단계적으로 거치면서 구성해 본 프로그램 기획서이다. 이 사례들을 참고하여 스스로 각 기획서들의 장·단점을 파악해 보고 실제적인 프로그램 제안서를 작성해 보면서 현장의 기획을 체험해 보자.

---

5) 복지기관에 프로그램을 지원하는 복지재단 또는 복지법인들의 프로그램 제안서 작성 요령이나 작성 시 주의할 점들은 약간씩 차이가 있다. 삼성 복지재단, 성곡 복지재단, 공동모금회, 파라다이스 복지재단, 아산 복지재단 등이 프로그램을 지원하는 대표적인 기관들인데 각 기관들의 인터넷 홈페이지에는 프로그램 제안서 작성 요령과 제출 양식들을 소개해 놓고 있으니 참고하기 바란다.

정신지체아동양육 위기가정 기능강화 프로그램
— S복지재단 공모 당선작

Ⅰ. 프로그램의 배경

정신지체아동을 양육하는 가정은 아동의 특정 행동유형으로 인해 강한 스트레스를 경험하게 된다. 또한 부모의 문제, 즉 건강, 사회적 지원의 결여, 가족의 상호작용이나 통합의 결여, 재정문제 등이 복합되어 많은 어려움을 경험하게 되므로 가정의 위기상황을 예방, 극복하기 위한 가족기능강화 프로그램이 요구된다.

이러한 가정의 어려움에도 불구하고 장애인에 대한 지역사회의 실제적 지원체제는 개별 가정의 욕구를 충족시키기에는 불충분하며 특수교육 역시 실생활에 꼭 필요한 개별화된 필수 활동영역 교육을 실현하기에 어려움이 있다. 이를 보완하고자 하는 사회적응훈련 프로그램이 장애인 복지관을 중심으로 많은 복지관에서 이루어지고 있으나, 이러한 훈련이 학교와 가정, 그리고 사회와 연계성과 지속성을 가지고 이루어져야 하고 그 중심이 가정이라 볼 때 가족단위의 사회사업적 접근과 장애인 가족 스스로의 역량을 모아 지역사회에 대한 지지체계를 확보해 갈 수 있도록 지원함이 절실히 필요하다.

이에 본 복지관에서는 정신지체아동을 대상으로 한 실질적인 일상생활 및 사회기술훈련, 가족을 대상으로 한 지역사회인식전환을 위한 프로그램 등 다양한 사회실천방법을 통한 사회통합프로그램을 계획하게 되었다.

Ⅱ. 프로그램 개요

1. 프로그램의 목적

본 프로그램은 정신지체아동을 양육하고 있으며 각종 위기에 직면한 가정을 대상으로 정신지체아동에게는 방과후 사회적응훈련 프로그램을 제공함으로써 부모의 양육 부담을 감소하고, 가족에게는 위기개입을 통해 가족기능을 회복하도록 하며, 지역사회의 인식전환을 통해 장애인에 대한 지지체계를 마련하도록 하여 사회의 기본단위인 가정의 건강한 체계를 확립하고자 한다.

2. 프로그램의 목표

[목표1] 정신지체아동의 사회적응훈련을 통한 부모의 양육부담 감소
- 하위목표 1. 일상생활기술습득을 통한 기초생활에서의 독립능력 배양
- 하위목표 2. 현장학습을 통한 사회구성원으로서의 역할인지

[목표2] 가정의 경제적 · 정서적 · 사회적 문제에 대한 위기개입을 통해 가족기능 회복
- 하위목표 1. 사례관리(Case-management)를 활용하여 가정의 다양하고 복합적인 문제해결
- 하위목표 2. 정기적 가족자조모임을 통해 생활스트레스 인식 및 대처방법 모색
- 하위목표 3. 가족행사를 통한 가족결속력 강화

[목표3] 장애인에 대한 지역사회 지지체계 마련
- 하위목표 1. 프로그램 진행을 담은 다큐멘터리 제작·방송홍보를 통한 장애인에 대한 인식전환

· 하위목표 2. '장애인가족자조모임'을 중심으로 장애인권익향상을 위한 지
역사회에 대한 제안 활동 지원

3. 프로그램 대상

대상구분	수혜대상 산출근거	인원 수
일반집단	○○시 내 등록된 정신지체장애인 가정	465세대(○○지역 전체 등록 장애인구의 16.4%)
위험집단	○○시 내 등록된 정신지체장애인 중 특수학교에 재학 중인 아동을 양육하는 가정	143세대
표적집단	특수학교에 재학 중인 정신지체아동 양육가정 중 위기상황에 놓인 가정	20세대 추정
클라이언트 수	표적집단 중 서비스 수혜대상 가족	8세대

4. 프로그램의 형태 및 내용

프로그램	대상	수행 시기	진행 내용
정신지체아동 사회적응훈련	정신지체아동 8명	00년 3월 ~ 12월	일상생활적응훈련, 독립생활훈련, 현장학습, 레포츠 등 방과후 사회적응훈련 실시
위기가정 case-management	정신지체아동 양육 위기가정 6가정	00년 3월 ~ 12월	전문가에게 가족치료 의뢰, 경제적 지원, 아동심리치료 등 총체적인 사례관리를 통해 가정의 경제적 · 정서적 · 사회적 문제를 해결
가족자조모임	정신지체아동의 母 14명	00년 3월 ~ 12월	장애아 양육 스트레스 경감을 위한 가족모임 조직 및 개입
장애인가족등반	장애아동 · 일반아동 가족	00년 4월 29일	가족단위의 행사로 등반을 통해 가족결속력 강화
가족문화체험	장애아동 · 한부모가족	00년 10월 28일	가족단위의 행사로 도자기공예를 직접 체험하고 가족공동작품 제작
다큐멘터리 제작 홍보	정신지체아동 8명	01년 3월 ~ 12월	프로그램 진행과정을 다큐멘터리로 제작하여 방송을 의뢰
장애인 권익 향상을 위한 제안활동 지원	장애아동의 부모	00년 12월 1일	부모자조모임을 중심으로 하여 장애인 권익향상을 위한 제안서 작성, 서명운동 및 제출활동 지원

Ⅲ. 프로그램의 전체 일정

시기		내용
00년 3월	1주	프로그램 홍보 및 대상아동 모집 (8명)
	2주	모집된 아동의 부모상담을 통한 선정 (5명)
	3주 ~ 4주 / 9회	3월 사회적응훈련 P/G: 복지관 적응기간
00년 4월	1주 ~ 4주 / 20회	4월 사회적응훈련 P/G: 문화생활의 달
	1주	위기가정(case-management): 아동의 장애등록
	2주	대상아동 가정방문: 5가정
	4월 3일	자조모임: 1회기
	4월 29일	장애인가족등반
00년 5월	1주 ~ 4주 / 19회	5월 사회적응훈련 P/G: 교육기관 견학의 달
	5월 4일	자조모임: 2회기
	5월 23일	위기가정(case-management): 아동의 놀이치료 의뢰
00년 6월	1주 ~ 4주 / 19회	6월 사회적응훈련 P/G: 관공서 견학의 달
	6월 7일	자조모임: 3회기
	1주	대상아동 2차 모집 기간
	2주	모집아동 상담 및 선정(1명)
	6월 23일	자조모임: 4회기, 정신지체장애우 부모회 1차 모임
00년 7월	1주 ~ 4주 / 18회	7월 사회적응훈련 P/G: 문화생활의 달
	7월 6일	자조모임: 5회기
00년 8월	1주 ~ 4주 / 19회	8월 사회적응훈련 P/G: 종교견학의 달
	8월 18일	자조모임: 6회기
00년 9월	1주 ~ 4주 / 20회	9월 사회적응훈련 P/G: 건강의 달
	9월 2일	다대포 게잡이 현장학습
	9월 7일	자조모임: 7회기
00년 10월	1주 ~ 4주 / 20회	10월 사회적응훈련 P/G: 관공서 견학의 달
	10월 8일	자조모임: 8회기
	10월 28일 (일)	"하나되기 가족캠프": 가족문화체험 실시
00년 11월	1주 ~ 4주 / 19회	11월 사회적응훈련 P/G: 도서관 견학의 달
	11월 6일	자조모임: 9회기
00년 12월	1주 ~ 4주 / 14회	12월 사회적응훈련 P/G: 복습하기
	12월 1일	"장애인과 함께 살기" Road Campaign
	12월 5일	"사랑과 감사의 밤" 공연
	12월 16일	자조모임: 10회기

서울특별시 W종합사회복지관의 프로그램 제안서 실제

본 프로그램 제안서는 기존에 수행하고 있던 소규모 프로그램을 확충하고 체계화하여 다음과 같은 프로그램 제안서로 발전시킨 것이다. 본 기관의 사업제안서는 사업 개요, 사업 내용, 서비스 대상, 기대 효과, 사업 세부 사항, 사업 예산, 사업 평가에 이르기까지 프로그램 개발 및 평가의 과정이 총괄적으로 구성되어 있다.

1. 사업제안서의 주요 구성

사업개요	사업개요	
사업내용 **(필요성과 목적)**	사업명	사업필요성
	사업목적	사업목표
서비스 대상	서비스 대상	
기대효과	기대효과	
사업세부사항	세부사업내용	사업실행일정
	담당인력구성	사업기간
	경험적 근거	
사업예산	예산	
사업평가	평가	

2. 사업개요의 구성 요소

사 업 개 요	**사업명**	•멘토링 프로그램을 통한 이혼가족 자녀의 사회적 지지망 구축 및 전문 멘토 양성
	사업목표	1. 사업목적 •이혼가족 자녀를 대상으로 멘토링 프로그램을 통한 사회적 지지망을 구축함으로써 이혼으로 인한 심리·정서적 어려움에 적절하게 대응하고 사회 적응 능력을 향상할 수 있도록 도우며, 멘토들에 대하여 전문적 교육·지원을 제공함으로써 준전문가로 양성하는 것을 목적으로 한다. 2. 사업목표 〈목표 1〉 이혼가족 자녀들로 하여금 자신 및 가족에 대하여 긍정적 인식을 가질 수 있도록 하며, 심리·정서·사회적 발달과업을 적절히 수행할 수 있도록 한다. 〈세부목표 1, 2, 3, 4〉 - 생략 〈목표 2〉 이혼가족 자녀를 돕는 준전문가로서 적절한 지식과 기술, 가치를 겸비한 멘토 인력을 양성한다. 〈세부목표 1, 2, 3, 4〉 - 생략
	사업내용	
	기대효과	
	예산	

사 업 개 요	**사업명**	1. 이혼자녀를 위한 프로그램
	사업목표	1) 학습지도
	사업내용	2) 문화체험 　3) 심리검사 　4) 개별상담 　5) 집단상담 　6) 부모교육 　7) 가족캠프 　8) 평가 2. 멘토를 위한 프로그램 　1) 프로그램 개발 연구 및 자료집(지침서) 제작 　2) 멘토 사전 교육 　3) 멘토를 위한 전문가 수퍼비전 　4) 평가
	기대효과	
	예산	

사 업 개 요	사업명	1. 사회복지실천현장에 기여 　1) 이혼가족 자녀에 적용할 수 있는 검증된 프로그램을 제공한다. 　2) 멘토 전문가를 양성한다. 　3) 프로그램 교육안을 제공한다.
	사업목표	
	사업내용	
	기대효과	2. 학문적 기여 　1) 이혼가족 자녀의 적응 모델을 개발한다. 　2) 이혼가족 자녀에 관한 이론 개발에 기여한다. 3. 사회정책적 기여 　1) 이혼가족의 적응 능력을 향상시키고, 어려움을 예방한다. 　2) 아동복지 정책 수립의 유용한 방향을 제시한다.
	예산	총 사업비 52,220천 원

3. 사업내용의 구성요소

사 업 개 요	사업명	○ 멘토링 프로그램을 통한 이혼가족 자녀의 사회적 지지망 구축 및 전문 멘토 양성
	필요성	1.　이혼이 심각하다. 　1) 2004년 306,000쌍 결혼, 145,000쌍 이혼 　2) 2004년 이혼 천명당(조이혼율) 3건 　3) 2004년 이혼 건수 10건당 7건이 미성년 자녀를 두고 있는 상태 2. 이혼이 자녀에게 미치는 영향이 크다. 　1) 자아존중감 손상, 낮은 자아개념(박병금, 1996) 　2) 높은 스트레스와 우울(Barber, 1994) 3. 월계지역 상황 　1)　○○구 모자보호세대 342세대 가운데 이혼세대 212세대로 일반 　　　가정까지 포함하면 상당수 존재 　2) 가구당 평균 2명의 자녀 　3) 이혼자녀의 다양한 어려움(문제) 노출
	목적	
	목표	

사 업 개 요	사업명	이혼가족 자녀를 대상으로 멘토링 프로그램을 통한 사회적 지지망을 구축함으로써 이혼으로 인한 심리·정서적 어려움에 적절하게 대응하고 사회 적응 능력을 향상할 수 있도록 도우며, 멘토들에 대하여 전문적 교육·지원을 제공함으로써 준전문가로 양성하는 것을 목적으로 한다.
	필요성	
	목적	
	목표	

사 업 개 요	사업명	〈목표 1〉 이혼가족 자녀들로 하여금 자신 및 가족에 대하여 긍정적 인식을 가질 수 있도록 하며, 심리·정서·사회적 발달과업을 적절히 수행할 수 있도록 한다.
	필요성	〈세부목표 1〉 이혼가족 자녀의 연령에 적합한 신체적·정서적 발달과업을 적절하게 수행할 수 있도록 도움으로써, 자체 개발 척도에 의하여 프로그램 참여자들의 80%이상의 구성원이 사전평가 점수보다 향상되도록 한다.
	목적	〈세부목표 2〉 이혼 가족 자녀들이 올바른 생활태도를 형성할 수 있도록 도움으로써, 자체 개발 척도에 의하여 프로그램 참여자들의 80% 이상의 구성원들이 사전평가 점수보다 향상되도록 한다.
	목표	〈세부목표 3〉 부모의 이혼에 대한 올바른 이해 및 태도변화 〈세부목표 4〉 긍정적 자아상 형성 〈목표 2〉 이혼가족 자녀를 돕는 준전문가로서, 적절한 지식과 기술, 가치를 겸비한 멘토 인력을 양성한다. 〈세부목표 1, 2, 3, 4〉 - 생략

4. 서비스 대상의 구성 요소

1) 멘티

대상구분	서비스대상자 산출근거	단위 수(명)
일반대상	○○구 거주하는 세대 수 (0000년 0월 00일 기준, ○○구청 통계연보)	209,521세대
위기대상	○○구에 거주하는 이혼가족 세대 수 (0000년, ○○구청 통계연부)	1,053세대
표적대상	위기대상 중 미성년 자녀를 두고 있는 세대 수	737세대
클라이언트 수	표적 대상 중 프로그램에 참여하고자 하는 자녀 20명/부모 10명	30명

2) 멘토

대상구분	서비스대상자 산출근거	단위 수(명)
일반대상	서울/경기 지역 사회복지 분야 관련자	
표적대상	사회복지 분야 자격 취득 및 관련 학생	
클라이언트 수	표적대상 중 프로그램에 참여하고자 하는 멘토 20명	20명

5. 기대효과의 구성 요소

기대효과는 사업이 수행되었을 때 얻게 되는 결과물을 의미한다.

1. 사회복지실천현장에 기여
1) 이혼가족 자녀에 적용할 수 있는 검증된 프로그램을 제공한다.
2) 멘토 전문가를 양성한다.
3) 프로그램 교육안을 제공한다.

2. 학문적 기여
1) 이혼가족 자녀의 적응 모델을 개발한다.
2) 이혼가족 자녀에 관한 이론 개발에 기여한다.

3. 사회정책적 기여
1) 이혼가족의 적응 능력을 향상시키고, 어려움을 예방한다.
2) 아동복지 정책 수립의 유용한 방향을 제시한다.

6. 사업 세부내용의 구성 요소

세부사업내용	1. 이혼자녀를 위한 프로그램 　1) 학습지도 　2) 문화체험 　3) 심리검사 　4) 개별상담 　5) 집단상담 　6) 부모교육 　7) 가족캠프 　8) 평가
	2. 멘토를 위한 프로그램 　1) 프로그램 개발 연구 및 자료집(지침서) 제작 　2) 멘토 사전 교육 　3) 멘토를 위한 전문가 수퍼비전 　4) 평가

1) 구체사업별 내용(예시)

사업명	일정	목표	담당자	사업진행내용
멘토 프로그램 개발 연구자료집 준비	9월1일 ~ 9월30일	멘토를 교육하기 위한 프로그램개발 및 자료집을 준비한다.	신규직원, 사회복지사, 팀장	1. 멘토 교육 자료 　1) 멘토 교육 자료집 발간 　2) 멘토 포켓지침서 제작
멘토 모집	9월 1일 ~ 9월30일			2. 멘토 모집 　1) 관련학과 교수를 통한 발굴 　2) 복지사이트를 통한 발굴 　3) oo대 사회복지학과 대상 홍보를 통한 발굴

2) 사업 실행 일정

3) 담당인력 구성

4) 경험적 근거

1. 0000년
이혼 및 재혼 가정 부모와 아동의 건강한 이혼과 재혼 받아들이기 프로그램　(8회기) 실시

2. 0000년
이혼여성 가족 적응향상을 위한 지역사회복지관의 통합적 개입 프로그램　(삼성복지재단 지원) 실시

3. 저소득 이혼 여성 가족 적응향상을 위한 통합적 개입 프로그램　(타 협력기관과 연계)

7. 사업예산 구성 요소

(단위: 원)

항목		산출근거		예산조달 계획	
		직접비	간접비	신청금액	자부담
인건비	신입직원	1,400,000×12개월 = 16,800,000		16,800,000	
	소계	16,800,000		16,800,000	
직접사업비	사업홍보	현수막제작 80,000×4개 = 320,000 리플렛 제작 1,000,000		-	-
	심리검사	10,000원×20명×3회 = 600,000		-	-
	문화체험	-		-	-
	가족캠프	-		-	-
	부모교육	-		-	-
	멘토링 교육비 및 운영비	-		-	-
	평가비	-		-	-
	소계	29,860,000		-	-
관리비	사이버 상담 운영비	-	-	-	-
	집기 구입비	-	-	-	-
	운영비	-	-	-	-
	소계	2,160,000	3,400,000	-	-
총계		48,820,000	3,400,000	43,921,000	8,299,000

8. 평가 구성 요소

평가종류	이혼가족 자녀	평가 기준
총괄평가 - 사전사후 비교방식 -	·신체적 · 정서적 발달과업 ·생활태도 ·이혼에 대한 이해 및 태도 ·긍정적 자아상	신체적 · 정서적 발달과업 수행 척도 CASP 이혼가족 자녀 생활태도 향상 척도 자아존중감 척도
형성평가	계획대비 과정에 대한 평가	
	멘토 활동	자기 효능감 및 자체개발평가도구에 의해 준전문가로서, 적절한 지식과 기술과 가치를 겸비한 인력양성이 이루어졌는가

* 평가는 평가도구를 구체적으로 제시하고 일정과 방법까지 제시해야 함

집단 활동을 통한 독거노인의 행복감 향상 프로그램(요약)
― S여자대학 사회복지학과 학생

1. 프로그램의 필요성

노년기에는 신체적 질환, 질병, 퇴직으로 인한 경제력 상실, 신체능력 저하, 사회적 고립 등에 의해 주변 사람들에게 의지해야 하는 일이 많아진다. 그러나 가족 구성원의 죽음, 경제적 이유, 가족 상황 등의 여러 가지 이유로 혼자 지내는 노인들이 우리 사회에는 많다. 이렇듯 혼자 지내는 노인들은 외로움을 많이 느끼게 되면서 우울한 기분을 자주 경험하기도 한다. 또한 이러한 우울한 기분은 일상 생활과 삶에 대한 의욕을 감소시키며, 적절한 대인관계 유지도 어렵게 하여 궁극적으로는 생활의 안정감을 느끼지 못하며 활력과 행복감을 느끼지 못한 채 살아가게 된다.

이 프로그램은 이러한 독거노인들을 대상으로 그들의 우울한 기분을 예방 및 극복하며 자신감을 심어줌으로써 원활한 대인 관계를 형성하고 그것을 활용하여 궁극적으로 생활의 안정과 행복감을 찾아갈 수 있게 하기 위해 기획되었다.

2. 욕구분석

우리나라의 65세 노인 인구 중에서 혼자 사는 노인 비율은 1990년 8.9%에서 2000년 16.1%로 10년 사이 두 배 가까이 증가했다. 또한 통계청 장래인구 추계 결과를 보면 2000년대 들어서도 지속적으로 독거노인 가구는 증가하고 있다([표 2-8] 참조).

[표 2-8] 독거노인 가구 증가율

(단위:명)

	2000년	2001년	2002년	2003년	2004년
60~64세	167,300	170,262	173,073	175,736	178,264
65~69세	191,585	203,570	215,958	228,751	241,966
70~74세	171,976	186,441	201,810	218,129	235,453
75~79세	118,552	126,595	134,940	143,591	152,561
80~84세	51,415	56,667	62,328	68,424	74,989
85세 이상	20,440	22,621	24,978	27,526	30,283

이렇듯 독거노인들은 해마다 늘어나고 있지만, 현재 독거노인들에 대한 사회적 지원은 국민기초생활보장법 상 급여와 경로 수당, 재가노인 도우미서비스, 지하철과 버스 무임 승차 등에 국한되어 있으며 이들에 대한 지원의 질에 대해서도 여전히 문제 제기가 많은 실정이다. 일상 생활을 가능하게 하는 물리적 지원도 여전히 더 많이 필요하나, 그것에 못지 않게 홀로 생활하게 되면서 느끼는 외로움, 우울한 기분 등이 삶의 의욕을 감소시킨다는 점에도 초점을 두어야 한다(여기에 독거노인의 심리 사회적 욕구에 대한 실제 설문 조사가 수행되어 제시된다면 본 프로그램을 위한 제대로 된 욕구분석이 이루어질 것이나, 시간적 제약상 실제 조사는 수행하지 못하였음).

3. 프로그램 적용대상

대상 구분	산출 근거	인원 수(명)
일반 인구	○○시 **구에 거주하는 노인	53,492
위험 인구	일반 인구 중 독거노인	7,145
표적 인구	위험 인구 중 △△동에 거주하는 독거노인	500
클라이언트 수	표적 인구 중 본 프로그램에 참여의사가 있는 노인	20

4. 프로그램 목적과 목표 설정

1) 프로그램 목적

독거노인들의 외로움을 덜어주고 일상생활에서 느끼는 우울한 기분을 예방하고 극복함으로써 즐겁고 행복한 생활할 수 있도록 돕는다.

(1) 목표1

독거노인들에게 타인에 대한 관심을 유도하고, 이웃과의 원만한 관계를 형성함으로써 우울증을 예방한다.

① 하위목표1: 독거노인을 대상으로 2회 동안 산책을 통해 상대방과 공통점을 발견함으로써 친밀감을 도모한다.

② 하위목표2: 독거노인을 대상으로 매주 1회, 영화 감상을 하고 영화에 대한 소감을 나누면서 자기의 기분을 솔직히 표현한다.

③ 하위목표3: 독거노인을 대상으로 매주 1회, 다과와 대화의 시간을 가지면서 노인들의 사진을 갖고 과거를 회상하고 서로 솔직한 이야기를 나누며 현재 자신의 감정을 표현한다.

(2) 목표2

노인들에게 신체 활동을 통한 건강 증진 및 타인에게 도움을 줌으로써 자신감 회복을 가능하게 한다.

① 하위목표1: 독거노인을 대상으로 매주 1회, 명상과 기체조를 함으로써 심리적 건강 증진을 도모한다.

② 하위목표2: 독거 노인 20명을 4개 조로 형성하여 거동이 불편한 다른 독거노인의 집을 방문하고 서로 말벗이 됨으로써 자신의 존재 가치와 자신감을 높인다.

5. 프로그램 내용

① 전체 프로그램 시행기간: ○○년 3월~5월

② 프로그램 진행 일시: 매주 월, 수, 금 오후 1시~3시 30분

③ 장소: ○○노인복지관 대강당(기본)

④ 기본 프로그램 진행

- · 월 - 영화 감상

- · 수 - 다과와 대화

- · 금 - 명상과 기체조

시기		내용
첫 주 수요일	오리엔테이션	프로그램 소개와 함께 프로그램 실시 목적과 예상되는 결과에 대해 나누고, 프로그램 진행자를 소개함
둘째 주 월요일, 수요일	대인관계형성	동료 상대방과의 공통점 발견, 친밀감 형성을 위한 활동들로서 주변 공원을 산책
매주 월요일	영화감상	매주 한 번 영화를 감상하며 생활의 지루함을 감소하며, 활력소를 찾기
매주 수요일	차와 대화	차를 마시면서 과거를 회상하는 시간을 가지며 대상자들 상호간의 친목 도모
매주 금요일	명상과 기체조	명상을 통한 심리적 안정감 회복과 기체조를 통해 신체적 건강 도모
매달 마지막 주 토요일	독거노인 방문	4개 조로 구성된 프로그램 참여자들이 몸이 불편한 독거노인 가정을 방문하여 말벗이 되어줌

6. 예산

항목		산출 근거	
		직접비(원)	간접비(원)
인건비	기관장		3,000,000×3달×1%=90,000
	담당 사회복지사		1,500,000×3달×20%=900,000
	전문강사	50,000×12시간=600,000	

항목		산출 근거	
		직접비(원)	간접비(원)
사업비	오리엔테이션	다과 1,500×20명＝30,000	
	영화 감상	비디오 2,000×11회＝22,000	
	차와 대화	다과 1,500×20명×11회＝330,000	
	명상과 기체조	다과 1,000×20명×11회＝220,000	
관리비	각종 관리비	한달 평균 50,000×3달＝150,000	
합계		2,342,000	

사회복지기관 관리

제3장
사회복지기관 관리

    사회복지행정은 많은 영역을 포함하고 있는데, 그 중에서도 가장 핵심은 사회복지기관을 관리하는 것이라 할 수 있다. 사회복지기관을 관리하기 위해서는 우선 기관의 구조에 대한 이해가 필수적이다. 기관 구조는 컴퓨터의 하드웨어(hardware)에 해당한다. 따라서, 기관 구조 외에 소프트웨어(software)의 기능에 해당되는 조직 문화를 함께 파악할 필요가 있다. 하드웨어인 기관 구조가 아무리 훌륭하게 효과적으로 설계되었다 할지라도 소프트웨어인 조직 문화가 부정적인 영향력을 미친다면 결국 사회복지기관 관리를 성공적으로 했다고 보기 어렵다. 그리고, 하드웨어와 소프트웨어 외에 이 컴퓨터를 작동하게 하는 환경 또한, 사회복지기관 관리에서 아주 중요하게 다뤄지는 부분이다.

    따라서, 이번 장에서는 사회복지기관을 관리하는 데 가장 기본적인 지식으로 작용하는 기관 구조, 조직 문화, 조직 환경에 대해서 살펴본다.

    좀 더 구체적으로 살펴보면, 우선 기관의 구조를 이해하기 위해서 기관 구조를 구성하는 요소를 알아보고, 기관 구조의 각 구성 요소들이 결합하여 나타나는 여러 유형의 기관 구조를 파악한다. 그리고, 조직 문화의 개념과 기능을 살펴보고 조직 문화에 대한 다양한 유형과 조직 효과성에 영향을 미치는 특정한 조직 문화 유형에 대해서 살펴본다. 마지막으로, 조직 환경의 일반적인 개념 이해에서부터 사회복지 조직 환경에 대한 파악과 함께, 사회복지기관의 환경 관리를 위한 전략을 살펴본다.

이번 장을 학습하면서 또는 학습하고 나서 실제 사회복지기관을 한 두 군데 선정하여 배운 내용을 적용하여 분석해보는 기회를 가져볼 것을 권한다.

1. 기관 구조

어느 시대, 어느 사회를 막론하고 모든 기관은 제 나름대로의 구조를 갖고 있다. 한 기관의 고유한 구조에 대한 정보는 조직도[6](organizational chart)를 통해 공식적으로 제시된다. 따라서, 우리가 한 기관에 대해서 정보가 전혀 없는 상태에서 기관을 파악하고자 할 때는 여러 관련 자료 중 조직도를 가장 먼저 살펴보게 되는 것이다. 이제부터는 기관의 구조와 그것을 구성하는 요소들에 대해 살펴보자.

1) 기관 구조의 개념

기관의 구조란 조직의 각 부분들 사이에 성립되어 있는 관계의 유형을 말한다. 이것은 조직의 기능과 권한 책임 등이 어떻게 배분되고 조정되는지와 관련이 있다(Kast & Rosenberg, 1970). 즉, 이것은 기관 내에서 수행되는 업무들이 서로 어

---

6) 같은 의미를 지닌 다른 표현에는 '기관도', '조직표', '조직 구성도'가 있다.

[그림 3-1] 조직도(서울 소재 종합사회복지관)

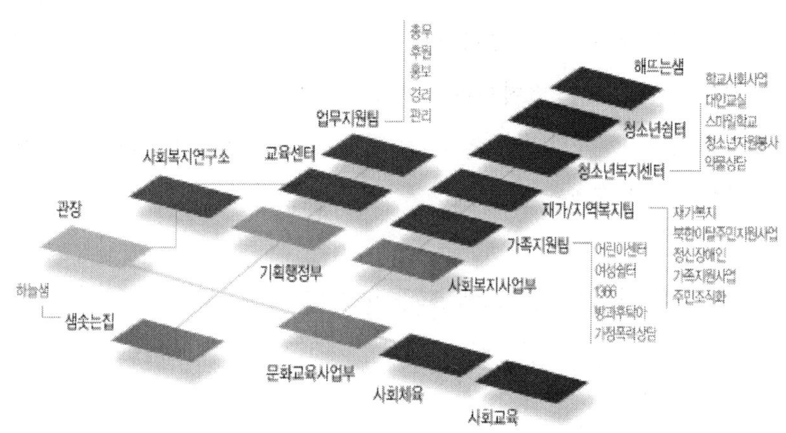

출처 : 태화종합사회복지관(http://www.taiwha.or.kr)

떻게 연결되어 처리되는지, 기관 내 하위 부서들은 어떤 형태로 문제 해결을 위해 노력하고 있는지에 대해 조직의 구성 요소들의 상호 의존 관계나 상호작용을 보여주는 실체인 것이다.

그러므로, 하나의 기관을 실제로 파악하기 위해서 또는 기관의 목표 달성을 위해서, 효과적이고 효율적인 기관 구조를 만들기 위해서는 기관의 구조를 구성하는 개별 요소들에 대해 정확하게 이해하고 있어야 한다. 그리고, 이를 기초로 다양한 기관 구조의 형태를 구별하거나 설계할 수 있어야 한다.

2) 기관 구조의 구성 요소

오늘날 기관 구조의 구성 요소로 가장 많이 활용되는 것이 복잡성, 집권화, 공식화의 세 가지이다. 이들 세 가지 기관 구조의 구성 요소는 과업과 권한을 어떻게 구분하느냐에 따라 다르게 나타난다. 기관 구조와 그것의 구성 요소를 건축물에 비교해서 파악해보자. [표 3-1]에 제시된 것을 보면 기관 구조에 해당하는 복잡성, 집권화, 공식화는 건축물에서는 건물의 뼈대가 되고 기초가 되는 철근, 콘크리트, 벽돌에 해당된다. 건축물을 짓는 데 철근, 콘크리트, 벽돌이 사용되지만 구체적인 사용량과 방법에 따라 결과적으로 건축물은 다양한 형태가 나온다. 이와 마찬가지로 하나의 기관도 복잡성 정도, 집권화 정도, 공식화 정도에 따라서 다양한 기관 형태가 만들어진다.

[표 3-1] 기관 구조의 구성 요소와 건축물의 구성 요소 비교

구 분	구성 요소	유 형
건축물	벽돌, 철근, 콘크리트 등	아파트, 빌딩, 연립주택, 단독주택 등
기관 구조	복잡성, 공식화, 집권화	단순 구조, 관료제 구조, 사업부제 구조 특별위원회 구조 등

(1) 복잡성(complexity)

복잡성은 한 기관에서 업무들이 나누어져 있는 정도를 의미한다. 경우에 따라서는 '복잡성'이라는 용어 대신 '업무(과업)의 세분화'라는 용어로 사용되기도 한다. 복잡성 정도를 파악하는 방법은 크게 두 가지가 있다. 하나는, 단순하게 기관의 세부 업무의 수를 세어 알 수 있다. 업무의 수가 많을수록 복잡성 정도가 높은 것이라 할 수 있다. 물론 다르게 표현하면 업무의 세분화 수준이 높다고 할 수 있다. 다른 하나는 기능적으로 구분되는 업무와 그것에 따른 직위의 수를 세어 알 수 있다. 기관의 업무가 많이 나누어져 있고 그에 따른 직위의 수가 많을수록 기관의 복잡성은 높아지고 반대의 경우 복잡성은 낮아진다.

기관의 복잡성은 다시 세 가지 유형 — 수평적 분화, 수직적 분화, 공간적 분화 — 으로 구분되기도 한다. 수평적 분화는 기관이 여러 다른 부서나 전문화된 하위 단위로 구분되는 것을 말한다. 기관의 조직도(organizational chart)상에서 횡적

으로 배열되어 있는 부서가 얼마나 되는지를 보면 수평적 분화 정도를 파악할 수 있다.

기관 내의 수평적 분화가 증가하면 분화된 과업을 조정하고 통제해야 하는 경우가 많이 발생한다. 이 때 기관은 수직적 분화를 하게 된다. 수직적 분화는 기관의 위계 구조상 상-하관계로 구분되는 것을 말한다. 기관도 상에서 수직적으로 배열되어 있는 부서가 얼마나 되는지를 보면 이를 알 수 있다.

일반적으로 복잡성은 수평적 분화와 수직적 분화를 주로 의미한다. 마지막 유형인 공간적 분화는 기관 내의 시설이나 인력이 지리적으로 분산되어 있는 것을 말한다.

그렇다면 기관의 복잡성은 어느 수준일 때 바람직하다고 할 수 있는가? 복잡성이 높을수록, 즉 업무의 세분화 수준이 높을수록 바람직한 것인가? 이러한 질문에 대해서 절대적으로 적용할 수 있는 하나의 정답은 없다. 어떤 기관의 경우 기관의 발전을 위해, 효과적인 조직 운영을 위해, 클라이언트에게 보다 효율적으로 서비스를 전달하기 위해 때로는 업무 세분화를 많이 할 필요가 있을 수 있다. 또한 어떤 기관의 경우 지나치게 높은 업무 세분화로 인해 오히려 업무의 생산성을 떨어뜨리게 되기도 한다.

우리는 복잡성(업무의 세분화)이 높을수록 장점이 있는 반면 더불어 단점도 있다는 데 주목해야 한다. 먼저 업무 세분화의 장점부터 살펴보자. 우선 업무가 분화되면 될수록 업무에 대해 구체적인 업무 수행 과정 매뉴얼을 만들기가 쉬워지며 업무를 수행하는 데 필요한 지식이나 기술이 단순화된다. 따라서, 기관 구성원(직원)들의 입장에서는 업무를 수행하는 데 있어서 혼란이 줄어들며, 업무를 익히는 데 시간이 많이 들지 않는다. 관리자의 입장에서는 업무가 비교적 단순하고 명쾌하기 때문에 직원들에게 업무를 할당하거나 인사 이동을 할 때 비교적 수월하게 진행할 수 있다. 또한, 업무의 단순성으로 인하여 각 업무들을 관리하고 통제하는 것도 수월하다.

다음으로, 업무가 세분화될수록 직원 개인은 업무를 효율적으로 수행할 수 있다. 업무가 단순화되고 그 범위가 명확하다면 개별 직원들은 그 업무를 계속 반복하기 때문에 시간적인 효율성이 증가된다. 물론 개별 직원들의 업무 효율성의 증진이 기관 전체의 효율성 증진으로 바로 연결되는 것은 아니다. 할당된 업무만을 빠른 시간 안에 처리하고 나머지 시간은 사적인 용도로 활용할 경우 기관 전체의 효율성은 낮아질 수 있기 때문이다.

그러나, 업무가 세분화될수록 발생하는 단점도 만만치 않다. 먼저 업무가 세분화될 경우 업무들이 단순해지고 명확해져서 앞서 설명한 많은 장점을 갖게 되는 반면 단순한 업무들이 계속 반복하게 되고 창의적인 사고와 활동이 별로 필요가 없을 경우에 직원들은 일종의 매너리즘(mannerism)에 빠지게 된다. 특히, 사회복지기관에서 직원들이 업무에 대한 매너리즘에 빠질 경우 클라이언트가 갖는 다양한 상황과 욕구를 단순화된 틀에 맞춰 적용하게 됨으로써 결과적으로 문제해결의 다양성을 해치게 되는 결과를 낳기도 한다. 또한, 클라이언트 입장에서는 자신들의 고유한 상황과 욕구를 조직의 세분화된 업무 기준과 틀에 맞춰야 서비스를 받을 수 있기 때문에 서비스 접근성이 떨어질 수 있으며, 혼란을 발생시킬 수 있다.

다음으로, 업무가 세분화될수록 업무를 조정하는 데 소요되는 노력과 비용이 많이 발생할 수 있다. 업무가 세분화될수록 각각의 하위 단위의 업무들은 효율적으로 수행될 수 있겠지만 이것이 곧 기관 전체의 효과성과 효율성을 달성하는 것과 연결되지는 않는다. 업무가 세분화된 만큼 세부 기준들과 규칙들도 마련되어 있기 때문에 자칫 이러한 수단들이 목적 자체가 되어버리기도 하고 창조성도 많이 배제되기 때문에 조직 자체도 매너리즘에 빠지기 쉽다. 따라서, 기관을 관리하고 운영하는 쪽에서는 이미 세분화된 업무를 다시 조정하고 과제를 부여하고 통합하는 데 많은 노력을 기울여야 한다.

(2) 집권화(centralization)

기관의 구조를 결정할 때 또는 기관 구조를 분석할 때 복잡성 요소만으로는 부족하다. 우리는 업무가 분화된 형태 외에도 업무 권한은 어떻게 분배되어 있는지, 의사결정 경로는 어떤지에 대해서도 파악해야 하는데 이것이 바로 기관 구조 요소의 두 번째에 해당되는 집권화이다.

집권화는 공식적인 의사결정 권한이 집중되어 있는 정도를 말한다. 집중되는 대상은 개인도 될 수 있으며 기관 내 특정 단위, 특정 부서도 될 수 있다.

따라서, 집권화 정도가 높을수록 의사결정이 주로 조직의 상층부나 주요 관리직에서만 이루어진다. 반면, 집권화 정도가 낮을수록 의사결정은 기관 내 다수에 의해 분산되어 수행된다. 이처럼 의사결정 권한이 집권화와 반대로 다수에게 분산되어 있는 것을 별도로 '분권화(decentralization)'로 명명한다. 대개 집권화의 장점이 분권화의 단점과 연결되고, 집권화의 단점이 분권화의 장점으로 연결된다. 집권화와 분권화는 객관적인 수치로 명확히 구분되지는 않는다. 즉, 어느 수준까지는 집권화이고 어느 수준까지는 분권화로 완전히 배타적으로 구분하는 것은 불가능하다. 이 두 가지 개념은 연속선상에서 서로 반대편에 위치해 있어 실제 조직에서 집권화(또는 분권화)의 정도가 어떠한가를 이해하고 정확히 구분하는 것은 어렵다.

집권화와 분권화를 판단하는 것이 분명 쉬운 일은 아니지만 로빈스(Robbins, 1990)는 업무수행 과정에 대한 이해를 통해 집권화(분권화) 수준을 파악할 수 있다고 설명한다. 기관에서 어떤 과업을 수행할 때는 투입(input), 해석(interpretation), 선택(choice), 공식적 승인(authorization), 집행(execution)과 같은 과정을 거치는데, 만약 의사결정자가 이 모든 과정을 통제할 때 그 조직은 가장 높은 수준에서 집권화되어 있다고 볼 수 있다. 또한, 의사결정자가 모든 과정에 대한 통제를 하지 않고 선택과 공식적인 승인의 과정에 대한 통제력만을 갖는 경우 그 조직은 상당히 높은 수준에서 분권화되어 있는 것이다.

그렇다면 기관 구조상에서 집권화 정도가 높을수록 기관에 도움이 되는가? 아니면 분권화 정도가 높을수록 도움이 되는가? 일단 얼핏 생각하기에는 집권화보다는 분권화 정도가 높은 것이 바람직한 것처럼 보인다. 공식적 의사결정 권한이 최고 관리자 1인에게나 또는 최고 관리자 집단에게 집중되어 있는 것은 오늘날과 같이 민주화된 사회에서는 가치적으로 바람직하지 못한 것으로 인식된다. 또한 의사결정을 위한 정보의 독점도 역시, 오늘날과 같은 지식 기반 사회에서는 바람직하지 못한 것으로 인식된다.

분권화는 집권화에 비해 다음과 같은 장점을 지닌다. 공식적인 의사결정 권한이 다수에게 분산되어 있는 정도가 높은 분권화는 정보의 집중 현상으로 제때 업무가 처리되지 못하는 문제를 사전에 막을 수 있다. 또한, 분권화 정도가 높을수록 최고 관리자 집단은 기관 내 업무에 대해서 의사결정권을 하위 직원들에게 위임하는 범위가 넓기 때문에 장기적인 기관의 정책이나 기획에 매진할 수 있다. 또한, 의사결정 과정에서 기관 구성원들이 참여할 수 있기 때문에 직원들의 사기도 증진시킬 수 있고, 장기적으로는 기관 내부에서 의사결정을 충분히 연습한 준비된 관리자가 배출될 수도 있다.

이처럼 분권화는 여러모로 장점을 많이 갖고 있지만 어느 상황, 어느 시기를 막론하고 언제나 기관을 관리할 때 효과적으로 작용하지는 않는다. 기관이 위기를 맞거나, 전체적인 시각에 입각하여 효율적인 의사결정을 내려야 하거나, 집권화 정도가 높은 구조가 더 효율적인 상황에서는 높은 분권화 정도가 오히려 장애 요소로 작용할 수도 있다.

(3) 공식화(formalization)

기관에서 수행되는 업무와 업무 수행 과정에 대해 기관 차원에서의 공식적인 인정이 없다면 그것은 기관이라고 보기에도 어렵고, 설령 기관의 요소를 갖고 있다 하더라도 일관성과 신뢰성이 없는 기관으로 판단할 수 있다. 기관 내부에서 수행되는 업무와 업무 수행 과정을 명문화된 규칙이나 절차로 규정하는 것을 공식화라고 한다. 이러한 공식화는 한 기관에서 직원들의 행동과 직무를 관리하기 위해 사전에 기관 차원에서 설정된 규칙이나 절차들에 의존하고 있는 정도로 파악할 수 있다. 기관 내에 문서화된 행정 업무 처리 방침, 운영 규정집(規定集), 업무 처리의 문서화 같이 명시적인 수단을 통해 기관 내 여러 직무들과 직무를 수행하는 직원들의 행동이 통제될수록 그 기관은 공식화 정도가 높은 것이다.

공식화는 앞서 두 가지 기관 구조 요소와 마찬가지로 기관 관리 차원에서 중요하게 작용한다. 공식화 수준이 높을수록 직원들이 하는 업무 역할이 명확히 설정되어 있어 개별 직원들 간의 업무수행 능력의 차이를 줄이고 혼란을 줄일 수 있다. 또한, 각 지위에 따른 권한이 임의적으로 사용되는 것을 공식적으로 사전에 막을 수 있다.

기관에서 수행되는 업무가 단순하고 안정적인 경우에는 공식화의 장점이 기관에 긍정적인 효과를 낳는다. 그러나, 업무수행상 창의성과 자율성이 많이 요구되거나 절차가 매우 복잡하고, 업무가 유동적인 경우에는 별로 도움이 되지 않는다.

공식화 정도는 전체 기관 차원에서만 적용되는 것은 아니다. 기관을 이루는 하위 부서들에서도 각각 달리 적용되기도 한다. 재정이나 행정 관리 업무를 주로 담당하는 부서의 경우 타부서에 비해 공식화 수준이 더 높게 나타날 가능성이 높다. 반면에, 특별한 기술이나 고도의 지식이 업무수행에 많이 요구되는 부서의 경우 타부서에 비해 공식화 수준이 낮게 나타날 가능성이 높다.

기관의 구조에서 집권화 수준과 공식화 수준은 통상적으로 긍정적인 상관 관계를 나타낸다. 한 기관에서 집권식 위계 구조의 성향을 나타낼수록 공식화 수준은 높아지고, 분권화될수록 공식화 수준이 낮게 나타날 가능성이 높다. 그러나 이러한 관계들이 항상 고정적으로 나타나는 것은 아니다. 공식화의 성향을 강하게 띠는 기관에서도 분권화 정도가 높은 구조를 갖추고 있는 경우가 있을 수 있다. 기관이 다루는 업무의 속성은 단순하지만 기술이 명확하게 정의되지 않은 경우에는 의사결정 과정을 수직적 위계로 배열하기가 어렵게 된다(김영종, 2004).

3) 다양한 기관 구조 유형

앞서 살펴본 기관 구조 구성 요소들은 다양한 조합을 이루어 수많은 기관의 구조를 결정짓는다. 엄밀히 말하면 기관의 구조는 기관 수 만큼이나 다양하게 나타난다. 그러나 기관 구조를 살펴보면 공통적인 특성을 갖고 있는 것끼리 구분될 수 있다.

1961년 번즈와 스토커(Burns & Stalker)는 모든 기관을 두 가지 유형으로 단순화하여 구분하였다. 그에 따르면 기관은 크게 기계적 기관과 유기적 기관으로 구분된다. 그러나, 이 두 기관은 각기 별도의 차원에서 배타적으로 존재하는 것이 아니라 하나의 연속선상에서 반대편에 위치해 있는 것이다. 즉, 모든 기관은 매우 극단적인 기계적 구조에서부터 매우 극단적인 유기적 구조에 이르는 연속선상의 어느 한 곳에 위치한다.

기계적 구조를 갖는 기관에서는 과업들의 세분화 수준이 높고, 과업과 과업 간의 관계가 전문화되어 있다. 또한, 과업과 진행 절차가 구체적으로 규정되어 있고 구성원들 간의 상호 작용은 수직적으로 이루어져 있다. 반면 유기적 구조를 갖는 기관에서는 과업이 구성원들 간의 상호 작용을 통해서 지속적으로 조정되고 직원들의 통제와 의사결정은 기관 내 네트워크(network, 연결망)를 통해 연계되어 있다.

번즈와 스토커(Burns & Stalker)에 따르면 정형화된 과업이나 단순한 과업을 주로 수행할 경우 기계적 구조가 적합하고, 불안정하고 급변하는 환경에 처해 있거나 기존의 과업과는 다른 형태의 과업을 수행할 경우 유기적 구조가 적합하다고 한다. 이를 좀 더 자세히 살펴보기 위하여 [표3-2]에서는 조직에서 나타나는 유기적 구조와 기계적 구조의 특성을 각각 비교하였다.

번즈와 스토커(Burns & Stalker)가 제시한 기관 유형은 구분이 쉽고 기관 구조를 분석하는 하나의 기준으로 사용할 수 있지만, 오늘날의 다양한 기관 유형을 설명하는 데는 한계가 있다. 따라서, 오늘날 우리 사회에 나타나는 몇 가지 주요한 기관 구조 형태를 좀 더 살펴볼 필요가 있다.

(1) 관료제 구조(bureaucratic structure)

관료제 구조는 기계적 관료제 구조와 전문적 관료제 구조, 두 가지로 다시 구

[표 3-2] 기계적 구조와 유기적 구조의 비교

	기계적 구조의 특성	유기적 구조의 특성
중심 업무	고도로 전문화된 업무, 분리된 과업	명확히 규정되지 않은 직무, 결과에 따라 중요 업무가 달라짐
책임 소재	조직의 상부에서 의사결정	위임, 분산
수퍼비전	관리자가 업무지시 및 할당, 관리자가 업무성과 통합	상급자와 동료가 함께 돕는 형태, 팀 전체가 업무를 통합
구조	위계적 구조	유동적, 프로젝트 팀, 요구가 있을 때 즉시 구성
의사소통	상명하달, 정보는 권력으로 인식	정보 공유, 원하는 사람에게 모두 개방
권위의 근거	경력, 경험, 조직 이해도, 조직에 대한 관심	이론 ■ 개념 ■ 원칙에 대한 지식, 가치 ■ 윤리와 비전 ■ 사명에 헌신

출처: Kettner(Peter M.), *Achieving excellence in the management of human service organizations*. MA: Allyn & Bacon, 2002.

분 된다.

① 기계적 관료제 구조(mechanic bureaucratic structure)

기계적 관료제 구조는 권위의 위계(집권화), 규칙과 규정(공식화), 분업(복잡성) 등의 원칙적인 관료제의 특성을 고스란히 갖고 있는 기관에 해당된다. 이 구조는 전문적 관료제에 비해 높은 수준의 업무 세분화, 높은 수준의 집권화, 높은 수준의 공식화를 특징으로 한다. 따라서 기계적 관료제 구조를 나타내는 기관은 세분화된 일상적 업무를 빨리 수행할 수 있고, 구성원들 간의 직무상 혼란을 줄일 수 있고, 구성원들과 업무 관리가 쉽다는 장점을 갖는다. 반면 규칙과 규율에 지나치게 얽매이다보니 기관 운영에서 융통성을 발휘하기가 어렵고 기관 내 의사소통이 원활하지 못하며 지나치게 세분화되고 단순화된 업무로 인해 직원들은 매너리즘에 빠지기 쉽고, 근로 의욕도 저하되는 단점을 갖는다.

이러한 기계적 관료제 구조는 일상적인 업무들로 구성되어 있고, 안정적인 조직 환경을 갖는 기관들에게서 나타난다. 우리나라의 경우 은행이나 정부 조직이 기계적 관료제 구조를 갖고 있다.

② 전문적 관료제 구조(professional bureaucratic structure)

현대사회에서 많은 조직들은 기본적으로 관료제의 특성을 갖고 있다. 그러나, 과거에 비해 업무의 전문성이 높아지게 되면서 기관 내부에 전문가들이 많아졌기 때문에 관료제의 주요 특징인 높은 수준의 집권화와 공식화는 때때로 역기능적으로 작용하기도 한다. 전문적 관료제 구조는 관료제의 장점을 지니면서도 전문가들의 전문성을 높이고자 하는 형태로 1979년 민츠버그(Mintzberg)가 제안한 구조이다.

전문적 관료제 구조에서 의사결정의 책임은 최고 관리자가 아닌 개별 전문가에게 주어 분권화시킨다. 또한, 전문가의 다양하고 기술적인 업무는 전문적 기준에 따라 규칙화되고 표준화된다. 따라서, 이 구조에서는 전문가들의 전문성이 잘 발휘될 수 있고, 관리자들은 그 밖의 업무들을 관리함으로써 업무의 효율성을 높일 수 있다는 장점이 있다. 그러나, 기관 차원의 목적과 전문가 차원의 목적이 상충되는 문제가 생기기도 하며, 전문가 집단 내부의 지나친 규칙 고수가 기관의 효과성에 장애 요인으로 작용하기도 한다.

이러한 전문적 관료제 구조는 다양한 분야의 의사(전문가)들이 있는 종합 병원이나, 다양한 분야의 치료사와 사회복지사가 있는 장애인 복지관에서 찾아볼 수 있다.

(2) 사업부제 구조(divisional structure)

사업의 규모와 인력이 대규모인 기관에서는 기존의 조직 구조보다 좀 더 효과적이고 효율적으로 기능하게 하는 구조를 모색하게 되는데, 이 과정에서 등장한 기관 구조가 바로 사업부제 구조이다. 1970년대부터 GM 등을 비롯한 미국 자동차 회사들은 이 사업부제 구조를 사용하고 있다. 우리나라의 기업들 중에서도 사업부제 구조를 심심찮게 찾아볼 수 있다.

사업부제 구조는 조직이 사업에 대해서 수평적 분화를 시켜 사업부 단위로 편성하여, 각 사업부 단위에 권한을 위임하고 사업부별로 마치 하나의 독립된·회사처럼 독립채산제로 운영되는 구조이다.

이러한 사업부제 구조 하에서는 각 사업부별로 책임이 부과되기 때문에 해당 사업부서 직원들이 공동으로 노력하게 되어 효과성이 높아질 수 있다. 그리고, 최고 관리층은 전반적인 방향만 제시한 채로 전체 기관에 대한 모든 관리를 할 필요성이 줄어든다. 또한, 성과가 미진한 사업부가 다른 사업부에 별로 영향을 미치지 않는다.

반면, 각 사업부마다 동일한 기능을 수행하는 하위 단위들이 존재하기 때문에 자원 사용의 효율성은 떨어지게 된다. 또한, 기관 전체의 입장에서 볼 때 사업부들 간의 조정이나 통제가 어렵다.

따라서, 사업부제 구조가 적합한 기관은(사업부제를 선택하는 기관은) 자원 사용의 비효율성으로 인한 비용보다 각 사업부별로 발생하는 이익이 훨씬 큰 기관이거나, 규모가 크면서 다양한 생산 라인을 갖고 있는 기관이다.

(3) 동태적 구조(dynamic structure)

동태적 구조는 업무나 조직 상황이 변화될 때 그 하위 단위들도 바뀌는 것을 의미한다.

① 프로젝트 구조(task force)

프로젝트 구조는 특정 업무의 해결을 위해 관련 부서에서 인력을 차출해 와서 프로젝트 팀을 구성한 후 업무를 해결하고 업무가 끝나면 다시 원래의 부서로 복귀하는 것이다. 이 구조는 존재하는 동안 많은 자원을 지원받을 수 있고, 비교적 단기간에 목적을 달성하므로 효과성과 효율성이 동시에 달성된다. 그러나 이 구조는 언제까지나 한시적으로 운영되는 것이지 지속성은 없다.

② 매트릭스 구조(matrix structure)

매트릭스 구조는 기관 내 각 구성원들은 원래 기능적인 부서에 소속되어 있지만 특정 업무를 위해서 별도의 프로젝트 팀에 편입되는 것이다. 즉, 매트릭스 구조는 기능에 따라 분화된 구조와 프로젝트 구조가 결합된 형태인 것이다. 이 구조는 구성원들의 능력을 최대한 활용할 수 있고, 변화에 신속하게 효과적으로 대처할 수 있다. 반면, 서로 다른 명령 계통끼리 갈등을 유발할 수 있고, 책임과 권한이 애매한 경우가 발생하기도 하며, 전체 조정을 위한 의사결정이 느려지는 경우도 있다. [그림3-2]에서는 특정 업무를 위해 구성한 프로젝트팀 구조 내에서 다양한 하부구조를 또 다시 구성하여 서로 상호작용하는 양상을 보여주고 있다.

[그림 3-2] 프로젝트팀 구조 내에서 복합적 구조의 활용의 예

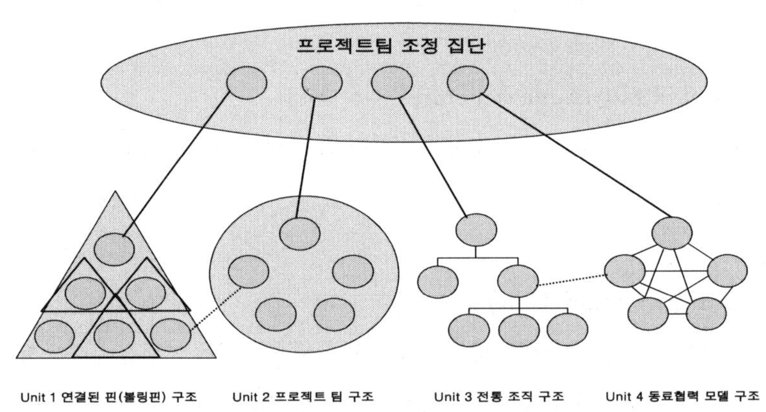

출처: Kettner(Peter M.), *Achieving excellence in the management of human service organizations.* MA: Allyn & Bacon, 2002.

2. 조직 문화

세상에 있는 어느 사회를 막론하고 사회 구성원들이 집단적으로 공유하고 있는 가치관, 신념, 행동 양식은 존재하기 마련이다. 한 사회가 다른 사회를 볼 때 선뜻 이해되지 않는 특이한 현상들은 종종 그 사회만이 갖고 있는 독특한 문화로 해석되기도 한다. 1960년대부터 특정한 목적을 달성하기 위한 집합체인 조직(기관) 또한 그 조직만이 갖고 있는 독특한 분위기가 있는 것으로 파악되었다. 1970년대에 접어들면서 조직 연구가들은 개별 조직이 갖고 있는 독특한 분위기 또는 문화가 조직 구성원들의 행동이나 의사결정, 조직 효과성에도 중요한 영향을 미치고 있는 것을 연구를 통해 발견하였다. 사회복지기관에서도 1990년대부터는 조직 문화에 본격적인 관심을 갖기 시작했다. 그리고, 1990년대 중반 이후부터는 조직 문화가 사회복지기관의 효과성에 미치는 영향에 관한 연구들이 수행되기 시작하였다.

이제부터는 이러한 조직 문화가 어떤 것인지, 조직 문화는 조직에서 어떤 기능을 하는지, 조직 문화에는 어떠한 형태가 있는지, 조직 문화가 사회복지기관에 미치는 영향에는 어떤 것이 있는지 알아보도록 하자.

1) 조직 문화의 개념

하나의 개념에 대해 학자들마다 다양한 정의를 내리듯이 조직 문화에 대해서도 학자들마다 다양한 정의를 제시하고 있다.

버거와 러크맨(Burger & Luckman, 1967)은 조직 문화를 조직 구성원들의 상호 작용에 의해서 창조되고 재구성되는 산물로서의 사회적 실재이자 동시에 조직 구성원의 상호 작용을 규정하는 기제로 정의하였다. 쉴과 마틴(Siehl & Martin, 1981)은 조직 문화는 조직을 하나로 엮는 사회적 또는 규범적 접착제로 정의하였다. 턴스톨(Tunstall, 1983)도 조직 문화는 각 조직이 갖는 독특한 믿음,

관습, 풍습, 가치 체계, 행위 규범, 경영 방식 등의 집합으로서 조직 활동을 위한 특정 유형을 형성하며 조직 내의 생활을 특징짓는 묵시적이고 명시적인 행위와 감정의 패턴으로 정의하였다. 킬맨(Killmann, 1988) 역시 조직 문화는 조직 구성원들을 함께 결합시켜주는 공유된 가치와 행동으로 보았다. 한편, 샤인(Schein, 1985)은, 조직 문화는 조직이 환경에 적응하고 내부적으로 통합하는 과정에서 창출되고 발견하고 발전시킨 조직의 기본 전제로 조직의 적응 및 내부 통합의 문제들과 관련하여 조직 구성원들이 타당하다고 인정함으로써 조직 구성원 모두에게 주지되어야 할 기본 전제로 보았다.

이처럼 조직 문화에 대한 개념은 학자에 따라 달리 정의되고 있으나 조직 구성원들이 공유하고 있는 가치, 공통의 인식, 공동의 전제를 기본 요소로 하고 있다. 이러한 조직 문화는 구성원들에게 일체감을 제공하고 체제의 안정성과 조직에 대한 헌신을 유도하며, 조직이 외부에 적응할 수 있도록 돕는 기능을 담당하고 있다(Schein, 1985).

따라서, 조직 문화는 조직 구성원들이 공유하는 가치와 인식 체계로 간단히 정리할 수 있겠다. 또한, 좀 더 자세히 정리하면 조직 문화는 조직 구성원이 공유하고 있고 구성원들의 행동과 전체 조직 행동에 기본적인 전제로 작용하는 조직 고유의 가치관, 신념, 규범과 관습, 행동 패턴 등의 총체인 것이다.

2) 조직 문화의 기능

조직 문화가 학자들의 연구 대상이 되고, 실제로 오늘날 많은 조직에서 그 조직의 조직 문화를 파악하고자 노력하게 된 근본적인 이유는 바로 조직 문화가 그 조직에서 중요한 역할을 담당하는 것으로 인식하기 때문이다. 그리고, 이러한 인식은 조직 문화와 조직 효과성과의 관계를 실증적으로 연구한 결과에서도 입증되고 있다.

조직 문화의 가장 중요한 기능은 조직 구성원들이 자신의 조직은 어떤 조직인지 그리고 조직 안에서 어떻게 행동하고 판단해야 하는지에 대해 암묵적으로 이해하고 적용하게 하는 것이다.

로빈스(Robbins, 1990)는 조직 문화의 기능을 내적 통합과 외적 적응으로 설명하고 있다. 그에 따르면 조직 문화는 조직의 내적 측면에서 조직 구성원들이 조직의 정체성을 공유하게 하면서 조직 내에서의 의사소통 방식, 의사결정 방식, 과업 수행 방식에 영향을 끼쳐 조직의 내적 통합을 이루고 이런 과정을 거쳐서 궁극적으로는 조직 성과에 영향을 끼친다. 또한, 조직 문화는 조직 환경과의 관계에서도 조직이 행동하는 방식에 영향을 끼쳐 역시 조직 성과에 영향을 끼친다.

스머치크(Smircich)는 조직 문화는 다음과 같은 기능과 역할을 수행한다고 분석하였다(박재린, 1998).

① 조직 문화는 조직 구성원들에게 정체감을 전달해 준다.
② 조직 문화는 자기보다 큰 어떤 것에 대한 몰입을 촉진시켜 준다.
③ 조직 문화는 사회적 체계의 안정성을 증진시켜 준다.
④ 조직 문화는 행위를 안내하고 형성시키는 감지 도구로 작용한다.

이상에서 살펴본 것처럼 조직 문화는 한 조직의 내적 통합과 외적 적응에 중요하게 기능하며, 조직 구성원들을 결합하고 그들의 행위에 영향을 끼친다.

3) 조직 문화의 유형

조직 문화는 여러 문화의 구성 요소들이 다차원적으로 결합되고 형성된 하나의 패러다임으로 볼 수 있다. 조직 문화는 조직이 목적 달성을 추구하면서 성장하고 발전해가는 과정에서 오랜 기간에 걸쳐 형성된다. 그 과정에서 조직의 내외 환경과 경영이념, 그리고 중심인물의 목표지향성 등에 따라 조직 문화가 다양하게 유형화된다(신복기 외, 2002).

원칙적으로 한 기관은 그 기관만의 고유한 조직 문화 형태를 띠고 있다. 그러나, 조직을 연구하는 학자들은 조직 문화의 개념이 대두된 이래로 끊임없이 조직 문화의 유형을 일반화시키려고 노력해왔다. 학자들의 이러한 노력의 배경에는 조직 문화 유형 탐구가 주는 몇 가지 유용성이 있다. 첫째, 조직 문화를 유형화하여 기관을 분석하면서 기관의 장점과 단점을 빨리 파악할 수 있다. 둘째, 조직 문화 유형 분석은 향후 기관이 나아갈 방향에 대한 조직 진단의 근거로서 작용한다. 셋째, 기관마다 조직 문화의 특정 유형으로 분류할 수 있게 되면서 기관 간의 비교가 가능해진다. 조직 문화를 제외한 다른 요소들이 거의 비슷한 상태인 두 기관의 차이는 종종 조직 문화의 차이로 설명되기도 한다.

조직 문화 유형은 크게 2분법적 유형과 4분법적 유형이 있다. 조직 문화 유형을 2분법적으로 구분한 것에는 강한 문화 대 약한 문화, 혁신 문화 대 보수 문화, 개방 문화 대 폐쇄 문화 등이 있다. 그러나 실제로 이러한 2분법적 구분은 기관의 조직 문화를 지나치게 단순화하여서 현실적으로 적용하기가 어렵다. 4분법적 조직 문화 유형은 2분법적 구분이 주는 지나친 단순함을 보완하였으나 이 역시 완벽한 유형 구분이 되지 못한다. 4분법보다 더 많은 유형의 구분은 특수한 형태의 조직 문화 유형을 모두 포함할 수는 있겠지만 자칫 유형화가 주는 명료한 분석을 약화시킬 수 있기 때문에 현실적으로 4분법적 구분이 많이 사용된다.

조직 문화 유형 중에서 어떤 유형이 더 바람직하다고 판단하는 것은 매우 어렵다. 조직 문화 형태는 개별 기관마다 다양하게 나타날 수 있고 또한 현실적으로 그렇기 때문이다. 그러나, 앞서 살펴본 조직 문화 유형이 주는 장점 때문에 많은 학자들이나 기관의 관리자들은 조직 문화 유형에 많은 관심을 갖고 연구하거나 실제 현장에 적용해오고 있다. 대표적인 조직 문화 유형을 제시한 구분을 살펴보자.

핸디(Handy, 1978)는 조직 문화는 정확하게 정의할 수 없고 다만 인식할 수 있기 때문에 그 자체가 좋고 나쁜 것이 아니라 그 환경에 적합한지 여부가 중요하다고 지적하였다. 그는 조직 문화를 '클럽 문화', '과업 문화', '역할 문화', '실존 문화'로 제시하였다. 딜과 케네디(Deal & Kennedy, 1982)는 업무 환경의 위험 정도와 의사결정 결과에 대한 피드백 속도의 높낮이에 따라 '강인한 남성 문화', '투기적 운영 문화', '과정 중시 문화', '열심히 일하고 열심히 노는 문화'로 구분하였다. 킴벌리와 퀸(Kimberly & Quinn, 1984)은 환경 변화에 반응을 보이는 조직 문화가 높은 성과를 낼 수 있다는 관점에서 조직 문화 유형을 구분하였다. 이들은 조직을 관리하는 측면에서 융통성과 통제, 조직 관점의 측면에서 내부지향과 외부 지향으로 나누어 이 두 측면에서의 하위 차원들 간의 조합을 통해 4가지 유형, 즉 '개발 문화', '집단 문화', '위계 문화', '합리 문화'로 구성하였다.

이 밖에도 연구된 조직 문화 유형은 많지만 오늘날 조직 문화 연구에 비교적 많이 사용되는 유형은 킴벌리와 퀸(Kimberly & Quinn)이 제시한 것이다. 이들이 제시한 네 가지 유형 구분에 대해 보다 구체적으로 살펴보자.

먼저 개발 문화는 조직의 반응 패턴이 외부 지향에 가까우며 환경 변화에 대한 인식이나 이해에 적극적으로 대응하는 조직 문화이다. 따라서, 새로운 아이디어 제안이 장려되고 융통성 있는 업무 처리가 수용되며 변화와 성장이 강조된다.

집단 문화의 조직의 반응 패턴은 내부지향으로 환경 변화에는 소극적인 반면 구성원들 간의 결속이나 집단 의식이 강조된다. 조직 내부의 체제 유지에 중점을 두고 있으며 구성원들이 느끼는 신뢰감, 친밀감을 우선시한다.

위계 문화는 조직 운영이나 환경 변화에서 융통성 있는 대응보다는 관리 차원에서의 통제를 더욱 강조한다. 따라서, 구성원들이 공식적인 절차에 의해 확실하고 안전한 기존의 방식대로 업무 처리를 하는 것이 강조된다. 특히, 변화에 대한 대응보다는 현상 유지에 가치를 둔다. 위계 문화를 갖는 조직의 업무는 매우 일상적이며 표준화되어 있는 특성을 보인다.

합리 문화는 효율성이 중심가치인 조직 문화로서 합리적인 계획과 목표 설정, 능률적인 업무 수행, 실적 위주 관리 등이 중시된다. 따라서, 합리 문화에서의 리더는 목표지향적인 특성을 보이며 구성원들로 하여금 생산성을 높이도록 격려하는 특성을 보인다.

4) 조직 효과성과 조직 문화

조직 문화에 대한 관심과 연구 수행의 저변에는 '조직 문화에 따라 조직 효과성(생산성)이 다를 것이다'는 전제가 깔려있다. 새디(Sathe, 1983)는 조직 문화가 조직 효과성을 결정하는 주요 요소로 작용한다고 하였다. 스머치크(Smircich, 1983)는 조직 문화가 조직의 안정 및 직무에 대하여 동일시 및 행동의 통일성을 증가시켜 조직의 성과를 향상시킨다고 하였고, 덴션(Dension, 1984)은 참여적인 문화를 갖고 있는 기업이 그렇지 못한 기업보다 투자 수익률이 두 배에 이른다고 하였다. 론도와 웨거(Rondeau & Wager, 1998)는 캐나다 병원 운영자들을 대상으로 킴벌리와 퀸(Kimberly & Quinn)이 제시한 4가지 조직 문화 유형을 연구에 사용하였다. 그 결과 집단 문화 유형은 직원의 사기(morale)와 조직 몰입과 높은 상관 관계를 보이는 것을 밝혀냈다.

피터스와 워터만(Peters & Waterman, 1982)은 성공한(높은 효과성을 보이는) 조직의 문화적 특질을 8가지 들었는데, 그것을 사회복지기관에 적용하여 보면, ① 기관 고유의 행동양식, ② 클라이언트 중심적 사고, ③ 자율성과 전문가 정신, ④ 사람을 통한 생산성 향상, ⑤ 실질 가치 추구, ⑥ 과업 중심, ⑦ 단순화, 담당자에게 권한 위임, ⑧ 즉각적인 자원 운용 등이 그것이다. 이러한 특질들을 서로 관련지어 구성해 보면 다음과 같다.

□ 구조(structure): 단순화, 담당자에게 권한 위임, 즉각적인 자원 운용
□ 직무설계(job design): 자율성과 전문가 정신, 사람을 통한 생산성 향상
□ 윤리 및 가치(philosophy and values): 기관 고유의 행동양식, 클라이언트 중심적 사고, 실질 가치 추구, 과업 중심

이들이 얘기한 특질들은 조직의 설계나 프로그램 디자인, 조직 구조가 모두 조

직의 생산성을 극대화하는 것에 집중된다. 즉, 조직의 종사자들은 조직의 비전을 공유하며 높은 효과성을 보여줌으로써 조직에 헌신하는 것이다. 이러한 조직은 직원들뿐만 아니라 조직 스스로도 조직 효과성을 저해하는 제반 요소들을 최대한 제거하는 자율적인 유기체적인 기능을 요구한다.

한편, 샤인(Schein, 1985)은 사회복지기관에서 오랫동안 근무한 사회복지사들 — 일반적으로는 중간 관리자들 — 에게는 그들이 생각하고, 행동하고, 결정하는 데 매우 큰 영향을 미치는 특정한 경향의 관점이 있다는 것을 파악하였다. 그는 이를 통하여 조직 구성원의 하위 문화에 대해서 언급하였는데, 중간 관리자들은 클라이언트의 욕구 충족이라는 특정한 가치와 관점에 가장 민감하였고, 그 부분에 가장 헌신하는 경향이 높았다. 이러한 신념과 그들 간의 연대감은 조직관리에 있어서나 의사결정에 매우 큰 영향을 미치게 된다. 따라서, 이들은 조직의 효과성을 클라이언트의 욕구 충족과 문제 해결로 보고 클라이언트 중심의 접근을 강조하게 된다는 것이다.

우리나라에서도 조직 문화와 조직 효과성의 관계를 연구한 결과들이 있다. 조희숙(1999)은 종합병원을 대상으로 킴벌리와 퀸(Kimberly & Quinn)이 제시한 4가지 조직 문화 유형을 독립 변수로 하여 조직몰입과 직무 만족과의 관계를 연구하였다. 연구 결과 종합병원 소속 직원들은 자신이 소속한 병원의 조직 문화를 개발 문화로 인식한 경우 조직 몰입이 높은 것으로 나타났다. 또한, 합리 문화보다 개발 문화로 인식한 경우 직무만족도가 2.4배 높은 것으로 나타났다. 장금성 외(1996)의 연구에서는 직원들이 소속 병원의 조직 문화를 개발 문화, 집단 문화로 인식하는 경우 조직 효과성이 높은 것으로 분석되었다.

이처럼 조직 문화는 단순한 조직 구성원들의 행동양식이나 인지 체계, 신념 체계로 머물러 있기보다는 적극적으로 조직의 생산성, 효과성에 영향을 미치고 있음이 여러 연구들에서 뒷받침되고 있다.

5) 사회복지기관과 조직 문화

앞서 지적하였듯이 조직 문화는 기관 구성원들의 행동과 조직 분위기에 중요한 요소로 작용하면서 기관의 성과에 많은 영향을 주고 있다. 따라서, 이제는 기관의 조직 문화 유형을 분석하여 문제점과 장점을 파악하는 데서 그치지 않고 적극적으로 바람직한 조직 문화 형성을 위해 노력해야 한다. 조직 문화와 조직 효과성이 높은 상관 관계를 갖는다는 것은 특정 조직 문화 유형은 오히려 조직의 발전에 악영향을 미칠 수도 있다는 것을 의미한다. 따라서, 현재의 상태를 정확히 파악한 후에 장기적인 관점에서 바람직한 조직 문화를 발전시킬 필요가 있는 것이다.

사회복지기관에도 물론 기관 나름의 조직 문화가 존재한다. 기관에 따라 분석된 현재의 조직 문화에 만족하는 경우도 있겠지만 장기적인 관점에서 기관의 발전, 나아가 전체 사회복지의 발전에 긍정적인 영향을 끼치는 조직 문화의 개발이 필요하다.

사회복지기관의 조직 문화와 조직 성과, 또는 효과성과의 관계를 연구한 결과를 몇 가지 살펴보자. 먼저 강홍구(2001)는 전국의 종합병원에 근무하는 의료사회복지사를 대상으로 역시 킴벌리와 퀸(Kimberly & Quinn)의 조직 문화 유형을 사용하여 실증적으로 연구하였다. 병원 내 사회복지사가 인지하는 조직 문화는 집단 문화가 가장 많은 것으로 나타났다. 반면, 지위가 높을수록 조직 문화를 개발 문화로 인식하는 경향이 높게 나타났다. 전체적으로 조직 문화를 개발 문화로 인식하는 병원의 경우, 사회복지사의 직무 만족과 조직 몰입, 그리고 의료사회사업 서비스 질이 높은 것으로 나타났다.

그 외에도 사회복지사를 대상으로 킴벌리와 퀸(Kimberly & Quinn)의 조직 문화 유형을 사용하여 연구한 결과 사회복지사들이 인지하는 조직 문화는 집단 문화가 가장 많았고, 사회복지관의 조직문화가 집단문화로 인식될 경우 사회복지사의 임파워먼트 정도가 가장 높게 나타난 연구도 있었다.

이러한 의미 있는 다양한 연구 결과를 토대로 이제는 사회복지기관에서도 조직 관리에 조직 문화적 접근이 필요하며, 이를 바탕으로 한 리더십, 조직 만족, 또는 조직 적응성 등 조직 효과성에 영향을 미칠 수 있는 다양한 요소들을 결합하고, 이 요소들의 관련성이나 역동(dynamics)을 포괄적으로 적용해 보는 시도와 연구들이 확대되어야 한다. 또한, 사회복지기관 자체적으로는 변화하는 환경에 성공적으로 적응하기 위해서 객관적인 자원 확보나 가시적인 투자 이외에도 적극적으로 발전 지향적인 조직 문화를 개발해야 할 것이다.

3. 조직 환경

사회복지기관을 포함한 그 어떤 기관도 환경과 분리해서는 생존이 어렵다. 즉, 사회복지기관은 비영리기관으로서 목표 달성을 위한 기관의 활동과 생존을 위해서는 외부 환경과 밀접한 관계를 맺을 수밖에 없다. 특히, 오늘날처럼 사회복지기관을 둘러싼 환경 변화가 급격하고 불확실성이 증가하는 시기에 조직 환경은 더욱 중요하게 고려되어야 할 부분이다.

따라서, 사회복지기관과 환경과의 관계를 이해하고 발전적인 관계를 유지하고 변화하는 환경에 대응하는 것은 사회복지기관의 생존을 위해서는 물론, 책임성과 정당성을 확보하기 위해서도 필요하다. 이제부터 사회복지기관을 둘러싼 환경은 어떤 것인지 또 그 변화에 대응하기 위한 전략은 어떤 것인지 살펴보자.

1) 조직 환경의 개념과 사회복지조직 환경의 구분

조직 환경은 개별 조직과 관련된 모든 외부 요소를 말한다. 조직 환경에 대한 이 정의는 일반적이고 포괄적이나 막연하게 다가오기도 한다. 사회복지조직의 환경 역시 그 조직을 둘러싼 모든 외부 요소가 된다. 그러나, 이러한 개념 이해는 사회복지조직과 환경과의 관계를 이해하는 데 많은 도움이 되지 못한다.

사회복지행정학자인 하센펠드(Hasenfeld, 1983)는 사회복지조직의 환경을 두 가지로 구분하여 제시하고 있다. 그에 따르면, 사회복지조직의 환경은 크게 일반 환경(general environment)과 과업 환경(task environment)으로 구분된다. 일반 환경은 한 사회의 인구 사회학적 변동, 정치적·법적 조건, 문화적 조건, 경제적 조건, 기술 수준 등과 같이 거시적인 사회 환경을 의미한다.[그림3-3]은 사회복지기관의 기능에 영향을 미치는 다양한 요인들의 조직과 상호작용하는 것을 나타내고 있다. 반면, 과업 환경은 조직의 목적 달성에 직접적인 영향을 미치는 조직 밖의 요소들이다. 과업 환경에는 재정자원 제공자, 합법성과 권위 제공자, 클라이언트 제공자, 보충적 서비스 제공자, 서비스(조직 산출물) 소비자, 경쟁관계에 있는 조직들(Hasenfeld, 1985) 등이 포함된다. 하센펠드(Hasenfeld)가 구분한 일반 환경과 과업 환경을 구성하는 요소들에 대해 좀 더 구체적으로 살펴보자.

(1) 일반 환경(general environment)

① 경제적 조건

경제적 조건은 국가나 지역사회의 경제 상태를 말한다. 이 경제적 조건은 사회복지기관과 결코 분리될 수 없다. 경제 상태에 따라 사회복지기관에 대한 자원 공급량이나 서비스 수요량은 많은 영향을 받는다. 경제가 호황인 경우 후원금이나 보조금이 증가하는 반면 불황인 경우 기존의 사회복지 서비스 이용 욕구가 늘어나거나 새로운 욕구가 발생하기도 하며 민간 후원금은 감소되기도 한다.

② 사회인구학적 조건

사회인구학적 조건은 연령, 성별, 가족 구성 형태, 인종, 거주 지역, 사회적 계급 등을 말한다. 이러한 사회인구학적 조건에 의해서 사회의 다양한 문제와 욕구의 차이가 발생한다. 한부모 가정, 독거노인 세대, 저소득 여성 가구, 저소득 아동, 청년 실업자, 장애인 등은 사회복지 서비스 수요 변동과 사회복지기관의 운영에 많은 영향을 미친다.

③ 문화적 조건

문화적 조건은 사회에서 지배적으로 우세한 가치를 의미하며, 이는 사회복지기관의 운영 방향에 많은 영향을 끼친다. 노동 윤리와 개인의 자조를 중시하는 문화에서는 노동과 연계된 복지 프로그램이 사회적 정당성을 얻지만 노동을 수반하지 않는 급여제공 프로그램은 사회적 문제 제기를 받기도 한다.

④ 정치적·법적 조건

정치적 조건은 정부의 정책적 관심의 소재에 따라 사회복지조직이 영향을 받는 것이다. 법적 조건은 국가에서 만든 법률, 명령, 규칙 등이 서비스를 제공하는 사회복지기관의 활동을 제한하는 것이다. 이러한 정치적·법적 조건은 자원 분배를 통제하며 서비스 계획, 대상자 선정, 인력 확보 등에 중요한 영향을 미치는 환경이다.

⑤ 기술적 조건

클라이언트의 문제 해결을 돕는 사회복지기관은 문제 해결에 요구되는 모든 기술을 스스로 만드는 것이 불가능하다. 단, 기술 발전이나 사회의 변화가 사회복지기관의 서비스 기술에 영향을 미칠 수는 있다. 컴퓨터의 발달은 사회복지기관에서 정보관리 체계를 가능하게 하고 새로 개발된 각종 이론들은 실제 서비스에 적용된다.

(2) 과업 환경(task environment)

① 재정자원 제공자

재정자원 제공자는 사회복지기관에 재정을 제공하는 중앙 정부, 지방 정부, 기업체, 공동모금회, 후원, 서비스 이용료를 지불하는 클라이언트를 말한다. 사회복지기관은 이들 재정자원 제공자들의 재정 지원에 의존하여 기관을 운영하고 있기 때문에 이들에 큰 영향을 받는다.

② 합법성과 권위 제공자

사회복지기관의 합법성과 권위는 사회복지 관련 법률에 의해 1차적으로 부여된다. 법률 이외에도 정부, 사회복지 전문직 협회, 시민 단체, 지역사회 주민 등에 의해서도 사회복지기관은 권위와 정당성을 부여받는다.

③ 클라이언트 제공자

클라이언트 제공자는 클라이언트를 사회복지기관에 의뢰하는 개인 또는 조직이나 사회복지기관의 서비스를 받고자 하는 개인 또는 그 가족을 의미한다. 사회복지기관은 클라이언트 개개인뿐만 아니라 그 가족, 동사무소나 구청·시청과 같은 행정 기관, 학교로부터 클라이언트를 제공받는다.

④ 보충적 서비스 제공자

하나의 사회복지기관 안에서 클라이언트의 문제가 해결되지 못하는 경우가 있다. 이 경우 클라이언트에게 필요한 서비스를 제공하는 타 기관에 의뢰해야 한다. 이 경우 타 기관은 보충적 서비스 제공자가 된다.

⑤ 서비스(조직 산출물) 소비자

사회복지기관에서 제공하는 사회복지 서비스를 소비하는 사람은 클라이언트 자신과 그 가족, 지역사회와 국가가 포함된다.

⑥ 경쟁 조직

사회복지기관은 동일한 대상에게 유사한 서비스를 제공하는 타 기관이나 동

[그림3-3]사회복지기관의 기능에 영향을 미치는 조직 환경 요인

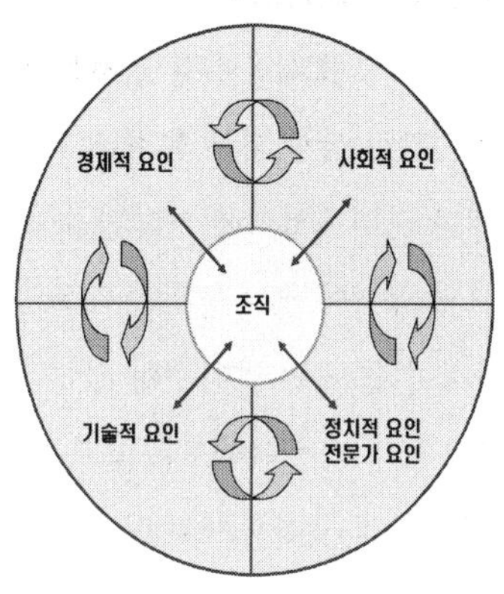

출처: Kettner(Peter M.), *Achieving excellence in the management of human service organizations*. MA: Allyn & Bacon, 2002.

일한 문제를 다루는 타 기관과 경쟁 관계에 있다.

2) 사회복지기관의 환경 관리를 위한 전략

사회복지기관은 일반 환경과 과업 환경에 의해 많은 영향을 받는다. 이렇게 외부 환경으로부터 영향을 받는다고 해서 기관의 운영과 관리를 환경에 그대로 맡겨 둘 수만은 없다. 즉, 환경에 지나치게 의존하거나 환경의 힘에 크게 종속되면 기관 운영이 불안정하고 외부 압력에 취약하게 되며 심지어는 기관의 권위와 생존을 위협받기도 한다. 따라서, 사회복지기관은 일반 환경과 과업 환경의 지나친 의존과 종속에서 벗어나 좀 더 적극적인 관계로 개선해나가야 한다. 하센펠드 (Hasenfeld, 1983)는 사회복지기관이 환경에 의존하거나 또는 종속된 관계를 개

선하는 전략을 제시하였다.

(1) 권위주의 전략(authority strategy)

권위주의 전략은 한마디로 능력의 우위를 점하는 사회복지기관이 사용할 수 있는 전략이다. 사회복지기관이 항상 외부 환경보다 우세하지 못하다는 법은 없다. 사회복지기관이 재정과 권위에서 우월하다면 이러한 기관은 타 기관들에게 명령을 내릴 수 있을 정도로 세력이 크고 특정 행동을 권장하거나 보상을 하지 않는다는 점에서 권위주의적이다. 이런 권위주의 전략을 사용하기 위해서는 다른 기관의 활동들을 감시하고 명령에 동의하도록 효과적인 제재를 가할 수 있는 능력이 필요하다. 주로 중앙정부의 사회복지 관련 부처가 지방자치단체나 민간 사회복지기관에 대해 권위주의 전략을 사용할 수 있다.

(2) 경쟁적 전략(competitive strategy)

경쟁적 전략은 사회복지기관이 타 기관들과 경쟁을 하여 세력을 증가시켜서 스스로 독립적이면서 타 기관과 협력하여 행동할 필요가 없는 기관으로 만드는 전략이다. 이 전략을 활용하기 위해서는 기관이 필요한 자원은 외부에 분산되어 있고 기관 내부에 충분히 활용 가능한 자원이 있을 때 가능하다. 최근 종합사회복지관의 특화 전략(예: 이혼 문제 전문, 장애 아동 전문, 학대받은 노인 전문 등…)이 경쟁적 전략을 활용한 사례가 되겠다.

(3) 협동적 전략(cooperative strategy)

협동적 전략은 사회복지기관들끼리 협력하여 환경에 대한 의존이나 종속 관계를 개선시키려는 전략이다. 협동적 전략에는 좀 더 구체적으로 계약, 연합, 흡수의 세 가지 형태가 있다.

먼저 계약 전략은 두 기관 사이에 자원이나 서비스 교환을 위해 협상된 공식적 또는 비공식적 합의를 말한다. 계약 전략은 상호 수요에 의해 서비스와 자원을 교환하기에 분명 과업 환경에 대한 의존을 줄일 수 있지만 기관의 목적과 불일치하는 서비스를 제공할 우려도 있고, 서비스의 효과성을 평가하기도 어렵다는 단점이 있다.

연합 전략은 각 기관들이 약한 세력일 때 또는 각 기관들 간 이익 도모가 가능하고 충돌이 없을 때, 각 기관의 연합에 소요된 비용보다 발생되는 긍정적 효과가 클 때 사용하는 전략이다. 연합은 여러 기관들이 합동으로 사업을 수행하기 위해 자원을 합하는 것을 의미한다. 따라서, 기관들의 연합체는 과업 환경 단위와 협상할 때 좀 더 효과적으로 기능할 수 있다. 그러나, 연합에는 기본적으로 비용이 소요되며 회원 기관 간의 행동에 대한 갈등이나 이익 분배에 따른 의견 불일치가 생기기도 한다.

흡수 전략은 사회복지기관에 전략 자원이 없거나 기관을 위협하는 요인을 기관 자체의 노력으로 해결할 수 없는 경우 사용된다. 흡수는 과업 환경 내의 다른 단위의 리더들을 기관의 정책수립 기구에 흡수하거나 리더로 흡수함으로써 기관의 생존을 보장받는 것을 의미한다. 흡수 전략을 통해서 기관 외부 환경을 기관 안으로 끌어들여 기관의 합법성과 생존에 대한 지지를 얻을 수 있다. 그러나, 이 전략에 의해 기관의 목적과 활동이 변할 수 있는 위험이 존재한다.

(4) 방해 전략(disruptive strategy)

방해 전략은 목표로 하는 특정 기관의 활동을 방해하거나 세력을 약화시켜 양보를 얻어냄으로써 관계를 개선하는 것이다. 방해 전략을 사용하는 경우로는 개인이나 기관의 세력이 약한 경우, 상대 기관이 요구를 묵살하는 경우, 방해 전략이 실패하더라도 손해 보지 않을 경우에 사용되기 쉽다.

사회복지 자원 관리

제4장
사회복지 자원 관리

사회복지기관은 제품이나 서비스를 생산하고 판매한 이윤으로 운영되는 영리 조직이 아니기 때문에 자원 확보에서부터 책임성 있는 사용이 매우 중요하다. 여기에서는 사회복지 자원을 크게 인적자원과 물적자원으로 분류하고, 물적자원은 다시 재정 자원과 정보 자원으로 구분하였다.

이번 장에서는, 먼저 인적자원 관리부터 살펴본다. 인적자원 관리에서는 인사 관리 과정, 효과적인 인적자원 관리 요소 — 리더십, 수퍼비전, 소진 예방, 보상 체계 — 와 자원봉사자 관리, 끝으로 외부 인적자원인 이사회 관리에 대해서 다루고 있다. 물적자원 관리에서는, 우선 일반적으로 재정을 관리하는 과정을 단계적으로 살펴보고, 기금 모금을 할 때 적용할 수 있는 실제 전략들을 살펴본다. 그리고, 오늘날 점점 중요성이 더해가는 정보관리 체계의 개념과 그 필요성 및 사회복지기관에서의 정보관리 체계에 대해서 살펴본다.

1. 인적자원 관리

　"인사(人事)가 만사(萬事)다"라는 옛말이 있다. 기관 안에서 직원들을 잘 관리하는 것이 기관 운영의 성패를 좌우할 만큼 중요함을 강조한 말이다. 특정 상품을 생산·판매하는 영리 기업에서도 인적자원 관리는 중요하다. 그러나, 사회복지기관에서의 인적자원 관리는 사회복지기관이 타 유형의 기관과는 다른 세 가지 특수성 때문에 더욱 중요하다고 할 수 있다. 첫 번째는, 하센펠드(Hasenfeld)가 지적했듯이 사회복지기관에서는 클라이언트가 곧 조직의 원료(raw material)라는 점이다. 두 번째는, 사회복지기관의 최종 산출물은 사회복지사 등을 비롯한 전문가가 제공하는 무형의 서비스라는 것이다. 세 번째는, 사회복지기관은 제품이나 서비스를 생산하여 판매한 이윤으로 조직에 필요한 자원을 확보하는 것이 아니라 사회의 자원을 제공받아 운영된다.

　사회복지기관의 인적자원 관리 부분에서는 먼저 인사 관리 과정을 단계별로 살펴본다. 그 다음으로 효과적인 인적자원 관리에 필요한 리더십 유형과 수퍼비전과 인적자원 관리의 관련성, 또한 기관이 요구하는 수퍼바이저의 특성 및 직원들의 사기 증진과 동기 부여를 위한 보상 체계들에 대해 알아본다.

1) 인사관리과정

(1) 직무 분석과 설계

　직무 분석과 설계는 인사 관리의 출발점이자 핵심이 된다. 직무 분석을 통해 얻을 수 있는 효과는 다음과 같다. 직원 채용 시 어떤 사람이 채용되어야 하는가를 명료화할 수 있고 업무에 대해 가지고 있는 기대를 명료화할 수 있다. 또한, 직원의 성과 평가가 가능해지고 직원 이직 시 업무를 지속적으로 유지할 수 있으며 직원 확보 욕구를 파악할 수 있게 된다. 그리고, 직원의 과업 수행과 조직의 목적

과 목표 사이의 관계성을 모니터링 함으로써 업무를 재조정할 수 있게 되고 직원
의 훈련과 개발의 방향을 명확히 지시할 수 있으며 업무 성과와 임금 수준의 형평
성을 확인할 수 있음은 물론, 핵심적인 업무와 주변적인 업무에 대한 파악이 가능
해진다(Noe et al., 1997).

이에 따라, 직무 설계에 고려해야 할 다음 두 가지 사항이 있다.

- 직무는 프로그램 목표를 달성하고 클라이언트를 포함한 주요 이해 당사자
  들의 기대를 만족시킬 수 있는 것이어야 한다.
- 직무는 직원들에게 질 높은 업무 환경을 제공할 수 있는 요소들과 연결되어
  야 한다.

첫 번째 고려사항은 기관에서 제공되는 특정 서비스에 대한 명확한 기대를 통
해서 초기에 다루어진다. 이것을 통해 프로그램 수행에 요구되는 일반적인 직위
(position) ― 직접 서비스를 제공하는 직원, 수퍼바이저, 관리자 ― 가 결정된다.
각 직위별 특성은 각각의 직무 분석을 통해서 개발된다. 직무 분석은 다른 직무들
과 구별되는 기술적이고 중요한 직무 관련 정보들을 제공할 목적의 의미심장한
체계적인 과정이다(Foster, 1998).

이러한 직무 분석은 인터뷰와 현재 직무 수행 중인 개개인 분석과 관련된 기록
을 검토하거나 새로운 프로그램에 사용된 서비스 전달 모델이나 치료 기법에 바
탕을 둔 직무(from scratch)를 구성함으로써 이루어진다. 이러한 과정을 통해 다
음의 정보들을 얻을 수 있다: 업무 활동, 필요한 능력/자질/준비요소(equipment),
직무 수행 기준, 과업 달성에 필요한 시간, 직무 환경, 개인에게 요구되는 자격(지
식과 기술, 훈련, 업무 경험, 태도 등) (McCormack, Foster에서 재인용, 1998). 이
것은 직무 분석의 요약인 직무 기술과는 동일하지 않음을 명심해야 한다.

직무 분석에서 중요한 요소는 과업(task)분석이다(Rapp & Poertner, 1992). 과
업 분석은 직위에 대한 기대를 분명하게 기술한 과업 기술서를 작성하는 작업이

다. 랩과 포트너(Rapp & Poertner, 1992)에 따르면 과업 기술서는 관리자와 직원들이 함께 만들어야 하며 바람직한 성과를 이끌어낼 수 있어야 한다.

직무 설계 시 고려해야 할 두 번째 사항은 직무 설계는 직원들의 업무 환경의 질과 관련되어 있다는 것이다. 기준은 여기에 제시된 우리의 목적과 관련이 있다. 기준은 능력 개발과 활용에 대한 즉각적인 기회를 의미한다. 이 개념은 직무 특성 모델(Hackman & Oldham, 1980)에 제시되어 있다. 이 모델은 높은 만족도와 더 나은 직무 수행을 포함한 긍정적인 성과들은 업무 경험의 세 가지 측면에 의해 영향을 받는다고 제안한다. 즉, 직원들은 자기가 하는 일이 의미 있는 것이라 생각하고, 최종 결과에 책임감을 느끼고, 결과에 대해 피드백을 받는 것이 그것이다. 이러한 업무 요소들은 다음 다섯 가지 직무 특성의 영향을 받는다(Hackman & Oldham, 1980).

□기술의 다양성

하나의 직무가 각기 다른 활동들의 다양성을 요구하는 수준, 다른 기술과 개인의 재능을 활용하는 것을 포함한다.

□과업 정체성

하나의 직무가 전체와 동일시할 수 있는 일의 일부의 완성을 요구하는 수준, 즉 시작부터 가시적인 성과를 보이는 끝까지 직무를 수행하는 것을 의미한다.

□과업의 중요성

직무가 타인(가까운 기관이나 세상에 있는)의 삶에 실제적인 영향력을 끼치는 정도이다.

□자율성

직무가 실제적인 자유, 독립, 일을 계획하는 데 있어 개인에게 주는 자유 재량권, 업무 수행 절차에 대한 결정권을 제공하는 수준을 의미한다.

□ 직무상 피드백

직무에 필요한 활동을 통해 효과성과 성과에 대한 직접적이고 명확한 정보를 주는 정도이다.

수행에 대한 직무 특성의 효과에 영향을 미치는 세 가지 중재 변수가 있음을 주목하는 일은 중요하다. 첫째, 직원은 자율성이 좋은 성과를 낼 가능성을 높이기 위한 기본적인 지식과 기술을 필요로 한다. 이것은 곧, 어떤 직원의 경우 여기에 제시된 특성들의 높은 수준을 더 좋아한다는 것이다. 반면, 어떤 직원들의 경우 낮은 수준에 만족하기도 한다. 결국 상황적인(contextual) 만족도가 관련이 있다. 이 모델은 [그림4-1]에 제시되어 있다.

핵만과 올드햄(Hackman & Oldham, 1980)은 직무 성과 개선을 위한 직무 설계 전략을 몇 가지 제시하였다. 과업 통합은 전문 사회복지사가 종종 다양한 과업을 수행하기도 하는 사회복지 서비스 분야에서보다는 공장과 같은 조직에서 더 큰 혁신을 가져온다. 자연적인 업무 단위 형성은 사회복지 서비스 분야에서는 흔한 것이다. 이것은 하나의 사례나 기능을 위한 전체 책임감을 갖는 사회복지사 집단을 포함한다. 클라이언트 관계 형성은 사회복지 서비스 분야에서 자연스럽게 발생한다. 수직적인 업무 할당(loading)은 직원들이 의사결정과 문제 해결 시 좀 더 많은 책임감과 권위를 갖게 한다. 이러한 전략은 종종 의사결정에서 직원들의 참여를 확대하는 것으로 제시된다. 피드백 채널을 공개하는 것은 수행한 업무 결과에 대한 명확하고 직접적인 서비스를 받는 것에 대한 확신을 포함한다. 세이거(Sager, 1995)는 사회복지 서비스 분야에서 이러한 원칙의 적용에 대해 구체적으로 설명하고 있다.

직무 설계의 함의는 가능한 이런 특성들을 많이 통합하는 것이다. 예를 들면,

[그림 4-1] 수행에 대한 직무특성의 효과 모델

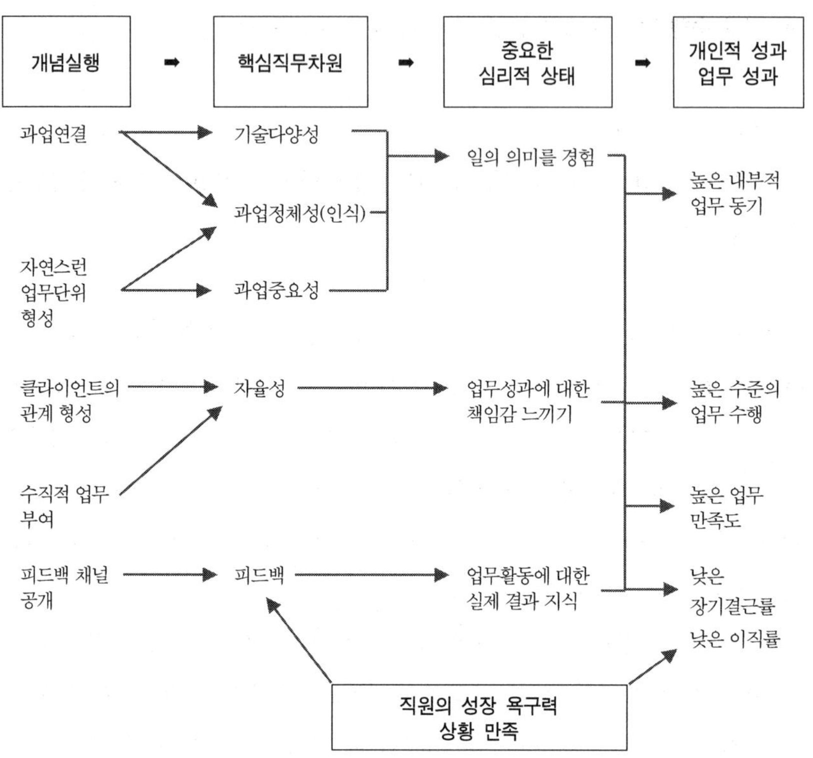

사회복지사에게 많은 자극이 되는 직무와 동기 부여의 직무로 인해서 직원들은 다양한 과업을 수행하고 클라이언트와 전체적인 틀 아래서 일할 수 있게 된다. 또한, 하고 있는 일이 클라이언트와 사회에 중요하다고 보고, 과도한 관료제적 통제 없이 전문가로서 결정을 내릴 수 있는 자유를 갖게 되며, 클라이언트와 함께 하는 일의 결과를 보게 된다.

(2) 직원 모집 및 채용(recruitment and selection)

대개의 기관에서 직무 분석은 기관이 생성될 당시에 수행하고 조직 구조의 변화가 있을 경우에 보완하고 수정한다. 따라서, 인사 관리 과정이라고 하면 대개는 직무 분석과 설계 단계는 제외하고 곧바로 직원 모집이나 채용 단계로 시작하는 경향이 있다. 그러나, 인사 관리에서 가장 기본적으로 또한 우선적으로 필요한 단계는 직무 분석과 설계 단계가 된다. 명확한 직무 분석과 설계가 이루어진 후에야 비로소 직무와 직위에 적절한 직원을 모집하고 채용하는 과정을 거치게 된다. 직원 모집은 잠재적인 역량을 가지고 기관의 직무를 원활히 수행해 나갈 사람을 찾아내는 과정이다. 직원 모집은 기관 내부에서도 할 수 있고 기관 외부에서도 할 수 있다. 기관 내부에서 현재 충원하고자 하는 직무에 대해 관심 있고 역량 있는 이들을 찾는 경우 이것은 내적 모집이 된다. 반면, 기관 외부에서 이러한 인력을 찾는 경우 외적 모집이 된다.

직원 채용은 기관에서 일을 수행할 수 있는 지식과 기술, 능력 및 기타 자원을 가진 사람을 구별해내어 직원으로 선택하는 과정을 말한다. 직원으로 채용할 때 사용되는 기준은 개별 기관마다 다르지만 보편적으로 사용되는 기준으로는 이력, 자격증, 추천서, 전문 지식과 기술 시험, 각종 심리 검사(다면적 인성검사인 MMPI, 성격유형검사인 MBTI, 삼성에서 개발한 업무 적성검사 등) 등이 있다. 요즘 사회복지기관에서는 보편적인 채용 심사 기준 이외에도 클라이언트와의 만

[표 4-1] 교육, 훈련 및 직원 개발의 특성별 차이

특성	활동의 유형		
	훈련	교육	직원개발
목적	사회화(조직지향), 기관이 정한 기준을 충족시키기 위한 표준화	심화연구를 통한 발전된 능력 및 경력 (전문적인 배경 하에서)	신지식 획득 및 적용(전달체계 내에서 전문적 능력을 증가시키기 위한)
내용	특정 '방법'에 관한 지식(기관의 절차 및 과정에 정책 적용)	이론적 지식	지식과 통찰력 구현
과정	필요한 지식에 대한 소개 및 지시	일반화할 수 있는 지식 제공	새로운 지식을 문제상황에 적용

출처: Weinbach(Robert W.) & Kuehner(Karen M.), "Trainer or academician-who shall provide?" in *Journal of continuing social work education*, *I*, *3*. 1981.

남의 장에서 실천 기술 평가 등의 평가 기준이 활용되기도 한다.

(3) 직원 훈련 개발(인력 개발)

훌륭한 직원을 뽑고 나서 적절한 부서에 배치하고 적절한 과업을 배분한다고 해서 저절로 맡은 직무를 잘 수행하고 일하는 도중 발생하는 문제점들을 잘 해결하는 것은 아니다. 신입 직원은 신입 직원대로 새로운 기관 환경에 적응할 시간과 기회가 필요하다. 또한 기존 직원도 변화하는 업무 환경에 적응하는 데 필요한 지식과 기술을 익혀야 한다.

따라서, 기관에서는 직원들의 직무 능력을 증진시키고 업무 환경에 좀 더 잘 적응할 수 있게 하기 위해서 직원들을 대상으로 특정 목표를 설정하여 교육을 실시한다. 이러한 기관의 활동들을 직원 훈련 개발 또는 인력 개발이라고 한다. 이와 관련하여 [표4-1]에서는 직원에 대한 훈련, 교육 및 직원개발 등 활동 유형에서 오는 특성별 차이를 비교 구분하여 제시하고 있다.

신입 직원에 대한 훈련 개발은 대개 오리엔테이션(orientation)에서부터 시작한다. 직원 채용 과정이 끝나면 직원 오리엔테이션이 실시된다. 오리엔테이션은 새로 입사하게 된 직원이 기관의 분위기와 업무에 잘 적응할 수 있도록 돕는 과정이다. 신입 직원 오리엔테이션에는 보통 다음의 내용이 포함된다.

□기관 전체에 관한 내용: 기관의 사명·목적, 기관의 정책 및 규정, 기관구조, 위계사항, 기관의 기본 활동 등
□신입직원이 속한 부서에 관한 내용: 소속 부서의 위치와 기능, 소속 부서의 전문화된 영역, 타부서와의 관계 및 조정체계
□기관과 부서 내에서 신입직원의 위치와 과업, 수퍼비전 체계 등
□업무시간, 임금(보상 종류 및 수준), 승진에 필요한 요건 등

신입 직원에 대한 훈련은 대부분 직무 분석 및 설계 단계에서 함께 계획하고,

일단 오리엔테이션 수행 방안이 결정되면 그 다음부터는 큰 틀의 변화 없이 세부적인 사항만 수정되어 적용된다. 그러나, 기존 직원에 대한 훈련은 기관 내부와 외부 상황(환경)과 직원들의 욕구에 따라서 다양하게 계획되고 수행된다. 기존 직원의 훈련 개발은 우선 어떤 것이 변화되어야 하는지, 또한 어떤 지식/기술/능력이 개발되어야 하는지, 직원들 개개인은 현재 상황에서 어떤 부분을 변화시키고자 하는지에 대해서 우선 사정(assessment)해보는 단계가 필요하다. 사정 작업이 끝나면 파악된 문제점, 목표, 욕구를 바탕으로 적절한 전략을 세워야 한다. 전략이 선택되면 실제로 교육과 훈련을 시행한다. 교육과 훈련을 시행한 후에는 실제로 교육/훈련이 성과가 있었는지 평가하는 작업이 뒤따라야 한다. 그러나, 실제로 사회복지기관에서 직원들을 대상으로 한 교육이나 훈련에 따른 성과를 직접적으로 평가하기는 어렵다. 인력 개발의 궁극적 성과는 서비스의 생산성 및 효과성의 증진이기 때문에 사회복지 서비스 효과성에 대한 실제적인 평가 지표가 개발되어 적용되기까지는 거의 불가능하다. 따라서, 궁극적인 성과를 평가하기보다는 새로운 지식이나 기술의 습득 여부와 교육 및 훈련으로 인한 태도 및 인지의 변화에 대해 질문함으로써 간접적인 평가가 가능하다.

매슬로우(Maslow)의 욕구단계이론에 기관에서의 직무수행과 직원 관리를 적용해 보면 다음과 같이 분석해 볼 수 있다.

자기실현	·전체 직원들의 헌신에 대한 격려 ·직원의 삶의 영역에 대한 중요하고 의미 있는 job
자아	·성취, 자율성, 책임성, 자기 관리를 위한 job창출 ·개인의 정체성 향상을 위한 업무 ·훌륭한 성과를 위한 피드백과 인정
사회적	·조직 내 동료들과의 상호작용이 허용됨 ·각종 편의시설 및 스포츠 시설 ·사무실 내 파티 및 야유회
안전	·연금과 건강 관리 계획 ·임기 보장 ·조직 내 경력 개발 강조
생리적	·임금 ·안전하고 즐거운 업무 환경

2) 효과적인 인적자원 관리 요소

(1) 리더십

리더십은 일반 행정에서뿐만 아니라 사회복지기관행정에서도 매우 핵심적인

역할을 담당하며 사회복지기관의 형성과 유지 및 조직 환경의 변화에 적응하는 데도 가장 근간이 된다. 모든 조직은 직원을 통솔하고 기관의 방향을 제시하며 책임지고 이끌어 나아갈 수 있는 진정한 리더를 필요로 한다. 특히, 리더십은 사람을 변화시키고 사회복지 환경을 개선하는 것이 중요한 목적인 사회복지기관의 환경 조건들이 내적·외적 변화를 맞을 때 가장 시급히 요청된다. 따라서, 우리는 리더십의 개념에 대해서 간단히 살펴보고 리더십 이론과 사회복지기관에서 효과적인 리더십의 적용에 대해서 함께 논의해 보고자 한다.

먼저, 드러커(Drucker, 1985)는 50명의 CEO를 상대로 조사한 연구를 인용하면서 완벽하거나 이상적인 관리자는 존재하지 않는다고 주장하였다. 조사 결과

에 따르면, 아주 훌륭한 관리자라 할지라도 계획대로 업무를 잘 수행하지 못하는 경우가 있고, 조직을 제대로 된 방향으로 이끌지 못하는 경우도 있었으며, 자꾸 옛날 일을 들추어내서 직원들을 들볶는 관리자도 있었다. 실제로 허풍이 심하거나 또는 냉담한 성격이거나 매우 내성적이거나 이기적인 사람들도 찾아볼 수 있었다. 그럼에도 불구하고 이들은 왜 성공한 관리자가 되었는가? 이들 모두에게서 발견할 수 있었던 공통점은 일이 제대로 완수되도록 이끌어 가는 능력을 갖고 있었다는 점이다.

또한, 리더와 관리자 사이에는 분명한 차이가 존재한다. 이러한 관점에서 보면, 리더는 혁신가이며 장기적 관점을 가지고 있고, 현상을 변화시키기 위해 도전하며, 바람직하고 옳은 일을 하는 사람이라고 할 수 있다. 반면에 관리자는 일을 그르치지 않게 하며 현상을 유지하고 단기적 관점을 가지고 구조와 체계에 관심을 가진다는 것이다(Broady, 2000).

전통적인 사회심리학적 접근으로서 많은 이론가들은 리더의 핵심적인 역할을 '영향을 미치는 과정'이라고 정의한다. 그러나, 이러한 정의는 위계적인 권력, 공식적 권한과의 구체적 구별이 불가능하다는 측면에서 제한점을 갖는다.

① 리더십의 개념

"관리자는 많다. 그러나 리더는 없다"는 말이 있다. 대개 관리자와 리더라는 용어가 혼용되어 사용되는 경우가 많다. 그러나, 두 용어 사이에는 약간의 차이가 있다. 관리자는 대개 짧은 안목과 식견을 갖추고 조직 구조 자체에만 집착하여 조직을 관리하는 사람인 것이다. 반면 리더는 장기적인 안목으로 남겨진 과제에 적극적으로 도전하는 일종의 혁신가라 할 수 있다.

오늘날 사회복지기관을 포함한 비영리기관이든 영리기관이든 모든 기관에서는 직원들에게 희망과 용기를 주며 일할 의욕을 불러일으키고, 조직에 대한 전반적인 방향을 설정하며, 기관의 성과에 대해 책임질 능력이 있는 관리자(manager)를 필요로 한다. 이러한 관리자들은 관리자로 불려지기보다는 특별히 리더(lea-

[표 4-2] 사회복지기관에서의 효과적인 리더십 구성 요소(Bargal, 2000)

개인(A)	과정(B)	산출(C)
① 동기와 자질	**① 과업중심활동**	**① 클라이언트 및 클라이언트 환경의 변화**
■성취동기(성취, 야망, 주도권) ■자존감 ■유동성 ■카리스마 ■전문가적 비전	■비전창출 ■전문가 문화 창출 ■지적 자극 ■권한 위임 ■직원의 의사결정 참여 ■격려	
② 지식		**② 서비스의 질**
■사회복지/사회사업 정규교육이수 ■사회복지서비스 및 다양한 개입에 대한 전문지식	**② 관계중심활동**	
③ 기술		**③ 클라이언트 만족**
■관리기술(목표설정, 기획, 문제해결, 자원, 조직환경 관리) ■개인적 기술 ■(잘듣기, 의사소통, 네트워킹)	■관심과 배려, 멘토링 ■갈등관리 ■지지 ■보상	**④ 직원의 만족도 및 헌신 향상, 낮은 비율의 소진과 이직율**

dership)라고 호칭된다(Brody, 2000). 리더십은 쉽게 말하자면 이러한 리더에게 요구되는 능력인 것이다. [표4-2]에서는 사회복지기관의 효과성을 높일 수 있는 리더십의 구성요소들을 개인적 특성과 활동과정, 결과로써 나타나는 산출의 세 가지 차원별로 제시하고 있다.

리더십에 대한 개념 정의는 학자마다 다르지만 다양한 리더십의 개념은 크게 네 가지 차원으로 구분된다. 첫째는 지위 차원의 리더십이다. 지위로서의 리더십은 한 사람이 특정 상황에 대한 통제의 책임을 갖고 지휘 혹은 지도적 지위에 있는 것을 의미한다. 둘째는 능력 차원의 리더십이다. 능력으로서의 리더십은 다른 사람들과의 관계에 영향을 미칠 수 있는 역량이나 기술을 말한다(Skidmore,

1995). 셋째는 과정 차원의 리더십이다. 과정으로서의 리더십은 비강압적인 영
향력을 사용해서 구성원들이 목적 성취를 위한 활동을 하도록 지휘하고 조정하
는 것이다. 마지막은 속성으로서의 리더십이다. 이것은 리더로서의 영향력을 잘
사용하는 사람들에게서 나타나는 공통적인 특성을 의미한다(Moorhead &
Griffin, 1992). 현실에서는 이 네 가지 차원의 리더십이 개별적으로 이해된다기
보다, 네 가지 차원은 두 가지 이상의 차원으로 결합되어 이해된다. [표 4-3]에서
는 이상의 네 가지 차원의 리더십이 각각 강조하는 핵심을 제시하였다.

[표 4-3] 리더십의 네 가지 개념 차원과 강조점

리더십 개념 차원	강조점
지위	책임을 지는 리더로서의 물리적 위치
능력	특정 변화나 행위를 이끌어 내는 능력
과정	조직 내 활동을 원활히 효과적으로 조정
속성	훌륭한 리더들에게서 나타나는 특성

② 리더십 유형

어떤 개념이나 현상을 유형화하는 것은 그것의 이해와 적용에 매우 도움이 된
다. 리더십 개념도 마찬가지다. 리더십 유형은 현실에서 나타나는 다양한 리더십
형태를 보다 명확하게 이해하게 하고, 특정 유형이 조직의 효과성이나 그 밖의 조
직 관련 특성과 어떤 연관을 갖는지 파악할 수 있게 한다. 리더십 유형에 대해서
는 학자마다 다양하게 제시하였으나, 여기에서는 가장 보편적이면서도 많이 활
용되고 있는 타넨바움과 쉬미트(Tannenbaum & Schmid, 1958)의 리더십 유형
과 카리즐(Carlisle, 1987)의 리더십 유형을 중점적으로 살펴본다.

타넨바움과 쉬미트(Tannenbaum & Schmid)는 《리더십 패턴을 선택하는 방법》
이라는 논문에서 리더십 유형은 상호 배타적으로 분리되어 존재하지 않고 매우
지시적인 유형에서 매우 위임적인 유형까지 하나의 연속선상에 있다고 주장하였

다. 즉, 의사결정 과정에서 상사의 참여가 매우 높은 수준에서 매우 낮은 수준으로(반대로는 부하 직원의 참여가 매우 낮은 수준에서 매우 높은 수준으로) 변화되는 것이다. 상사 중심의 의사결정은 지시적 리더십 유형으로, 의사결정 시 부하 직원의 참여가 많이 이루어질수록 위임적 리더십 유형으로, 이 두 리더십 중간에는 참여적 리더십 유형으로 분류된다. 타넨바움과 쉬미트(Tannenbaum & Schmid)가 제시한 연속선상에서의 리더십 유형 그림을 보면 더 잘 이해가 될 것이다.

[그림 4-2] 리더십 유형

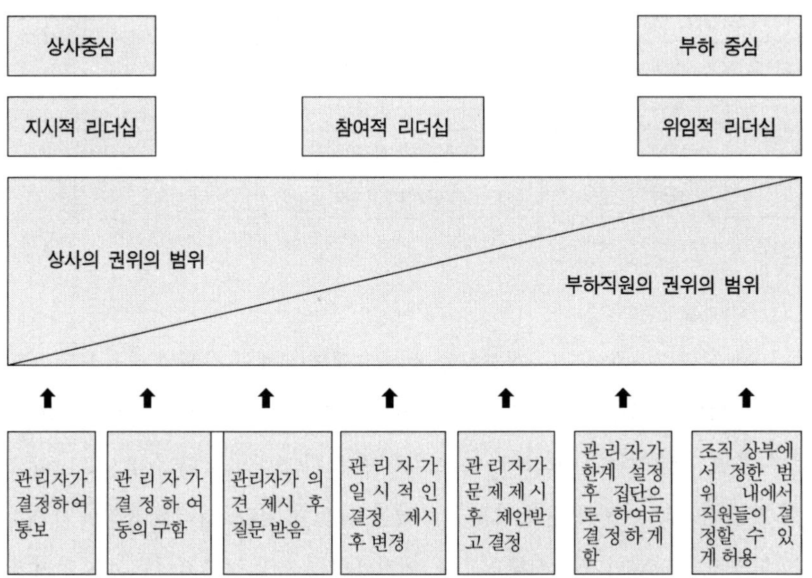

출처 : Tannenbaum(R.) & Sehmidt (W.), "How to choose a leadership pattern", in *Harvard Business Review*, 36(2), 1958.

카리즐(Carlisle)은 리더 혹은 상사가 부하 직원을 의사결정에 참여시키는 수준에 따라 리더십 유형을 세 가지로 구분하여 제시하였다. 부하 직원들의 의사와는 무관하게 독선적인 의사결정을 내리는 리더십은 전제적 (autocratic)리더십, 의사결정 시 부하 직원들에게 의견을 묻고 이들을 의사결정 과정에 참여시키는 것을 중요시하는 리더십은 민주적(democratic) 리더십, 마지막으로 대부분 의사결정 권한을 부하 직원들에게 위임하는 리더십은 위임적 (laissez-faire)리더십이다. 전제적 리더십 유형은 과업 중심적이며, 리더가 대부분 결정을 내리기에 일방적 의사소통이 이루어지게 된다. 그 결과 부하 직원들은 상사의 명령에 복종하게 되고 상사의 결정에 의존하는 조직 분위기가 형성된다. 민주적 리더십은 부하직원들이 의사결정 과정에 참여할 수 있게 되어 양방향 의사 소통 방식이 가능하고 과업보다는 조직 구성원 또는 구성원 집단을 중요시하게 된다. 상사의 명령보다는 조직 구성원들 간의 협력과 참여가 중요시된다. 위임적 스타일은 의사결정을 부하 직원들에게 맡기게 됨으로써 조직의 방침을 위반하지 않는 범위 안에서 자유 재량을 행사할 수 있다. 자유롭고 개방적인 의사소통이 가능하다. 그러나, 의사결정에 따른 책임 소재가 애매해지기도 하고, 결정 과정에서 혼란과 내부 갈등이 발생하기도 한다.

(2) 수퍼비전 체계

사회복지기관에서 자주 사용되는 용어 중 하나가 바로 수퍼비전이다. 수퍼비전은 기본적으로 감독·관리·통제를 의미하는 말로 사용되지만 사회복지기관에서 사용되는 수퍼비전의 의미는 조금 다르다. 사회복지기관에서의 수퍼비전은 직원이 서비스를 효과적이고 효율적으로 전달하기 위해 지식과 기술을 잘 사용할 수 있게 도와주는 활동이다(최성재·남기민, 2001). 따라서, 넓게 본다면 수퍼비전은 직원들의 능력 개발을 촉진하는 일련의 행위라고 할 수 있다.

① 수퍼바이저의 역할

수퍼비전에는 수퍼비전을 하는 주체인 수퍼바이저(supervisor)와 수퍼비전을 받는 객체인 수퍼바이지(supervisee)가 있어 상하 관계가 존재함을 전제한다. 사회복지기관에서의 수퍼비전을 주로 연구한 카두신(Kadushin, 1985)은 수퍼바이저의 역할을 다음과 같이 제시하였다.

카두신에 따르면, 오늘날 사회복지기관의 수퍼바이저는 클라이언트에게 효과적이고 효율적인 서비스를 보장하기 위해 많은 역할과 기능을 수행해야만 한다. 무엇보다도 수퍼바이저는 직위 특성상 리더가 된다. 직권(positional authority)을 통해서 수퍼바이저는 기관의 목적과 목표 달성을 위한 수퍼바이지의 동기와 활동을 지도하고 동원하는 데 있어 합법적인 권한의 사용을 담당하고 있다.

수퍼비전에 대한 이러한 전반적인 목적은 수퍼바이저의 역할과 기능으로 추론되는 3가지 역할과 기능에 대한 전제를 통해 달성되는데, 그것은 곧 관리자(manager), 중재자(mediator), 그리고 멘토(mentor)이다. 리더십 구성요소에 의해 함께 자리매김하는 사회복지기관 수퍼비전의 다른 영역은 수퍼비전의 동적인 모델을 구성한다.

㉠ 관리자 역할

관리자(manager) 역할의 수퍼바이저는 기획, 예산 수립, 조직화, 인적자원 개발, 프로그램평가 영역에서의 지식과 기술을 개발해야 한다. 기관의 책임성이 강조되는 오늘날 행정적인 또는 관리 차원의 수퍼비전 기능은 중요한 의미를 갖고 있다(Kadushin, 1985). 수퍼바이저는 자신의 고유한 성취뿐만 아니라 자신의 수퍼비전을 받는 수퍼바이지의 성과에도 책임이 있다. 사실상 수퍼비전에 대한 성과는 대개 수퍼바이저 개인이나 수퍼바이지 팀의 성과로 측정된다. 게다가 수퍼바이저는 조직 구성원의 고용에 책임이 있을 뿐만 아니라 "클라이언트를 위하고 클라이언트와 함께 하는 책임성 있고 유능한 실천을 확보하기 위한 윤리적인 수단"의 일부가 되기도 한다(Akin & Weil, 1981).

㉡ 중재자 역할

중재자(mediator) 역할의 수퍼바이저는 사회복지기관에서 발견되는 두 가지 중요한 기술(technology) 사이의 연결 관계에 있다. 그 하나는 행정적 기술이고 다른 하나는 직접적인 서비스 실천이다. 이것은 서비스 목적들이 기능적인 서비스 목표로 운용되는 것과 그러한 두 차원의 기술이 만나는 지점에 있다. 두 기술 사이에서 발생하는 갈등을 중재하고, 효과적이고 효율적인 서비스를 전달하는 데 필요한 요건들을 충족시키는 두 가지 기술을 규정하는 것이 바로 수퍼바이저가 해야 할 역할이다. 중재자로서 수퍼바이저는 행정과 직접적 서비스, 기관 규정 수립과 규정 실행 사이를 연결하는 사람이다. 중재자 역할에서 가장 중요한 기능은 수퍼바이저와 다른 직원들 및 기관 사이의 수직적이고 수평적인 상호 작용과 상호 의존성을 통합하는 것이다. 수퍼바이지(supervisee)와 기관의 환경(클라이언트와 여타 서비스 제공자들을 포함한) 사이에 중재하는 역할이 필요할 때는 수퍼바이저가 중재하기도 한다. 이러한 역할은 의사결정과 갈등 관리에 있어서 상당한 수준의 기술을 필요로 한다. 또한, 수퍼바이저는 클라이언트·직원·기관의 욕구에 대해 민감해야 한다. 한편, 중재자로서의 수퍼바이저는 중간에 잡혀 있는 느낌을 받기도 한다.

ⓒ 멘토 역할

사회복지기관의 수퍼바이저는 리더·관리자·중재자로서의 역할을 수행할 뿐만 아니라 수퍼바이지의 멘토(mentor, 현명하고 성실한 조언자)의 역할을 한다. 리더로서 수퍼바이저는 부하 직원들의 근로 의욕·생산성·직무 만족도에 관심을 갖고 있다. 뿐만 아니라 기관의 사명·목적·목표를 자기 것으로 수용하고(동일시하고) 직원들이 기관에 통합되는 것을 중요시한다. 관리자로서의 수퍼바이저는 업무 기획, 업무 할당 및 위임, 업무 조정, 평가와 같은 일상적인 행정 업무를 수행한다. 중재자로서의 수퍼바이저는 직원들의 관계에서, 또한 기관 내부와 외부 사이에서 발생하는 문제들에 주의를 기울인다. 멘토로서의 수퍼바이저는 수퍼바이지의 자기 계발과 전문가로서의 성장에 대해 중요한 책임을 맡고 있다.

직원의 서비스 전달 능력을 향상시킬 수 있도록 돕고 관련 지식을 제공할 뿐만

[그림 4-3] 사회복지기관에서의 수퍼비전 모델

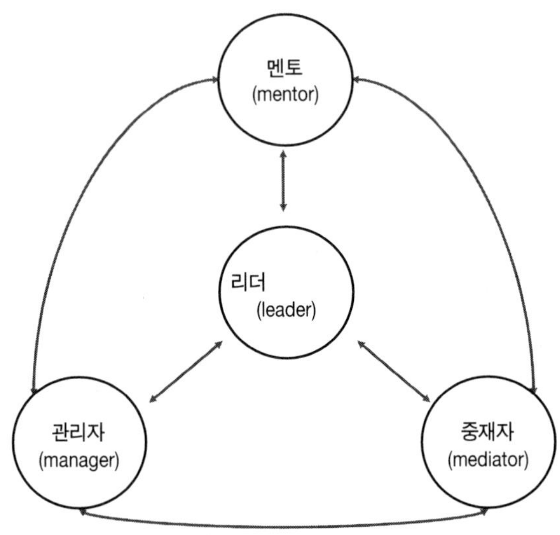

아니라 직원 개개인에게 정서적·심리적으로 지지할 수 있는 최선의 기회는 바로 멘토의 역할을 함으로써 가능하다. 이러한 중요한 역할과 기능은 수퍼바이저가 전문적 가치와 서비스 제공에 있어서의 윤리에 책임이 있다는 것을 반영하는 것이다. 또한 그러한 가치와 윤리가 수퍼바이지의 실천에 반영된다는 확신을 입증하는 것이기도 하다. 이런 능력을 지닌 수퍼바이저는 수퍼바이지들로 하여금 클라이언트의 자기 결정권을 고양하게 하고 클라이언트에 대해 비심판적이고 객관적이며 클라이언트의 비밀을 보호하는 전문가의 규범을 익힐 수 있게 한다. 또한, 멘토로서의 수퍼바이저는 직원들이 클라이언트와 클라이언트가 나타내는 다양한 문제들에 대한 느낌과 반응의 차원에서 자기 인식을 할 수 있게 돕는다.

멘토 역할이 갖는 교육적인 기능을 충실하게 수행하기 위해서는 수퍼바이저는 수퍼바이지가 사용하는 서비스 기술에 숙달해있어야 한다. 비록 사회복지실천에 국한되어 있지만, 카두신(Kadushin, 1985)은 수퍼비전의 교육적 기능은 다른 치료적 기술과 관련이 있다고 지적하였다. 그는 저서에서 "교육적 수퍼비전은 때때로 임상적 수퍼비전으로 불린다. 그것은 클라이언트와 사회복지사 간의 상호작용을 구체적으로 분석함으로써 임상 사회복지실천에 필요한 지식, 기술, 태도를 가르치기 때문이다"라고 한 바 있다.

사회복지기관에서의 수퍼비전 모델([그림 4-3] 참조)에서는 리더십 역할을 수퍼바이저 역할의 중앙에 배치하고 있다. 이것은 관리 차원의 수퍼비전과 전문적 수퍼비전을 구분하지 않는다. 이것은 관리, 중재, 멘토십 기능을 포함하는 하나의 전문적인 수퍼바이저 역할을 내포하고 있다. 관리자·중재자·멘토로서의 역할은 모두 전문적인 수퍼바이저와 수퍼바이지와의 관계의 맥락 속에서 리더십을 매개로 이루어지는 것이다.

(3) 소진(burn out) 관리

인적자원 개발에서는 기관 직원들은 소중한 존재이며, 소진(burn out)에 이르게 하는 업무 관련 스트레스로부터 직원들을 보호해야 함을 고려해야 한다.

존과 스톤(John & Stone, 1987)에 따르면 소진이란 "물리적·정서적·정신적 고갈 상태"이다. 이러한 현상은 본래 사회복지기관에서 발견되는 것이었지만, 최근 스트레스를 많이 받는 다른 직종에서도 발견되고 있다. 학자들마다 소진에 대해 다르게 개념화했는데, 그 중 보편적으로 지적되는 소진의 세 가지 요소들이 있다.

□ 정서적 고갈
□ 업무에 대한 낮은 성취감
□ 비인간화(depersonalization)

소진의 중요한 요소는 바로 자율성을 상실하는 경험과 제한적인 결정 범위로서 기관에서 매우 생생하게 나타난다는 것이다. 소진은 클라이언트에 대한 이상과 개인에 대한 관심을 뒤로한 채 떠나고픈 마음과 좀 더 기계적인 행동을 하려는 경향을 내포한다.

소진 정도를 측정하는 데 가장 널리 사용된 측정도구는 '멀쉬 소진 검사 (Malsch Burnout Inventory)'이다. 이러한 측정 도구를 사용하지 않고 기관의 관리자들은 직원들과의 비공식적 인터뷰(대화)나 그 밖의 방법을 사용하여 기관과 직원들에 대해서 파악할 수 있다. 사회복지 업무는 본래 스트레스를 많이 받는 일이기 때문에 기관 관리자들은 사전에 미리 소진을 예방하기 위해 노력해야 한다.

① 소진 원인

사회복지 분야의 직업군에 스트레스가 많다는 것은 오래 전부터 알려진 사실이지만, 1974년에 와서야 비로소 허버트 프로이덴버거(Herbert Freudenberger)가 처음으로 직업병으로서의 소진의 개념을 제시하였다. 1976년에 매슬랙(Maslach)은 소진의 결과를 더욱 정교하게 다듬었다. 그러한 노력의 결과, 소진 증후군을 유발하는 가능한 원인이 밝혀지게 되었다. 이 때부터 수많은 연구 결과와 이론적인 관점들은 사회복지사 소진을 유발하는 조건을 기술하고 설명하고 예측하기 시작하였다(Schaufeli, Maslach & Market, 1993).

연구자들은 소진이 사회복지사와 클라이언트, 그리고 기관에 해로운 영향을 미친다는 데 동의를 하지만, 그 원인에 대해서는 다양한 입장을 취한다. 소진 원인에 대한 최초의 연구와 추측은 사회복지사의 개인적인 결함(이것은 일종의 피해자 비난하기임), 또는 짜증나는 사회복지사와 클라이언트 간의 상호 작용에 초점을 둔 반면, 최근에는 기관 차원의 변수들과 관련이 있다고 본다. 다소 오래된 모델이기는 하나 오늘날에도 여전히 유효한 체르니스(Cherniss, 1980)가 제시한 모델에서는 다음과 같이 개인·기관·문화적 차원별로 소진의 원인을 제시하고 있다.

□개인 차원: 개인의 성격, 비현실적으로 높은 직업상 목표나 기대
□기관 규범 차원: 융통성 없는 기관 운영 원칙, 피드백 부족, 경쟁적 조직 풍토, 많은 갈등, 낮은 개방성과 낮은 수준의 신뢰

□ 기관 역할 차원: 역할 갈등(기대 불일치), 모호성(불명확한 기대), 업무 과중, 낮은 수준의 동기 유발, 적은 자율성

□ 수퍼비전과 사회적 지지 차원: 비참여적 의사결정 방식, 사회복지사의 욕구에 무반응과 무관심

□ 문화적 차원: 일을 통한 자기 실현(self-actualizing)의 기대 좌절, 광범위한 경쟁

매슬랙과 라이터(Maslach & Leiter, 1997)는 소진의 원인들을 업무 과중, 통제력 부재, 불충분한 보상, 공정성 부재, 신뢰·개방성·존경의 부재, 가치 갈등으로 구분하였다.

② 소진 예방

소진은 사회복지사의 생산성과 나아가 기관의 효과성에 부정적인 영향을 주게 된다. 사회복지기관에서 활동적이고 열정적인 전문가들이 소진될 경우 서비스 생산성 손해를 참을 여유가 없다. 개인적 특성과 기관 특성들로 인해 소진되기 쉽기 때문에 이러한 소진 과정은 완벽히 예방할 수는 없다. 그러나 체르니스(Cherniss, 1980)는 소진을 예방하고 기관 차원에서 발생하는 스트레스를 줄일 수 있는 실제적인 방법으로 다음과 같이 제시하였다.

㉠ 업무 구조화의 변화

소진 예방의 한 가지 방법은 업무를 구조화하는 방법을 바꾸는 것이다. 많은 사회복지 전문가들은 피드백이나 기관과의 상호 작용이 없는 상태에서 한 유형의 서비스를 지속적으로 제공하는 일에 스트레스를 많이 받는다고 지적한다(Lewis et al., 2001). 업무 구조를 바꾸는 일은 단순하다. 즉, 각각의 서비스 제공자에게 좀 더 다양한 유형의 클라이언트를 배정해주고, 업무량을 줄이는 것이다. 근무 시간 자유선택제(flex time), 비상근(part time), 직무 공유, 자원봉사자 활용

을 통해 직무 수행에서 발생하는 스트레스를 경감해 준다. 새로운 프로그램 개발과 직원을 위한 새로운 커리어 선택을 위한 기회 창출은 소진 예방에 도움이 된다. 그리고, 특정 기관에서 발생하는 고유한 문제에 적응해야 한다. 그러나, 중요한 요인은 일상적인 업무 형태를 변화시키고 제공 가능한 사회복지 서비스에 참여시킴으로써 보상을 주는 것이다.

또한, 각각의 사회복지 전문가가 수퍼비전 관계를 형성할 수 있는 기회를 갖도록 돕는 것도 중요하다. 새로운 전문가들은 종종 지지와 정보, 그리고 일정 수준의 구조화가 필요하다. 왜냐하면, 그들은 전문가의 고유한 능력에 대해 우려하기 때문이다. 수퍼바이저는 사회복지사가 신참자의 위치에서 자립적이고 확실한 전문가로 변화될 수 있게 돕는데, 이는 그들이 강력한 유대를 형성하기 위해 열심히 노력하고 역할 모델로서 수퍼바이저의 중요성을 인지한다는 조건에서 가능하다. 수퍼바이저 또한 소진될 수 있다. 그리고, 수퍼바이저에게도 업무 환경 속에서의 피드백, 지지, 상호 작용이 필요하다.

ⓛ 직원의 보수 교육과 개발

전체로서의 기관(기관 전 차원에서)은 다소 스트레스를 주는 업무 환경을 제공하기도 한다. 모든 기관 구성원들이 흥미와 강력한 바람과 분명한 목적 및 목표를 공유하는지 여부에 따라서 업무 환경의 스트레스 정도는 다르게 나타난다. 사회복지 전문가, 준전문가, 자원봉사자들은 업무상 요구되는 일들에 대해 때로 잘 버티기도 하는데, 이 경우는 중요한 업무 과정에 참여할 때 가능하다. 기관 목적의 명료성과, 기관과 직원의 보수 교육 및 개발에 집중하는 것은 지지적인 분위기를 만드는 데 도움을 준다.

ⓒ 참여적 기관 관리

소진의 근본적인 원인을 다루는 데는 참여적인 기관 관리 철학이 필요하다. 이것은 직원의 자율성을 극대화하고 창의적이고 혁신적인 아이디어를 풍부하게 한다. 또한, 이런 분위기에서는 문제 해결 집단과 기관 변화 활동과 같은 기관 개선을 위한 전략이 있다. 소진 예방과 치료개선을 위한 이러한 기관 차원의 전략은 관리에 대한 중요한 책임성과 관련된다. 가장 중요한 것은 사회복지사들에게 의미 있는 일을 하게 하는 것이며, 불가능한 요구와 함께 과중한 업무를 시키지 않아야 하고, 전문가들에게 적절한 의사결정의 자율권을 부여하는 것이다(Cherniss, 1995). 이러한 활동들은 기관과 인간적 가치에 기반하여 말하고 행동하는 기관의 관리자에 의해 뒷받침될 수 있다(Maslach & Leiter, 1997).

(4) 보상 제도

사람들은 일을 하면서 자신의 능력을 확인하고 보다 고차원적인 목표를 달성하기 위해서 노력함과 동시에 자신들의 노력에 대한 일종의 보상을 기대하기도 한다. 보상하면 흔히 경제적인 차원의 보상을 떠올리기 쉬우나 기본적으로 보상에는 물질적 보상뿐만 아니라 심리적 · 상징적인 보상도 포함된다.

우선, 금전적 보상에 대해서 살펴보자. 실증적 근거가 없는 상황에서 특정한 금전적 보상이 동기를 부여하는 정도에 대해 명료하게 알기는 어렵다. 자발적으로 시작하고 성취 지향적이며 별도의 시간을 내서 일하려는 직원들에게 금전적인 보상은 매력적이다. 그러나, 정시에 퇴근하기 원하고 더 남아서 근무할 의사가 없으며 선임자로서의 특권을 가치 있게 여기는 사람들에게는 금전적인 인센티브가 중요한 동기가 되지 못한다. 어떤 사람에게는 동기부여가 되고 만족스러운 것이 다른 사람에게는 스트레스를 많이 주고 좌절시키는 것이 되기도 한다.

매우 헌신적으로 일하는 직원들조차도 일시불로 보너스 받는 것을 좋아하긴 하지만, 금전적 인센티브로 인해서 동기 부여가 되지는 않는다고 한다. 그들은 좋은 평가를 받기 위해서 매우 노력한다. 금전적 보상은 현재의 수준을 유지하거나, 그들이 얼마나 일을 잘 하고 있는지 판단하는 하나의 평가 척도가 되는 데 그치기 쉽다. 헌신적인 직원들에게 가장 중요한 것은 그들이 공정하게 보상받고 있으며 유사한 업무를 하는 사람들이 받는 임금보다 더 나은 수준으로 받는다는 것이다.

업무 생산성에 대한 보상으로 금전적 보상 방법을 채택한 결과를 연구한 것이 별로 없기 때문에 기관에서는 보상 체계를 가지고 여러 가지 실험적인 접근을 시도하기도 한다. 금전적 인센티브를 주는 것은 잠재적으로 긍정적인 영향과 부정적인 결과에 대해 신중하고 정교한 고찰을 필요로 한다.

금전적 인센티브 체계는 반드시 모든 기관에서 채택해야 하는 것은 아니다. 금전적 보상은 다음의 몇 가지 경우에는 사용하지 않는 것이 더 바람직하다.

□ 객관적인 방법으로 업무 성과를 측정하기가 어려운 경우
□ 직원들이 보상 체계가 불공정하다고 인식할 가능성이 높은 경우
□ 직원들이 업무 성과를 조절하는 경우
□ 기관 재정상 제약으로 인해 뛰어난 업무 성과를 보이는 직원에게 충분한 보상을 하기 어려운 경우

성과에 따른 보상을 하는 경우 사회복지기관에서 특별히 주의해야 할 것이 있다. 영리기업에서는 직원이 더욱 열심히 일할수록 더 많은 고객(customer)을 확보할 것이 예상되고 그 결과 그들이 받게 될 이익은 더 커진다. 그러나, 사회복지기관을 비롯한 비영리기관들의 경우 직원들은 열심히 일한 데 대한 보상을 반드시 받는 것은 아니다. 왜냐하면 사회복지기관의 고객들은 대개 별도의 돈을 지불하면서까지 서비스를 이용하기가 어렵기 때문이다.

보상의 유형을 특정 유형 하나만으로 선택하기보다는 보상 체계 유형들의 연속선상에서 가능한 방안을 고려하는 것이 바람직하다. 어떤 기관에서는 아주 특별한 성과를 보이는 직원에 대한 보상을 직무 분류 체계 내에서 기본 임금의 인상으로 할 수 있다. 또 다른 기관에서는 그러한 직원들에게 기본 임금 인상보다는 특별 보너스를 제공하기도 한다. 어떤 기관에서는 공식적인 인센티브 체계를 마련하기도 한다. 또 어떤 기관에서는 구체적이고 측정 가능한 목표달성 여부와 상사의 평가를 결합한 직원 평가 체계를 만들기도 한다. 결국 사회복지기관에서는

모든 직원들에게 적합한 정교한 평가 체계를 만들어야 한다. 효과적인 기관 관리자는 보상 체계 시행에 앞서 인센티브의 긍정적인 측면과 부정적인 측면 모두를 고려해야만 한다.

때로는 직원들의 성과에 금전적인 보상을 하는 것이 기관 재정에 부담을 주기도 한다. 따라서, 사회복지기관에서는 직원들의 성과에 대한 보상의 다양한 방법들을 고려해야 한다. 기관의 가치를 생각해 볼 때 직원들의 행동에 영향을 주는 비금전적이거나 상징적인 방법을 활용할 수 있다. 훌륭한 성과에 보상을 하는 것은 성과를 지속시키고 장기적인 시각에서 기관에 이익을 줄 가능성을 높인다 (Bouett & Conn, 1988).

보상에 대한 믿음은 매우 주관적이기 때문에, 다양한 직원들에게 있어서 중요한 보상이 어떤 것인지에 대해 조정하는 것이 중요하다. 예를 들면, '이달의 직원 (Worker of the Month)'을 선발하여 포상하는 것은 보조 업무를 수행하는 직원들의 동기를 북돋을 수 있는 반면, 높은 수준의 전문성을 갖춘 직원들에게는 적절하지 않다. 기관장의 저녁식사 초대에 대해 어떤 직원들은 불안해하기도 하고 또 다른 직원들은 이것을 특별한 기회로 인식하고 좋아하기도 한다.

보상 체계를 수립하는 데 있어서 물론 직원들의 희망사항을 고려하는 것도 중요하지만, 기관 차원의 필요성도 고려해야만 한다. 예를 들면, 직원들은 업무 성과에 대한 보상으로 휴가를 선호한다고 의견을 제시하는 경우가 있다. 그런데 기관 차원에서 생각해 보면 만약 훌륭한 직원들에게 자주 휴가가 제공된다면 업무 생산성은 떨어질 것이다. 따라서, 직원과 기관 측에서는 다른 보상에 대해 논의해야 한다.

생산적인 행동에 대한 보상을 할 때는 반드시 최종적인 성과가 나올 때까지 기다릴 필요는 없다. 사람들은 목표를 달성하기 위해서 업무를 잘 진행하고 있다고 믿고 싶어한다. 따라서 중요한 목적달성을 앞에 둔 상태에서 업무상 세부 이정표 (milestone)를 정하고 거기에 도달할 때 공표하고 인정해야 한다. 직원들의 업무 진행이나 상태의 진전을 인정할 때는 아주 뛰어난 직원들보다는 그렇지 못한 직원들에게 더욱 신경을 써야 한다. 기관에는 회계/경리 담당 직원, 접수 담당 직원, 지원 부서 직원처럼 그들의 업무 자체가 일상적으로 중요한 직원들이 많기 때문이다.

기관에서 천편일률적인 보상을 제공하지 않기 위해서는 자발적으로 또한 간헐적으로 상징적인 보상 — 회의석상에서 훌륭한 성과에 대해 인정하기, 감사를 표현하는 작은 선물, 함께 식사하기 — 을 제공함으로써 보상의 형태를 바꿀 필요가 있다. 이따금 불행하게도 의미 있는 인정 행위임에도 불구하고 계속 유지되지 않을 때는 소멸되기도 한다. 너무도 많은 사무실에서, '이달의 우수 직원'을 선정하여 게시판에 사진을 붙여놓는 일들이 관리자가 바뀜으로써 중단되기도 한다.

직원들에게 공식적인 인정을 하는 한 가지 방법은 이사회나 공공 기관에서 발표할 기회를 부여하는 것이다. 이사회나 공무원들을 대상으로 발표하는 것은 직원들로 하여금 지역 사회 내에서 인정을 얻게 할 수 있다. 왜냐하면 발표를 하게 됨으로써 그가 하고 있는 일을 인식하는 중요한 사람들의 범위가 넓어지기 때문이다. 이러한 기회를 주는 것은 직원들이 훌륭한 발표를 할 수 있는 커뮤니케이션 기술을 갖고 있고 신뢰할만하다는 것을 의미한다.

성과를 인정하는 다양한 방법을 다음과 같이 제시해 보았다.

□ 중요한 임무 할당

□ 축하 파티

□ 간소한 재정적 보상

□ 기관 소식지에 기사화

□ 상태의 상징화(새로운 직함 부여)

□ 일시적으로 상사가 부재할 때 임시로 그 역할을 맡도록 임무 부여

□ 워크숍 참석 기회 부여

□ 부하 직원의 성취를 표창하도록 기관장에게 메모 보내기

□ 좀 더 환경이 좋은 사무실로 이전

□특별 프로젝트의 담당자로 임명

□경영진(관리자급)과 특정 성과를 보인 직원들과의 비공식 오찬 모임

□기관 내 감사 게시판(thank-you bulletin)에 동료직원들이 알리고 격려하기

□꽃다발이나 손수 만든 쿠키 등을 전함으로써 개인적인 축하하기

훌륭한 성과에 대한 보상을 하는 데 있어서 중요한 방법은 성장의 기회를 제공하는 것이다. 이것은 새로운 기회로부터 개인적인 혜택을 얻을 뿐만 아니라 기관 차원에서도 새로운 아이디어나 방법을 북돋을 수 있기 때문에 중요하다. 기관에서는 직원들을 컨퍼런스(conference)에 참석시키고 의사결정 회의에 참여시키며 직무의 책임을 확장시킬 수 있다. 이러한 것은 성장과 학습의 기회가 된다. 직원들은 훌륭한 업무 성과에 대한 기관의 반응으로써 이러한 기회가 제공된다는 것을 알게 된다. 비금전적인 보상의 결과는 이렇듯 자명함에도 불구하고 많은 기관에서는 불행히도 직원들의 성과에 대한 정기적인 인정이나 보상을 하지 못하고 있다.

와이너(Weiner, 1990)는 인사 관리를 위한 보상과 인센티브 체계가 갖추어야 할 몇 가지 기준에 대해 다음과 같이 제시하였다.

① 보상 수준

직원들의 기본 욕구를 충족시킬 수 있을 만큼 충분한 수준이어야 한다.

② 평등성

내부적으로는 직원들 간에 공평한 배분이 이루어지고, 외부적으로는 다른 조직과 비교하여 보상 수준이 동등하거나 높아야 한다.

③ 개별성

개인들의 욕구에 적합한 보상이 이루어져야 한다.

④ **수행 연계**

개인이나 집단의 업무실적과 보상이 연계되어야 한다.

⑤ **구조**

관리 스타일과 조직 위계에 적합하게 보상을 배분한다.

이러한 기준을 적용하여 보상은 다양한 형태로 제공된다. 기본적으로 보상에는 기본 급여, 초과시간 수당, 근속 수당, 인센티브제 등이 있다. 기본 급여는 평등성의 기준을 적용하여 정해진다. 유사한 지식이나 기술 또는 책임을 갖는 직원들은 유사한 수준의 급여를 받게 된다. 초과시간에 대한 수당은 정해진 근무 시간 이외에 근무하는 데 대한 수당이다. 근속 수당은 일정 기간 근무한 직원에게 지급되는 급여로서 근속 기간에 비례한 금액이 제공된다. 인센티브제는 일종의 보너스 급여이다. 업무 성취 달성 정도에 따라 급여를 인상하거나, 기관 내부나 외부에서 특정 성과를 보일 경우 일정 금액을 제공하기도 한다. 인센티브에는 이러한 재정적인 차원뿐만 아니라 직원들이 사용할 수 있는 휴가, 4대 보험 적용 등도 포함된다.

3) 자원봉사자 관리

자원봉사자는 사회복지기관에서 매우 중요한 인적자원이다. 통상적으로 자원봉사자는 개인이나 집단으로 참여하여 직접 활동을 주로 담당하였지만 최근에는 자원봉사의 범위가 지속적으로 확대되고 있기 때문에 특정 분야에서 필요로 하는 전문성을 발휘하기도 하고 무급 임원으로서 정책 결정에 속하기도 하며 자문과 관리를 담당하는 경우 등 그 중요성이 증가하고 있는 추세이다. 그리고, 예전과는 달리 사회복지 분야에 종사하기를 원하는 사람들은 전문성을 습득하는 과정에서 실습 활동 혹은 경력을 쌓기 위한 자원봉사를 경험하기를 원하고 또한 자원봉사 경력을 가지고 있는 경우도 많아졌다.

그렇기 때문에 자원봉사 프로그램을 어떻게 운영하고 관리하느냐에 따라 자원봉사 활동의 성공 여부가 달려 있다. 기존의 많은 자원봉사에 관련된 연구들이 자원봉사자 자체에 초점을 맞추었지만 실질적으로는 일을 통하여 자원봉사자의 만족감을 더해주고, 지속적으로 헌신할 수 있도록 하며, 생산적인 활동을 가능케 해주는 등 관련된 모든 자원봉사자의 역할들을 실질적으로 가능케 해주는 핵심이 곧 자원봉사자 관리라고 볼 수 있다.

(1) 자원봉사의 동기와 변화 추세

자기가 소유하고 있는 시간과 자원을 사회복지나 자선조직에 기여할 수 있는 능력이야말로 민주주의 사회에서 가장 기본적인 것으로 여겨지고 있는 불변하는 인간의 속성이다. 자원봉사는 인류 역사를 통하여 지속적으로 진행되어 왔으며, 자원봉사에 대한 인간의 동기 유발은 거의 변하지 않았다. 인간의 이러한 동기 유발은 다음과 같은 이유에서 발생한다.

□사람과 집단의 상호의존에 대한 이해와 필요성에 기초를 둔 이기주의

□사회의 질서와 가치를 유지하고 개선하고자 하는 욕망

□종교적 의무감(종교적 자애심)

□인생의 의미와 목적은 다른 사람에게 무엇인가를 줌으로써 발견할 수 있다고 확신하는 이타주의

□자신의 발전과 정화

□단순한 이웃사랑

□자신이 부유하게 살고 있는 것에 대한 감사의 표시로 자신보다 가난한 사람에게 도움을 주고자 하는 마음

그러나, 이제 분명히 자원봉사자의 동기는 종래 강조해 온 시민으로서의 의무

이행이나 박애주의와는 다른 것으로 변화하고 있다. 최근 자원봉사자 연구가들은 자원봉사활동의 동기로서 새로운 경험습득이나 자신의 지식을 활용하려는 동기, 삶의 변화를 기대하는 동기, 취직을 위한 준비나 탐색, 자기 발전과 성장, 대인관계를 확대하고 같은 생각을 가진 사람들과의 만남, 사회 주류에 머물고 싶은 욕구 등을 포함시키고 있다.

한편, 자원봉사자는 더 이상 무한정 봉사하도록 요구되지 않으며 일정한 기간 동안 한시적으로 봉사하도록 요청되며 특히 봉사의 질이 강조되고 있다. 그리고, 자원봉사자 경력은 직업을 갖기 원할 때 유리하게 작용할 추세이다. 자원봉사자는 자신이 수행하고 있는 활동의 수준이 단순히 개인을 돕는 것에 지나지 않을지라도 봉사자는 그 활동을 수행함으로써 이루고 싶은 목표나 욕구를 가지고 있다. 자원봉사활동 계획은 참여하는 사람들의 욕구를 충족시킬 수 있도록 설계되어야 한다.

(2) 자원봉사에 대한 관리의 쟁점

① 자원봉사자의 갈등

자원봉사활동의 관리에 있어 가장 중요하게 파악해야 할 것은 자원봉사활동에 참여하고 있는 자원봉사자들이 현장에서 느끼는 갈등일 것이다. 특히 직원, 클라이언트, 동료 자원봉사자 등 인간관계에서 오는 갈등이 매우 크기 때문에 관리자의 입장에서는 이러한 측면에 대한 정확한 인식과 적절한 배려가 중요하다고 할 수 있다.

대부분의 자원봉사자들은 자원봉사활동을 하면서 처음에는 미처 생각조차 못했던 갈등과 혼란을 경험하곤 한다. 긍지와 기대를 가지고 시작하지만 곧 갈등과 혼란에 빠진다. 갈등과 혼란은 자원봉사를 포기하게 하는 힘든 과정이다. 그래서 많은 자원봉사자들이 중도에 포기하거나 이름만 간신히 걸쳐두고 있는 것이다. 그러나, 갈등은 훌륭한 자원봉사자가 되게 하는 연단의 기회이다. 자원봉사자들에게 있어서 갈등과 혼란은 선택 과목이 아니라 필수 과목이다. 문제는 갈등과 혼란을 피해가는 것이 아니라 어떻게 해소할 것인가에 있다. 따라서, 중간 관리자가 자원봉사자들의 다양한 갈등과 애로점이 무엇인지 정확히 아는 것은 자원봉사자 유인과 활동 지속의 측면에 있어 대단히 중요하다.

㉠ 직원과의 갈등

성공적인 자원봉사활동을 위해서 활동 현장 직원의 협력이 매우 중요하다. 특히 지속적인 활동의 경우 자원봉사자와 직원 간의 인간 관계는 매우 중요하다. 자원봉사자는 관리자 또는 직원의 전문성과 경험을 존중하고 그들의 감독과 도움을 받아야 한다. 물론, 중간 관리자 또는 직원들 역시 자원봉사자의 의견을 존중하고 지원하기 위하여 노력해야 한다.

그러나, 활동 과정에서 자원봉사자와 직원 간의 갈등은 일어나게 마련이다(이성록, 1995)[7]. 특히, 좀 더 의미 있는 활동을 추구하면 할수록 갈등은 커진다. 그러나, 이러한 갈등은 오히려 유용한 갈등이 될 수 있다. 일부러 갈등을 일으킬 필요는 없지만 갈등은 새로운 변화의 에너지가 되기 때문에 필요한 것이기도 하다. 무조건 갈등을 일으키지 않으려고 하는 것보다는 갈등을 해소해 나갈 수 있는 능력이 더욱 중요하다.

그런데, 문제는 자원봉사자에 대한 직원들의 시각이 긍정적이지만은 않다는 사실이다. 그것은 직원의 태도에 근본적 문제가 있는 것이기는 하지만 자원봉사자들의 책임이기도 하다. 따라서, 겉으로는 자원봉사자들을 반기면서도 내심으로는 거부하는 그 거부감의 원인을 미리 알아두어야 한다.

㉡ 자원봉사자 간의 갈등

자원봉사자의 갈등은 동료 자원봉사자와의 관계는 물론, 클라이언트와의 관

---

7) 자원봉사 조직의 갈등의 원인은 자원에 대한 상호 의존성, 활동시간의 상호 의존성, 개인적 목표 차이, 역할의 기대 차이, 인식의 차이, 가치기준, 조직의 풍토 등으로 인하여 발생된다. 특히, 자원봉사자와 유급직원 간의 갈등은 심각한 현상으로서 초기단계보다 자원봉사활동이 정착되는 단계에서 주로 발생하고 있다.

계에서도 발생된다. 자원봉사자들은 동료 관계를 매우 소중히 여기며 좋은 동료 관계를 자원봉사활동에서 얻게 되는 기쁨과 보상으로서 받아들이기도 한다. 좋은 동료 관계는 자원봉사자의 헌신과 기여를 고취시키는 요인이 되기도 하지만 반대로 동료와 갈등을 일으키거나 그들의 관계가 어긋나게 되면 활동을 중단하는 경우가 많다.

직무의 상호 의존성, 목표와 역할의 기대 차이 등의 요인과 함께 동료 간에 자주 발생할 수 있는 갈등 요인의 하나는 보상 및 인정과 관련된 경쟁심이다. 자원봉사자는 지도자나 동료, 그리고 클라이언트로부터 자신이 보통 이상의 존재로서 인정되기를 원하는 경우가 있다. 예컨대, 자신이 다른 동료보다 클라이언트의 관심을 더 많이 받게 되기를 원하여 서비스 경쟁을 하는 경우이다. 이러한 경쟁은 긍정적 측면도 있으나 대개의 경우 서비스의 에스컬레이터 현상으로 발전하다가 결국 오래 지속되지 못하고 스스로 소진되거나 동료 간의 갈등으로 팀이 깨어지는 결과를 초래할 수 있다.

ⓒ 클라이언트와의 갈등

자원봉사자와 클라이언트 간의 갈등은 표면적으로 잘 드러나지 않을 뿐 상당히 많이 일어난다. 자원봉사활동이 단순한 도움의 활동이 아니라 변화의 활동이기에 변화에 대한 저항과 갈등이 발생할 수밖에 없다. 어떤 클라이언트는 자원봉사자의 서비스를 불신하고, 때로는 갈등이 매우 심각한 경우도 있다.

예를 들면, 장애인과 만나는 자원봉사자는 자신이 장애인을 차별하려거나 특별한 의도 없이 사용한 언어나 표현에 대하여 장애인의 항의를 받을 수 있다. 결과적으로 자원봉사자는 장애인의 마음을 아프게 만든 가해자가 된 것이다. 그렇게 되면 자원봉사자는 가해자로서 자책하거나 자신의 마음을 이해하지 못한 클라이언트에 대하여 서운함이 생겨 스트레스를 받게 되고 갈등을 일으키게 된다. 클라이언트 역시 마음이 상하여 자원봉사자를 불신하고 거부하게 된다.

한편, 클라이언트의 무리한 요구로 인하여 갈등이 발생하기도 한다. 즉, 자원봉사자가 수용할 수 없는 욕구와 기대를 강요할 때 자원봉사자와 클라이언트 사이에는 갈등이 야기되고 거부감과 대립양상이 발생한다. 클라이언트가 이성(異性)의 자원봉사자에게 연인으로서의 역할을 기대하였지만 받아들여지지 않았을 때 자학하거나 자원봉사자의 사랑이 부족한 것으로 매도하는 경우도 있다.

ㄹ 자원봉사자의 딜레마

자원봉사자는 자신에게 주어진 직무를 수행하는 과정에서 여러 가지 판단과 결정을 하게 된다. 이 결정과 판단에는 이럴 수도 저럴 수도 없는 어려움이 있게 마련이다. 먼저 '가치의 상충'으로 인하여 딜레마가 발생한다. 자신의 가치관과 다른 클라이언트의 가치관이나 생각은 어디까지 존중해 주어야 하는가? 문제가 있다면 비밀은 어디까지 지켜주어야 하는가? 자원봉사자는 클라이언트의 비밀보장 원칙과 사회적 책임의 틈바구니에서 어느 것을 선택하더라도 잘못이라는 윤리적 딜레마에 빠질 수 있다.

한편, 자원봉사자의 이웃에 대한 도움에는 두 종류가 있다. 예를 들어, 어떤 사람에게 얼마간의 돈을 주거나 가까운 곳에 차를 태워다 주는 것이 있다. 그것은 매우 쉬운 일이다. 그러한 요구는 극히 제한된 것으로 시작과 끝이 분명하기 때문이다. 그러나 딜레마는 다음 두 번째 종류의 일에 있다. 배고픈 사람들이 음식을 청하면 자원봉사자는 그것을 준다. 하지만, 오늘도 내일도 영원히 배고프지 않는 마술의 알약이 없는 한 다섯 시간만 지나면 또 배가 고파질 것이다. 이러한 종류의 요구는 어디서 끝날지 알 수 없기 때문에 끝없는 만남을 의미하게 되고 여기에서 자원봉사자의 딜레마가 발생한다.

한편, 많은 자원봉사자들은 '불성실의 죄책감'에 시달린다. 자원봉사 업무가 능력보다 과중함으로 인하여 자원봉사활동을 하면서 역설적으로 불성실의 죄책감에 빠지는 것이다. 또는, 가정·직장·사회 등에서의 역할과 자원봉사자로서의 역할을 양립시키지 못할 때도 자원봉사자는 딜레마에 빠진다. 가정이나 직장에서 성실한 사람이 자원봉사활동에도 성실하기란 대단히 어렵다. 그래서 많은 자원봉사자들이 불성실의 죄책감이라는 딜레마에 빠지게 된다.

이 외에도 자원봉사자가 여러 가지 어려운 딜레마에 처할 가능성은 충분히 있다. 그러나 모범답안도 없다. 특히 팀이나 조직에 소속되지 않고 개별적 활동을 하는 경우 해결하기는 더욱 어려워진다.

다음은 자원봉사자를 '가해자' 또는 '방해자'로 생각하는 '하나다 에구보'라는 장애인의 「자원봉사자 거부선언」에서 발췌한 것이다.

자원봉사자 거부선언

자원봉사자는 나의 적
나는 자원봉사자 그놈들을 거부한다.
자원봉사자 그놈들은 나를 교묘하게도 자멸시킨다.
자원봉사자 그놈들은 나를 능숙하게 응석부리도록 만든다.
자원봉사자 그놈들은 바라지 않는 것을 해주려 한다.
자원봉사자 그놈들은 겨우 남아있는 힘마저도 약화시킨다.
자원봉사자 그놈들은 나를 액세서리로 만들어 거리를 활보한다.
자원봉사자 그놈들은 내 휠체어의 덕을 톡톡히 보고 있다.

나는 그들에게 꼬리를 쳤다.
그놈들은 교묘하고 능숙하게 나를 사육하여 길들였고
더러운 손으로 나의 턱을 어루만졌다.
나는 더 이상 그놈들의 기분을 맞추지 않을 것이다.
또 다시 그놈들의 손이 뻗쳐오면
나는 반드시 그놈들의 손을 깨물어버릴 것이다.

— 하나다 에구보

(3) 자원봉사활동의 유지·관리

자원봉사 관리는 프로그램의 성패를 좌우하는 가장 중요한 요소로서 자원봉사 프로그램의 관리는 점차 전문화되고 있다. 이에 따라, 이를 담당하는 자원봉사 관리자 또는 행정가의 역할은 전문직의 성격을 띠게 되었다. 관리는 결과에 대한 책임감을 가지고 어떤 활동을 계획, 조직, 조정, 지시, 통제, 그리고 지도·감독하는 것이라고 정의할 수 있다. 자원봉사관리자의 실제적 기능을 관리이론가의 견해에 따라 제시해 보면 기획, 조직, 직무배정, 지시, 통제 등으로 나눌 수 있다(Wilson, 1976).

이상의 일반적인 관리의 기능을 자원봉사자 관리 또는 행정의 용어로 해석해 보면 다음과 같다.

[표4-4] 자원봉사 프로그램 관리의 5가지 기능과 10가지 요소

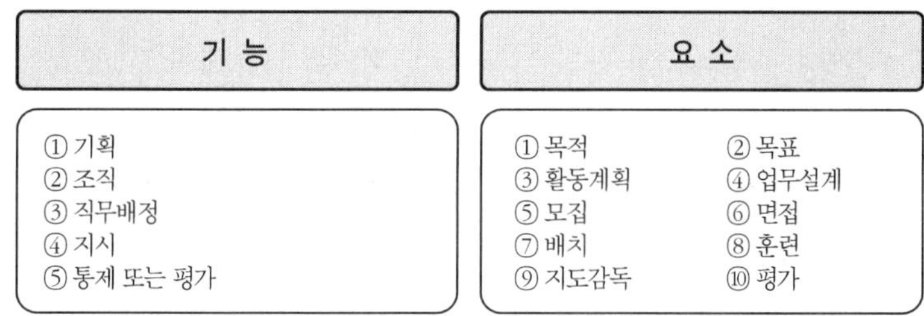

기 능	요 소	
① 기획	① 목적	② 목표
② 조직	③ 활동계획	④ 업무설계
③ 직무배정	⑤ 모집	⑥ 면접
④ 지시	⑦ 배치	⑧ 훈련
⑤ 통제 또는 평가	⑨ 지도감독	⑩ 평가

출처 : Vineyard(S.), *Marketing magic for volunteer programs*. Heritage Arts, 1984.

(4) 자원봉사 관리에 마케팅 개념의 적용

자원봉사자를 가장 많이 활용하고 있는 사회복지기관은 단계적으로 발전을 거듭하고 있다. 자발적 자원봉사 단계, 자선적 후원자 단계, 전문적 권리주장 단계를 거쳐 경쟁적 시장 단계가 그것이다. 즉, 오늘날 사회복지 부문도 경쟁의 시대에 진입하게 된 것이다. 그리하여, 인적·물적자원의 획득을 위한 다양한 경쟁이 이루어지고 있다. 이러한 상황은 사회복지기관이나 민간 조직에 있어서도 마케팅 기법의 도입을 촉진하게 만든 계기가 되었다. 마케팅은 이윤을 추구하는 기업체들에 의해 사용되는 사업 실천의 과정으로서, 마케팅이란 개인 및 집단이 서로에게 가치 있는 제품을 창조하고 교환함으로써 그들의 1차적 욕구와 2차적 욕구를 충족시키는 사회적 또는 관리적 과정(윤중현 외, 1994)이다. 또한, 코틀러

(Kotler, 1982)는 마케팅을 "조직의 목표를 달성하기 위하여 표적시장(target markets)에서 자발적인 가치의 교환이 이루어지도록 만들어진 프로그램의 분석, 계획, 집행, 조정이다. 그것은 크게 조직이 제공할 수 있는 물품을 표적시장의 욕구에 따라 결정하며, 사람들에게 알리고 동기를 부여하며 서비스를 제공하기 위해 효과적인 가격 설정과 홍보, 그리고 유통 경로를 사용하는 것에 달려있다"라고 정의하고 있다.

이와 같은 마케팅의 정의를 종합하여 볼 때 마케팅의 중심 개념은 '교환(exchange)'이라고 할 수 있다. 교환이란 상대방에게 그로부터 무엇을 되돌려 받는 것을 의미한다. 영리 단체의 교환은 '물질 또는 서비스'가 되며 민간 조직이나 사회복지기관의 경우 교환은 자원봉사자 또는 회원과 기관 사이에 발생하는 '가치'가 된다. 따라서, 조직에서 자원 개발을 위해 마케팅을 한다는 것은 기관이 가지고 있는 사명감이나 가치를 교환하는 과정으로 이해하여야 한다.

이러한 관점에서 사회복지기관의 자원 개발은 우선 조직의 소명과 클라이언트로부터 바라는 성과를 분명히 하여야 한다. 또한, 자원 획득은 고도의 프로그램 설계 기술을 요구한다. 더 나아가서는 자원 획득을 위해 그 자원과 관련된 사람들과의 긴밀한 관계가 요구된다.

이를 바탕으로 조직, 특히 사회복지기관에서 자원봉사자 개발에 초점을 둔 마케팅 과정은 다음과 같은 내용으로 구성된다(정무성, 2000).

① 마케팅 과정

㉠ 자원봉사자 개발 가능성의 분석

기관은 자원봉사자 개발에 앞서 마케팅 활동을 수행하는 데 영향을 미치는 환경적 요인을 검토할 필요가 있다. 환경적 요인은 사회제도적 환경과 조직내부 환경으로 구분해 볼 수 있다. 사회제도적 환경은 자원봉사자 모집과 관련된 각종 법규와 정부 정책, 경제 상황 등에 관한 내용을 포함한다. 조직 내부의 환경은 조직의 경쟁력과 조직 내 자원의 분석을 의미한다.

이러한 환경적 요인을 분석하기 위해 소위 SWOT(strength, weakness, opportunity, threat)분석을 통해 체계적으로 파악할 수 있다. 즉, 자원봉사자 개발 가능성을 분석하기 위해 조직의 직원이 일하는 환경과 자원을 파악하고자 하는 것이다. 현재 우리 기관의 강점(예: 좋은 이미지)과 약점(예: 내부의 지원 부족), 기회(예: 결식아동의 증가와 같은 사회적 욕구 증가)와 위협(예: 경제난) 등이 무엇인지 하나씩 점검해 보는 일이다.

전략적인 측면에서 SWOT분석의 결과를 마케팅 계획에 어떠한 방식으로 반영할 것인가가 중요하다. 자원봉사자 개발에 대한 마케팅 전략이 부진한 사회복지기관에서는 담당자나 정책결정자의 직감적 판단에 의존할 수밖에 없다. 그러나, 보다 정확한 예측을 위해서는 경험을 바탕으로 한 과거 실적들에 대한 정보의 분석이 필요하다.

ⓒ 시장조사

시장조사는 마케팅의 초기 단계에서 이루어진다. 마케팅을 하는 기관은 시장에 관해 최소한 다음 네 가지 점을 사전에 분명히 파악하고 있어야 한다. 첫째, 상품이나 서비스에 대한 욕구가 있는가? 둘째, 욕구를 지닌 사람들이 상품이나 서비스를 사는 데 관심이나 잠재적 욕구가 있는가? 셋째, 그들이 상품을 사기 위한 돈이 있는가? 마지막으로 충분한 돈을 소유한 자들이 그들이 원하는 상품이나 서비스를 위해 기꺼이 쓰고자 하는 의지가 있는가? (Kinnear & Bernhardt, 1990)

사회복지기관에서 시장조사는 잠재적 자원봉사자와 그들이 원하는 바를 찾아내는 작업이라고 할 수 있다. 이를 6하 원칙에 입각하여 제시하면, "누가 자원봉사활동을 원하는가?(who), 어떤 분야에 자원봉사를 원하는가?(what), 언제 자원봉사하기를 원하는가?(when), 어디에서 자원봉사하기를 원하는가?(where), 어떤 방식으로 자원봉사하기를 원하는가?(how), 왜 사람들은 경쟁 기관에 자원봉사하지 않고 우리 기관에 자원봉사하고자 하는가?(why)"로 구성해 볼 수 있다.

ⓒ 마케팅 목표 설정

마케팅의 목표를 설정하기에 앞서 기관의 목적을 살펴볼 필요가 있다. 목적은 실행 계획을 좀 더 구체적으로 제시하는 목표와는 구분이 된다. 사회복지기관의 목적은 대부분의 기관에서 소명헌장(mission statement)의 형식으로 제시되어 있다. 소명헌장은 기관의 기본적인 목적으로 현재의 상태와 미래의 방향을 제시해 준다. 즉, 소명헌장은 "우리가 하고 있는 것이 무엇인지?", "우리가 어디로 가야 하는지?" 등의 내용을 포함하는 기관의 선언문으로서 기관의 존재 이유와 사명을 소속원들에게 명확하게 인식하도록 해준다. 사회복지기관의 사업이나 프로그램도 이 소명헌장에 근거하여 개발하게 된다. 따라서, 자원봉사자 개발을 위한 마케팅 목표 설정도 이 소명헌장에 근거하여야 한다.

목표의 설정은 정확한 문제의 진술, 표적 집단의 성격과 규모, 기관의 정책, 자원 동원 등의 변수들에 의해 범위와 방향이 정해진다. 일반적으로 목표는 상위 목표(goals)와 하위 목표(objectives)로 구분할 수 있다. 상위 목표는 장기적으로 달성될 결과를 의미하며 대개 일반적 용어로 표현된다. 반면에 하위 목표는 1년 이내의 단기적인 목표를 의미하며, 언제까지 어떠한 프로그램이나 서비스로 무슨 일이 일어날 것인가를 좀 더 구체적인 용어로 표현하게 된다. 그러나, 상위 목표와 하위 목표 간에는 매우 밀접한 관계가 있으며, 대개 하나의 상위 목표 하에 여러 개의 하위 목표가 포함된다.

목표는 마케팅 기획의 초기 단계에서 명확하게 규명되어야 하며, 특히 하위 목표는 그 중요성의 우선 순위가 제시되어야 한다. 목표는 목표 자체로 완성될 수 없으며 사전 조사와 목표 달성을 위한 프로그램 평가와 또한 그 결과에 대한 평가가 항상 함께 있어야 한다. 특히 하위 목표는 구체적(specific)이고, 측정 가능(measurable)하며, 달성 가능(attainable)하고, 결과 지향적(result-oriented)이면서, 시간적 한계(time-bounded)가 명확히 제시되어야 한다. 이들 영어의 첫 자를 따서 'smart 목표'라 한다. 그리고, 목표에는 과정과 결과(달성 여부)를 체크할 수 있는 지표(indicator)가 반드시 포함되어야 한다.

이러한 원칙 하에 사회복지기관에서 자원봉사자 모집을 위한 목표를 다음과 같이 설정할 수 있다. "자원봉사자의 수를 2005년 현재 1,000명에서 2006년 말까지 20% 증가한 1,200명 수준으로 올린다. 후원자 중 평균 자원봉사 참여율은 현재 65% 수준에서 5% 증가한 70% 수준으로 높이며, 자원봉사 중단율은 2005년 월 20명 수준에서 2006년에는 월 15명 수준으로 낮춘다." 이 예에서 보는 바와 같이 목표가 시간적 한계를 분명히 명시하면서 구체적이고 측정 가능하며 결과 지향적으로 제시되어 있다.

㉣ 시장 세분화 및 표적시장 선정

마케팅에서 시장 세분화는 기본적으로 소비자들의 욕구가 동일하지 않다는 가정에서 출발한다. 즉, 사람들은 각자 다양한 욕구와 기호를 가지고 있다. 이러한 상이한 욕구를 충족시키는 상품이나 서비스도 개인별로 달라야 한다는 것이다. 이렇게 비슷한 소비자 집단을 '세분 시장(segment)'이라고 한다. 마케팅에서는 모든 제품 또는 서비스와 관련된 시장은 여러 개의 세분 시장으로 구성되어 있다고 본다.

시장을 다양한 부문으로 나누어 거기에 적합한 전략으로 마케팅을 하는 작업이 '시장 세분화(market segmentation)작업'이다. 그러나, 전체 시장을 하나의 시장으로 보고 마케팅 활동을 할 것인지 혹은 각 세분 시장별로 각각의 마케팅을 할 것인지는 기업이나 사업 단위의 판단에 달려있다. 아무리 욕구가 이질적이라 할지라도 각 세분 시장의 규모가 사업성을 충족시킬 수 있는 수준에 미달한다면 세분화는 불가능하다.

시장 세분화 작업을 통해 시장은 동질적인 범주에 따라 구분된다. 이와 같은 동질적인 부문을 파악해서 우리 기관이 공략 가능하다고 판단하여 선택한 시장이 표적시장(target marketing)이다. 기관은 표적시장을 통해 거기에 알맞은 상품을 개발하며 마케팅 기회를 더 잘 발견할 수 있다. 표적시장의 선정을 통해 가장 큰 구매 관심을 지닌 구매자에게 마케팅 노력을 집중시킬 수 있다. 표적시장을 선택할 때 가장 중요한 것은 선택된 표적시장에서 마케팅 활동을 수행하여 이익을 남길 수 있는가 하는 점이다.

시장을 세분화하는 작업에서 구분되는 변수를 찾아내는 일이 중요하다. 어떤 변수들이 소비자의 행동을 가장 두드러지게 나타내주는지 또한 알아야 한다. 이들 소비자 시장의 변수는 크게 지리적 변수, 인구통계학적 변수, 심리적 변수, 행동적 변수 등으로 나눌 수 있다.

□지리적 변수는 지역 단위, 지역의 크기, 인구 밀도 등으로 구분하여 파악될 수 있다. 더 나아가 지리적 변수 안에 인구통계학적 변수가 포함될 수 있다.

□인구통계학적 변수는 고객의 나이, 성, 가족 상황, 소득, 직업, 교육, 종교, 사회 계층 등이 될 수 있다. 이들 인구통계학적 변수들은 효과적인 시장 공략에 매우 중요한 요소들이다. 사회복지기관의 자원봉사자 개발에 있어서도 자원봉사자의 소득, 직업, 나이, 종교, 성 등에 따라 행위의 차이를 보이게 된다.

□심리적 변수는 다른 변수들에 비해 어느 정도 미묘한 점이 있으며 정확히 규정하기가 쉽지 않다. 심리적 변수에는 사람들의 개성, 생활 스타일, 소속감, 관계의 지속성 등이 있다. 예를 들어, 친밀감을 형성하게 할 수 있다. 기관에서는 잠재적 자원봉사자들에게 기관에 대한 소속감과 참여 행위의 자부심을 갖게 함으로써 자원봉사 행위를 촉진시킬 수 있다.

□행동적 변수에는 구매자들이 상품에 대하여 갖고 있는 지식, 태도, 사용반응 등에 기초하여 구분될 수 있다.

그러나, 이들 변수들을 전부 시장 세분화에 적용할 필요는 없다. 변수들은 상품의 내용에 따라 그 중요성을 달리 나타낼 수도 있다. 그리고, 너무나 많은 변수를 사용하면 오히려 과다한 목표와 복잡한 프로그램으로 비효과적인 작업이 될 수 있다.

㉤ 자원봉사자개발 프로그램 수립

사회복지기관에서 자원봉사자는 결연 자원봉사자, 정기 자원봉사자, 비정기 자원봉사자, 프로그램 자원봉사자 등으로 구분할 수 있다. 결연 자원봉사는 자원봉사자와 클라이언트를 연결하여 재정적, 정신적 지원을 하도록 하는 방식이다. 실제로 자원봉사 실적이 좋은 사회복지기관들은 자원봉사의 2/3를 결연 자원봉사에 의존하고 있다. 결연 자원봉사는 자원봉사자에게 클라이언트에 관한 정보를 구체적으로 제공함으로써 클라이언트의 욕구에 맞는 자원봉사를 하여 자원봉사자가 직접적으로 보람을 느끼게 함으로써 장기적인 자원봉사를 가능하게 한다. 또한, 신체적인 지원뿐만 아니라 정신적인 지지도 가능하게 해준다. 그러나, 클라이언트의 신상이 공개됨으로써 인격적인 손상을 가져오거나 낙인감을 느끼게 할 우려도 있다.

정기 자원봉사자는 정기적(월, 분기)으로 자원봉사하는 사람들로 그 방식은 결연 자원봉사와 동일하지만 구체적인 자원봉사 대상이 정해져 있지 않은 점이 다르다. 이는 대부분의 소규모 사회복지시설에서 자원봉사자를 개발할 때 선호하는 방식이다. 정기 자원봉사는 결연 자원봉사와는 달리 자원봉사 내용을 다양화하여 자원봉사자들이 자원봉사할 수 있는 폭을 넓혀주는 장점이 있다. 그러나, 구체적인 자원봉사 대상이 정해져 있지 않기 때문에 자원봉사 지속율이 결연 자원봉사에 비해 떨어지는 단점이 있다.

비정기 자원봉사는 정기 자원봉사와 성격이 비슷하나 비정기적으로 자원봉사를 한다는 점에서 차이가 있다. 비정기 자원봉사자는 자원봉사나 정기 후원에서처럼 정기적으로 장기간에 걸쳐 자원봉사를 한다는 것에 부담을 느끼는 잠재 자원봉사자를 대상으로 개발해 볼 수 있다. 그러나, 관리상의 문제가 있어 대부분의 기관에서 크게 성공하지는 못하고 있다.

프로그램 자원봉사는 특정 사업이나 프로그램을 홍보하여 자원봉사하는 방법이다. 최근 대표적인 예로는 노숙자 식사 제공 자원봉사 등이 있다. 프로그램 자원봉사자를 개발할 때는 특정 개인의 욕구보다는 이슈가 되고 있는 사회적 문제

[표 4-5] 자원봉사프로그램을 마케팅화하는 법

1. 지역에 대한 인구 통계학적 조사 인구: 인구, 평균연령, 수입, 직업명세서, 자원봉사자의 전통 등

2. 현재 활동중인 자원봉사자들의 신상을 파악 : 나이, 교육, 수입, 봉사시간, 기술, 소속집단 등

3. 지역의 같은 영역에서 유사한 봉사활동을 하거나, 향후 자원봉사자를 보내줄 가능성을 가진 다른 그룹과 단체들에 대해 목록을 작성

4. 그러한 그룹들의 지도자 명단을 목록화 함

5. 당신의 자원봉사자들이 어떤 다른 그룹에 속해 있는지를 파악

6. 다른 조직이 동일 그룹에 속해 있는지를 파악

7. 다른 그룹에 의해 어떤 유사한 행사, 프로그램 서비스, 상품들이 마케팅화될 수 있는가를 파악

8. 당신이 실제 필요로 하는 것은 무엇인가?

9. 당신이 실제 원하는 것은 무엇인가?

10. 당신이 필요로 하는 인적 물적인 것을 가지고 있는가?

11. 필요로 하는 것을 얻기 위해 당신이 제공할 수 있는 것은 무엇인가?

12. 자원봉사자들의 도움을 받기 위해 그들에게 혜택을 제공할 수 있는 것은 무엇인가?

13. 마케팅하려는 대상은 누구이며, 어떠한 목적으로 하는가? 모집, 기금마련, 동료를 구하기 위해서?

14. 당신의 노력에 가장 적합한 장려책은 무엇인가? 홍보, 매번 한 사람씩 충원, 선전용 행사 등?

15. 어디에 당신이 필요로 하는 것이 있으며, 지금 그곳과 접촉하고 있는 당신편의 사람이 있는가?

16. 당신의 기관을 위하여 개척하려는 사람을 명단에서 찾아서 알아둠.

17. 거기서 당신이 필요로 하는 것을 줄 수 있는 적합한 사람이 누구인가?

18. 당신이 필요로 하는 것을 거기서 얻고자 할 때 최선의 접근방법은 무엇인가?

19. 당신이 원하는 것과 요구에 대한 보답으로 제공할 수 있는 것을 빠짐없이 기재. 미리 어디서 협상하고 타협할 것인가를 생각

20. 세부사항을 물어보아라. 예를 들면, 비용, 몇 명의 자원봉사자, 기관에 대한 지지 여부 등.

21. 요구에 앞서 동기부여의 방법을 이해. 단순히 당신의 프로그램이 세계를 구할 것이라는 이유로 '예'란 대답을 기대하지 말 것.

나 욕구에 초점을 맞추는 것이 효과적이다.

(5) 자원봉사자 프로그램 관리

① 프로그램이란?

프로그램이 어떤 목적을 이루기 위한 행동들의 집합체이며(Rapp et al., 1992)

목적을 달성하기 위한 일련의 상호 의존적인 활동을 포함하는(York, 1982) 것이다. 즉, 자원봉사 프로그램은 의도된 계획에 따라 구체적인 목표를 달성함으로써 사람과 지역사회를 변화시키고자 하는 것이다. 아울러 서로 다른 역할과 책임을 가진 구성원들의 행동을 기술한 것이고 변화를 창출해내는 자원봉사자 및 클라이언트 등 관련된 구성원 간의 관계에 대한 방법과 규범을 제공하는 것이라고 할 수 있다.

② 프로그램 설계란?

효과적으로 자원봉사자를 활용하려면 프로그램 개발이 반드시 필요하다. 그런데 많은 자원봉사 기관이나 단체들이 프로그램 개발을 소홀히 함으로써 원래의 취지와 목적을 성취하지 못하고 실패하거나 오히려 문제를 일으키고 있다(Johnson, 1995).

프로그램 개발은 문제 발견과 정의로부터 시작하여 포괄적인 목적과 구체적인 목표를 조작·설정하고 이를 성취하기 위한 실행 체계를 구성하는 과정을 의미한다. 그리고, 이 과정에서 고려해야 할 중요한 개념은 실행 가능성(feasibility)과 실용성(practicality)이다. 즉, 프로그램이 실행 가능하게 계획되어야 하고 그 결과는 현실적으로 긍정적인 결과를 산출할 수 있어야 하는 것이다.

이러한 프로그램 개발에 있어서 주요 과업은 설계이다. 프로그램 설계는 프로그램 계획 단계에서 적절한 변화를 창출하기 위하여 산출된 과학적·기술적 및 실천적 정보를 체계적으로 적용하여 이용 가능하도록 기술하는 것이다. 프로그램 설계의 구성요소(Compton et al., 1989)는 다음과 같다.

□ 구성원의 관심영역
□ 문제의 발견·정의
□ 문제해결을 위한 대안 및 전략 선택
□ 실행

□ 평가 및 긍정적 결과의 강화·보급

4) 이사회 관리

(1) 이사회의 기본 기능

사회복지기관의 이사회는 광범위한 기능과 책임성을 갖고 있다. 호울(Houle, 1989)은 이사회의 기능에 대해 다음과 같이 제시하였다.

□ 기관의 사명을 공식화하고 승인하기, 기관을 구성하는 모든 요소들이 사명과 일치해야 하며, 사명을 달성하는 데 모든 요소들이 집중되어야 함을 확인
□ 기관이 사명을 추구할 수 있도록 재정 자원을 제공하는 사람들의 이해 관계를 조정하고 대표하기, 서비스 수혜자들의 욕구와 이해 관계 사이에서 균형 맞추기
□ 가치를 기관의 운영 방침으로 전환하기, 최고 관리자들과 직원들에게 승인될 수 있는 행동의 범위를 명확히 하고 기관의 운영 규칙 제시하기
□ 기관 운영자 선발, 지도, 감독, 평가
□ 자원 획득, 할당, 자원 사용 모니터링
□ 대중과 기관 후원자들에게 기관의 활동과 자원 사용에 대해 보고
□ 기관 최고 관리자와 기관의 장기 계획을 수립하고 정기적으로 개정
□ 기관이 수행해야 할 법적·윤리적 책임성 확보
□ 기관의 목적과 목표를 가능한 효율적이고 효과적으로 달성하도록 보장
□ 기관의 성과와 구조(composition)에 대한 주기적인 평가

요컨대, 이사회는 기관의 합법성과 권력의 중심이다. 이사회는 기관 내부의 주요 이해당사자들의 대표들을 소집하고 그들이 갖고 있는 가치와 관심을 자원 동원과 활용에 대한 원칙으로 통합하기 위해 노력한다. 이사회 안에서 모든 경쟁적

가치, 이해관계, 관점들은 연결되고 검토되며 기관의 미래를 위한 단일한 방향으로 변화된다. 이사회의 방침을 수행할 책임은 기관장(CEO)에게 있다.

이사회에는 다양한 책임이 있다. 이사회에서는 대개 특정 과업(이를테면 재정기획, 임명, 관리자 평가, 재정 모금 등)을 위한 다양한 위원회를 구성한다. 이러한 위원회 집단은 특정 계획을 수립하게 되고 정기 모임에서 전체 이사들에게 제시하는 권고사항들을 개발하기도 하며, 이사회에서 승인된 권고사항의 실행 여부를 감독하는 책임이 있다.

정기적인 위원회 이외에도 이사회와 기관장에게 특별한 자원을 제공하거나 원조하는 특별 보조 소위원회 또는 자문위원회를 구성하기도 한다. 예를 들어, 특별 전문가를 원하는 경우 이사회에서는 관련 분야의 선도적인 전문가로 구성된 자문위원회를 설립하고자 할 것이다. 그리고, 그 자문위원회에는 기관의 중견 직원들의 일부를 포함시킨다. 이러한 집단들은 이사회와 협력하여 일을 하고 전체 이사회에 권고 사항을 제시하기 위해 노력하거나, 기관장이나 중간 관리자와 연합한다.

기금 모금은 이사회가 선별적으로 다른 사람들로 구성하는 분야이다. 어떤 이사회에서는 주된 역할이 기관 재정에 기여하는 것이거나, 기관에 기부가 가능한 사람들을 연결시켜줄 수 있는 명예직 이사를 선출하는 것이다. 기금 모금을 위한 위원회를 통해서 이사회는 개인들을 연결할 수 있고 모금에 대한 전반적인 계획들을 진척시키기 위해서 특별한 자원을 끌어올 수도 있다.

(2) 이사 선발 기준

이사회는 기관의 번영을 위해 주어진 책임을 완수하려고 헌신하는 리더들로 구성되어 있다. 대부분의 사회복지기관에서 이사회 구성원을 선출하는 것은 이사회 자체의 책임이며, 이사 선출 위원회에서 임명을 한다. 그 목적은 근면하고 자원이 풍부하며 창의력 있는 임명된 이사들이 응집력 있는 집단을 갖는 것이다. 임명된 이사들은 기관에서 끌어오고자 하는 후원자들을 위해 지역 또는 공동체까지 아우르는 합의된 활동을 하기 위해 함께 효과적으로 일한다. 이사회는 그 의무를 수행할 수 있을 만큼 커야함과 동시에 응집력 있는 집단이 될 만큼 작아야 한다. 이사회에는 기관의 사명을 달성하는 데 필요한 다양한 특성과 기술이 조화롭게 있어야 한다.

이사 후보자를 선정할 때 고려해야 할 기준에는 여러 가지가 있다. 다음에 제시되어 있는 기준들은 훌륭한 이사 후보자들이 갖고 있는 가장 중요한 특성이다.

☐ 기관의 주요 관심사와 관련된 이슈에 대해 배우고 일하고자 하는 관심

그 사람은 기관의 특정 프로그램이나 서비스에 관심이 있어야 하며 거기에 전념해야 한다. 또한, 이사회는 공공 정책, 입법 과정, 재정 관리, 법률, 기금 모금, 지역사회 관계와 같은 분야 종사자들 중에서 회원을 선발하는 것이 도움이 된다,

☐ 보다 넓은 지역사회에서 명성과 존경을 받고 있는 오피니언 리더(opinion leader)로서의 평판

이것은 기관에서 필요로 하는 사람들에게 기회를 개방할 수 있는 능력과 자발적인 노력이 있어야 한다.

☐ 기부 능력 또는 기금을 제공할 수 있는 사람들을 비롯한 기업, 재단을 기관에 연결시켜줄 수 있는 능력

☐ 기관이 당면한 중요한 문제를 파악하는 능력, 이사회가 당면한 과제에 명확하게 집중하는 능력, 목적 달성을 위해 위원회 등의 집단과 효과적으로 업무를 처리하는 능력

☐ 이사회 내부에서 또한 이사회와 다양한 외부 집단 사이에서 의사소통을 전개하고 발전시키며 지원하는 데 필요한 기술과 민감성

☐ 기관에 중요한 특별 후원자에 대한 리더십 역할

☐ 기관에 유용한 기술, 재능, 시간을 확보하려는 자발적 의지.

이 특성이 없이는 다른 특성들은 기관에 제한적으로 가치가 있을 뿐이다.

(3) 효과적인 이사회의 특징

효과적인 이사회는 바람직한 특징을 갖고 있는 개인들로 구성되어야 할 뿐만 아니라, 전체 집단과 관련된 몇 가지 구별되는 특징을 갖고 있다. 체이트와 홀랜드, 그리고 테일러(Chait, Holland, & Taylor, 1993)는 효과적인 이사회는 다음에 제시되어 있는 특징을 갖는다는 점에서 비효과적인 이사회와는 구분된다고 지적하고 있다.

① 상황 영역(contextual dimension)

효과적인 이사회는 기관의 규범과 문화에 대해서 이해하고 고려한다. 또한, 기관의 독특한 특성과 기관 문화와 기관의 직원들에 잘 적응한다. 이사회 결정을 이끄는 기관의 사명과 가치, 그리고 전통에 의지하기 때문에 이사회는 핵심 가치와 헌신의 좋은 모범을 보이기 위해 행동한다. 이사회에서는 다음과 같은 다양한 방법으로 능력을 개발한다.

- □ 오리엔테이션 때에는 기관의 가치와 규범과 전통에 대해 명확하게 소개
- □ 기관의 역사를 위해 예전의 이사회 구성원, 기관 관리자, '살아있는 전설적 인물'을 초대하여 듣는 자리를 마련
- □ 현재의 기관장과 기관 관리 구조, 협력 관계, 일치의 개념에 대해 논의
- □ 경쟁 기관과 구분될 수 있는 기본적인 가치와 현저한 특성을 검토
- □ 이사회의 역할과 기관의 가치에 대한 재사회화
- □ 이사회 구성원들은 가치 기술서(statement)를 명백히 알고 있어 거기에 제시되어 있는 것처럼 결정하고 행동함

② 교육 영역(educational dimension)

효과적인 이사회는 이사회 구성원들이 기관에 대해서 확실히 파악할 수 있도록 필요한 과정을 밟게 한다. 기관의 전문성, 이사회의 역할과 책임 등에 대해서

이사회에서는 의식적으로 이사들을 대상으로 한 교육과 능력 개발의 기회를 만든다. 정기적으로 정보를 수집하고 이사회의 고유한 업무 수행에 대한 피드백을 받기도 한다. 주기적으로 이사회의 장점과 한계에 대해 분석해보고 이사회의 실수로부터 배우고 점검하는 자기 성찰을 시간을 갖기도 한다.

이사회 구성원은 교육 프로그램을 통해 그들의 업무 수행 능력을 증진시킬 수 있는 방법을 배우게 된다. 그들은 이사회 내부 운영과 사업 수행 방식에 대해 역시 내부적인 반성의 기회를 갖기도 한다. 그들은 기존의 경험과 실수로부터 교훈을 얻는다. 교육을 통해 이사회의 능력을 향상시키는 방법에는 다음과 같은 것들이 있다.

□ 이사회 모임 때마다 공통의 읽을거리에 대해 토론하거나 배우기 위한 '세미나(seminar)' 또는 '워크숍(workshop)' 시간을 별도로 확보하기

□ 매년 또는 2년에 한번씩 이사회의 운영과 실수(잘못)를 분석하거나 이런 유형의 세미나 개최하기

□ 최근의 컨퍼런스(conference)나 모임에서 들었던 훌륭한 아이디어에 대한 간략한 보고회 열기

□ 경쟁 대상의 기관에서 동일한 역할을 맡고 있는 사람들과 정기적으로 만남 갖기

□ 위원회 임무를 교대함으로써 이사회 전 구성원이 기관의 다양한 측면을 알수 있게 함

□ 이사회 모임 끝부분에는 간단한 평가를 하는 것과 같이 이사회 내부 피드백 기제를 수립, 외부 관찰자에게 피드백 요청, 이사들의 개인적 성과와 이사회 집단의 성과에 대한 사회 조사 수행

③ 대인 관계 영역(interpersonal dimension)

효과적인 이사회는 일하는 집단으로서 구성원들의 성장을 돕는다. 또한, 이사

회 집단의 복지를 소중히 여기고 집단의 단결심을 키운다. 이사회는 정보에 대한 동일한 접근이 가능하게 하며 최종 결정 과정에 동등하게 참여할 수 있도록 기회를 줌으로써 전 구성원들에게 소속감을 부여한다. 또한, 집단의 목적을 설정하고 집단의 성과를 인정하며, 이사회 내에서 효과적인 리더십을 발견하며 개발한다. 이사회 구성원들은 다음에 제시되어 있는 방법을 통해 이러한 능력을 키운다.

□ 구성원 개개인들끼리 서로 더욱 친하게 지낼 수 있게 하는 행사를 통해서 구성원들에게 소속감 제공

□ 신참 이사와 멘토의 역할을 하는 이사를 연결시켜 이사회 내부의 비공식적 '법칙'에 대해 공유하고 집단의 규범과 기준에 대해 소통할 수 있게 함

□ 이사회 자체의 목적을 설정하고 공표함으로써 하나의 집단으로서의 이사회 개념을 정립

□ 체계적으로 미래의 리더를 교육시키고, 개개인의 기술을 발전시키고, 집단에 기여하게 함으로써 강력한 리더십을 확보

④ 분석 영역(analytical dimension)

효과적인 이사회는 이슈의 복잡성과 미묘함에 대해서 인식하고 비판적인 토론을 가능케 하는 건전한 전제 조건으로서 모호성과 불확실성에 대해서 받아들인다. 또한, 광범위한 제도상 변화를 예측하면서 중요한 문제에 접근하고, 다면적인 이슈를 둘러싼 모든 측면을 면밀하게 분석하고 고찰한다. 이사회는 의혹을 제기하고, 서로 다른 의견을 제시할 수 있도록 격려한다. 이러한 기능들은 다음을 통해 개발된다.

□ 이슈와 사건을 분석하는 데 다양한 참고 기준을 활용함으로써 복합적 인식력을 개발

□ 애매모호한 문제에 대한 구체적이고 상반되는 정보 찾기

□상황별 계획과 위기에 대비한 계획 수립

□역할극을 통해 핵심 후원자들의 관점에서 가정해보기

□이슈의 대안에 대해 브레인스토밍(brainstorming)하기

□외부 컨설팅, 다른 견해 찾기

□건설적인 비평에 대한 보상과 강화

⑤ **정치 영역(political dimension)**

효과적인 이사회는 주요 후원자들과의 좋은 관계를 맺고 유지하는 데 중요한 책임이 있다고 본다. 또한, 청렴한 관리 과정과 합법적인 역할 및 다른 이해 당사자들에 대한 책임성을 중요시한다. 때로는 주요 후원자들의 의견을 직접 듣기도 하고, 의사소통하기도 한다. 또한, 갈등을 최소화하기 위해 노력한다. 이사회 구성원은 다음에 제시되어 있는 내용들을 통해 이러한 능력을 키울 수 있다.

□이사회 구성원들의 프로파일(profile)과 연간 이사회 보고서를 배포함으로써 의사소통 채널을 확대하기, 이사회 소속 위원회에 도움을 주는 사람들 초청하기, 외부 전문가를 초빙하여 강연 듣기

□이사회 구성원이 기관의 이해당사자와 직접적인 의사소통이 가능하게 하는 과정을 기관장과 함께 개발하고 유지하기

□기관 내부의 사기와 활력적인 관계에 대한 모니터링하기

□성공이나 실패의 극단을 피하고 여러 대안들에 대해 개방적인 태도 유지하기

□모든 이해당사자들에 대한 합법적인 역할과 책임감에 민감한 감각 유지하기

□투명한 관리 과정

⑥ **전략 영역(strategic dimension)**

효과적인 이사회는 기관의 방향을 계획하고 미래에 대한 전략을 수립할 수 있도록 돕는다. 이사회는 기관의 우선 순위를 분명하게 해주는 과정을 개발하고 전

력을 기울인다. 또한 이사회 자체를 체계화하고 기관의 전략적 우선 순위에 입각하여 업무를 수행한다. 이사회는 잠재적 문제를 미리 고려하고 위기가 발생하기 전에 움직인다. 이러한 능력들은 다음에 제시되어 있는 방법으로 개발될 수 있다.

- 기관장에게 매년 기관의 우선 순위와 전략에 대한 보고를 요청함으로써 전략적 이슈에 대해 관심을 집중하기
- 안건 목록에 대한 우선 순위를 설정하고, 주요 현안에 대해 개략적 사항과 위원회 안건들을 연결함으로써 전략적 우선 순위에 집중하는 이사회 모임을 조직화하기
- 이사회 모임이 개최되기 전 토론 관련 질문을 제시하고, 연간 의제(agenda)와 지속적인 의제들을 탁월하게 제시하고, 기관장과 미래의 이슈에 대해 토론할 모임을 위한 시간을 별도로 마련하고, 동의된 의제를 활용함으로써 우선 순위에 대해 집중하기
- 전략적, 표준적, 선별적, 도식적인 이사회 정보 시스템 개발
- 이사회의 시간 활용과 모임 출석률을 모니터링

이제까지 여섯 가지 영역별로 제시된 행동들을 이사회가 취하고 기관의 장기적 생존능력을 높이는 결정을 내리게 되면서 기관에 가치를 더할 수 있게 한다. 효과적인 이사회는 의도적으로 이러한 기술들을 개발하여야 하며 사회복지기관 행정의 영역에서 좀 더 많이 적용되어야 한다.

2. 물적자원 관리

하나의 가정이 원활하게 기능하기 위해서는 가족 구성원들에 대한 관리도 중요하지만, 먹고 사는 데 들어가는 가정 경제 관리도 매우 중요하다. 기관도 마찬

가지라고 할 수 있다. 기관에서 아무리 인적자원 관리를 잘 한다고 할지라도 만약 기관 운영에 필요한 예산 확보가 어렵고 지출이 많아 재정상 여러 문제가 발생한다면 기관 운영은 어려움에 처하게 된다. 특히, 사회복지기관은 비영리조직으로서 자원에 대한 외부 의존 정도가 높기 때문에 재정 자원 관리는 특히 중요하다. 따라서, 사회복지기관의 관리자는 물적자원을 좀 더 안정적으로 확보하고 효과적으로 관리하는 방법을 익히고 실행해야 한다.

한편, 재정자원 관리의 중요성과 함께 오늘날 더욱 강조되는 것이 있는데 바로 정보관리이다. 정보 기술의 발달은 사회복지기관이 좀 더 효과적으로 운영될 수 있게 지원하는 중요한 수단으로 작용하게 되었다.

1) 재정 관리

사회복지기관에서의 재정 관리란 사회복지기관의 목표 달성에 필요한 재정자원을 계획적으로 동원하고 배분하여 효율적으로 사용하고 관리하는 과정을 의미한다. 재정 관리에서는 예산 확보 활동을 비롯하여 여러 가지 크고 작은 모든 지출 활동과 결산 작업, 기관 자산의 관리 등 많은 활동 등이 포함된다. 그러나 이 모든 것은 예산이 있음으로써 가능하게 되는 것이므로 재정 관리의 출발은 예산을 수립하는 것에서부터 주로 시작된다고 볼 수 있다.

(1) 재정 관리 과정

재정 관리 과정은 먼저 예산 수립에서 시작된다. 예산이란 기대되는 수입과 일정 기간 안에 특정한 목표를 달성하는 데 소요되는 비용에 대한 계획이다(Broady, 2000). 보통 일정 기간이라 함은 회계 연도를 의미하며, 우리나라의 사회복지기관은 대개 국가의 회계 연도(1월 1일~12월 31일)를 그대로 적용한다.

예산은 기관 운영에 있어서 다음과 같은 몇 가지 중요한 기능을 하고 있다(McCormack, 1996).

□ 기관의 방침을 수행하는 데 있어서 안내자 역할

□ 기관을 재정적으로 건강한 상태로 유지함

□ 자원을 얻고 사용하는 데 있어서 방향을 제공함

□ 기관 운영에 관련된 비용을 지불하는 데 필요한 수입과 지출을 예상하게 함

□ 적자 운영을 피하기 위해 비용 지출을 통제하는 방법을 제시함

또한 재정 관리 과정은 보통 다음의 4단계로 이루어진다.

첫째가 바로 예산을 수립하는 단계이다. 이 단계에서는 예산안을 계획하고 확정한다.

둘째는 수립된 예산에 따라 실제로 예산을 집행하는 단계이다.

셋째는 예산을 집행하면서 기록하고 정리하는 회계 단계이다.

마지막 단계는 예산 집행 내역을 정산하고 감사를 하는 단계이다.

[그림4-4] 재정 관리 과정

각 과정별로 좀 더 구체적으로 살펴보도록 하자.

① 예산 수립

예산 수립은 기관의 특정한 목표를 달성하기 위해 필요한 비용을 계산하여 추정해내는 과정이다. 즉, 예산안을 계획하는 과정이 바로 예산 수립이 되는 것이다. 그러나, 예산 수립은 단순히 재정 계획안을 작성하는 것보다 더 큰 의의를 갖는다.

와이너(Weiner, 1990)는 예산 수립이 [표4-6]과 같은 6가지 측면에서 중요한 성격을 갖는다고 하였다.

[표4-6] 예산 수립의 과정

예산 수립의 측면	의의
정치적인 과정	자원 배분에 대한 의사결정은 예산 수립 주체와 그 주체를 둘러싼 다양한 이해관계가 작용함
사업기획 과정	예산 수립의 과정은 일종의 기획 과정임 (일반적인 프로그램 기획 과정처럼 문제분석에서 목표설정, 평가과정을 거치게 됨)
사업관리 과정	예산 수립 시 예산이 지출될 기관 내 업무와 업무 진행에 대해서 관리자가 검토함
회계(audit) 과정	예산안은 회계 담당자가 자금의 흐름을 확인하고 지출활동을 승인하는 근거로 작용함
인간적인 과정	과거에는 폐쇄적인 분위기에서 일부 부서를 중심으로 예산안이 확정되었으나, 요즘은 기관 전체 직원과 때에 따라서는 이해 당사자들과의 의견 교류를 통해 예산안을 수립
미래 변화 과정	예산은 다음 회계연도에 대한 계획이므로 미래의 활동을 계획하는 것이 됨

효과적인 예산 수립을 위해서는 예산 수립 담당자가 반드시 고려해야 할 몇 가지 주의 사항이 있다(Broady, 2000). 첫째, 무엇보다도 과거 기관의 재정 자원 사용 내역에 대해서 먼저 파악해야 한다. 둘째, 현재 기관에서 제공되는 각종 프로그램에 대해 파악하고 있어야 한다. 셋째, 미래에 예정된 사안들에 대해 구체적으로 설정해야 한다.

다양한 프로그램을 수행하는 기관에서는 기관 전반에 걸친 예산안을 수립해야 한다. 이러한 예산안에는 모든 가능한 수입과 1년 동안 운영하는 데 소요되는 비용(직원 임금, 프로그램 소요 비용, 시설비, 기관의 활동을 수행하는 데 필수적으로 소요되는 기본 비용 등)까지 모두 포함되어 있다. 기관 전반에 걸친 예산안을 수립할 때는 다음과 같은 5단계를 거친다(Broady, 2000).

◉ 1단계: 기관 목표 설정 및 확인

기관 전반에 걸친 예산의 근본적인 목적은 결국 기관의 목적과 목표를 달성하도록 돕는 데 있다. 예산은 그 자체로서 목적이 아니라 목적에 이르게 하는 하나의 수단인 것이다. 따라서, 예산안을 수립하기 위해서 첫 번째로 해야 할 것은 기관이 달성하고자 하는 것이 어떤 것인지를 먼저 결정해야 하는 것이다. 그리고 구체적인 목표들을 성취하는 데 필요한 예산을 설정하는 것이다.

◉ 2단계: 기관 예산 수립 방침과 과정 수립

수입원과 지출 대상을 정하기 전에 예산 일정표 상의 책임 소재 여부와 구체적인 시간표를 작성하는 것이 중요하다. 누가 수입과 지출에 관한 정보를 수집하는 책임을 맡게 될 것인지 정해야 한다. 또한 전체 예산안을 짜는 데 필요한 구성 요소나 발생 변수에 대해 이사회나 담당 공무원과 논의할 필요도 있다.

◉ 3단계: 전체 기관 운영에 사용되는 연간 수입과 지출 목표액 정하기

이 단계에서는 확보 가능한 수입 또는 다음 연도에 생길 것으로 예상되는 수입에 대해 미리 사전에 파악한다. 기관 운영에 필요한 비용이 계획되어 있기 때문에, 기관 운영에 필수적인 지출 단위에 대한 가이드 라인을 얻게 된다.

◉ 4단계: 기관의 하위 단위별로 우선 순위에 따른 예산안 초안 작성하기

마지막 단계에서는 부서(department) 단위별로 예산안 초안(draft)을 준비하는 것이다. 예산안 초안은 크게 세 가지 유형 — 전년도 부서 예산 규모에 변화가 없는 유형, 전년도에 비해 증가한 유형, 전년도에 비해 감소한 유형 —이 있다. 하

나의 유형을 선택하는 것은 기관의 관리자들이 예산 변화에 따른 결과를 평가할 수 있게 해준다. 부서 관리자들은 부서의 예산과 프로그램 목적을 관련짓게 된다. 그리고 당해 연도의 예산과의 비교를 통해 다음 연도 예산상의 주요한 변화에 대한 논리적인 근거를 제시한다. 예를 들어, 프로그램 관리자는 직원 임금 인상이나 필요한 설비비·출장비·소모품비 증감에 따른 의미 있는 변화를 정당화한다. 물론 이 때에는 새로운 프로그램이나 확대된 프로그램 또는 지위 변화에 수반되는 계획된 비용을 정당화하는 데 필요한 구체적인 정보가 제시되어야 한다.

◉ 5단계: 이사회 승인

예산안 초안이 만들어지면, 재정 관리 담당 직원들은 관리자급 직원들을 위한 요약안을 작성한다. 이것은 결국 관리자급 직원들이 전체 예산에 필요한 자원을 확보할 수 있는 아이디어를 마련하게 하기 위해서이다. 기관의 최고 관리자는 예산안 초안을 보고 나서 이사회 승인을 요청하기 전에 예산안을 삭감해야 할지 여부에 대해서 결정한다. 최고 관리자의 검토가 끝난 후에는 이사회로 예산안 심의 과정을 거치게 된다. 이사회 내부에서 예산안에 대한 갈등이 발생할 경우에는 문제 해결을 위해 기관에서 예산안 작업을 담당했던 직원들이 이사들과 함께 예산안 수립 작업을 재검토하고, 예상되는 수입과 지출에 대한 가정(assumption)들에 대해서 의견을 교환한다.

② 예산 집행

예산이 훌륭하게 수립되었다 하더라도 집행상 문제가 발생할 때 적절하게 대처하지 못하거나 예산 집행을 제대로 하지 못할 경우에는 결국 재정 관리를 망치게 되고 경우에 따라서는 조직의 존립 자체에 심각한 위협을 주기도 한다. 따라서, 기관에서 예산을 잘 집행하는 일은 예산을 수립하는 것만큼이나 중요하다. 예산의 규모나 성격은 기관마다 각기 다르기 때문에 모든 상황별 예산 집행 과정을 일반화하기는 어렵다. 그러나, 예산을 집행할 때 기본적으로 지켜야 할 몇 가지 보편적인 원칙과 예산 집행을 통제하는 몇 가지 기제들은 존재한다(최성재, 남기민 2002).

㉠ 예산 통제의 원칙

예산을 집행하는 데 있어서 기본적인 통제는 지출 활동을 허가하거나 금지하는 것이다. 이에 덧붙여 예산 집행 시 기관의 기준이나 규칙을 이해하거나 동일하게 해석할 수 있게 하는 기준과 이에 대한 조직 구성원들의 합의가 예산 통제의 기본 원칙으로 작용한다.

로맨(Lohman, 1998)은 예산 통제 시 적용할 수 있는 기본 원칙 9가지를 다음과 같이 제시하고 있다.

□개별화의 원칙: 예산 집행은 개별 기관이 처해 있는 상황, 제약 조건, 요구 사항 및 기대 사항에 맞게 고안되어야 한다.

□강제의 원칙: 예산 집행 시에는 강제성을 갖는 어떤 명시적인 규정이 있어야 한다. 강제성이 없는 규칙은 효과가 없다.

□예외의 원칙: 예산을 집행할 때에는 예외 사항이 존재함을 고려하여야 하고, 예외적인 상황에 적용하는 규칙이 있어야 한다.

□보고의 원칙: 예산 집행 후에는 반드시 보고가 있어야 한다. 특히 예산 집행 시 문제가 생겼을 때 바로 보고하지 않게 될 경우에는 이후 예산 집행 활동에 부정적인 영향을 미치기 쉽다.

□개정의 원칙: 예산 집행 시 지켜야 하는 기준이나 규칙은 시간이 지나고 비용이 변함에 따라 일정 기간이 지날 경우 새로 개정할 수 있어야 한다.

□효율성의 원칙: 예산 집행을 통제하는 데는 시간과 비용이 들게 마련이다. 이 경우 통제는 시간과 비용을 최소화하는 수준에서 행해져야 한다.

□의미의 원칙: 예산 집행을 효과적으로 통제하기 위해서는 조직 구성원들 모

두가 예산 집행상 적용되는 규칙이나 기준을 이해할 수 있게 만들어야 하고 또한 전달되어야 한다.

□ 환류의 원칙: 예산 집행 시 적용되는 규칙이나 기준은 관련자들의 경험이나 과거의 경험을 토대로 개정과 개선이 이루어져야 한다.

□ 생산성의 원칙: 예산 집행을 통제하는 것은 서비스를 효과적이고 효율적으로 전달하기 위한 것이다. 이것은 예산 집행 통제로 인해 서비스 전달에 있어 장애가 발생해서는 안 된다는 것이다.

ⓒ 예산 집행상 통제 기제

와이너(Weiner, 1990)는 예산 집행을 통제하는 7가지 기제를 다음과 같이 제시하였다. 다음 기제들은 현재 우리나라 사회복지기관의 예산 집행에서도 흔히 찾아볼 수 있다.

□ 분기별 할당: 예상했던 수입이 예정대로 들어오지 않거나 특정 기간에 집중적으로 들어오는 경우가 있다. 그리고, 비용 지출도 월별로 또는 분기별로 동일하지 않고 특정 시기에 집중되는 경우가 있다. 또, 한편으로는 특정 시기에 한꺼번에 모아서 지출하는 경우가 경제적으로 더 나을 때가 있다. 이러한 경우가 발생하게 되면 수입 예산의 수입과 지출 예산의 지출을 분기별로 조정하여 수입과 지출의 균형을 유지할 필요가 있는 것이다.

□ 지출의 사전 승인: 기관에서 일정액 이상의 지출을 할 경우 최고 관리자의 승인을 받아야 한다. 또는, 일정 기준 이상의 지출 액수에 따라서 중간 관리자의 사전 승인을 받도록 한다. 이와 같은 사전 승인 제도는 수입과 지출의 균형 유지에도 도움이 될 뿐만 아니라 승인을 미룸으로써 지출을 억제할 수도 있다.

□ 자금 지출의 취소: 예상된 수입 원천으로부터 수입이 인가되지 않거나 예상된 수입액이 입금되지 않을 경우에는 지출을 일시적으로 또는 최종적으로

취소할 수밖에 없다.

□ 정기적 재정 현황 보고서 제도: 재정 담당 관리자는 월별로 분기별로 재정 현황을 보고받아 검토해야 한다.

□ 대체: 회계 연도가 종료되는 시기가 가까워지면 사업별이나 계정별로 과다 지출 또는 과소 지출이 되는 경우가 있다. 이 경우에는 과다 지출분을 충당하기 위해 과소 지출분으로 대체할 필요가 있다. 물론 이 경우에는 최고 관리자의 승인을 받아야 한다.

□ 지불 연기: 조직 내·외부로부터의 지불 요청에 대해 의도적으로 적당한 방법을 통해 연기함으로써 수입 예산이 입금되기까지 여유를 얻는 것이다. 특히, 지불 연기로 별도의 벌칙이나 벌금 또는 손해가 없는 경우에는 지불 요청자의 양해를 얻어 최대한 지불을 연기할 수 있다.

□ 차용: 수입 예산이 계획대로 확보되지 못해 기관 운영에 치명적인 영향을 줄 경우에는 은행이나 관련 기관(예: 사회복지 관련 협회/협의회 등)으로부터 대출을 받기도 한다.

③ 회계

회계는 기관의 재정적 활동에 관한 사실 확인·기록·분류·요약·해석하는 기술적 방법을 말한다. 사회복지기관에서 주로 이루어지는 회계 업무에는 기록 업무, 정리 업무, 재정 보고서 작성 등이 있다. 사회복지법인 재무·회계규칙 제3장 회계부분 22조에 의하면 법인과 시설에는 수입과 지출의 현금 출납 업무를 담당하게 하기 위하여 각각 수입원과 지출원을 둔다. 다만, 법인 또는 시설의 규모가 소규모인 경우에는 수입원과 지출원을 동일인으로 할 수 있다.

기록 업무는 수입과 지출에 관한 다양한 기록 장부를 마련하고 회계원칙에 따라 기록하는 것이다. 사회복지법인 재무·회계규칙에 따르면 사회복지기관은 현금출납부, 총계정원장, 총계정원장보조부, 재산대장, 비품관리대장, 소모품대장 장부를 두고 있어야 한다. 또한 회계 방법은 단식부기를 기준으로 한다. 다만,

법인회계와 수익사업회계에 있어서 복식부기의 필요가 있는 경우에는 복식부기에 의한다.

정리 업무는 장부에 기록된 사항을 월별 혹은 분기별로 주기적으로 종결하여 정리하는 것이다. 이것은 주기적인 재정 상태 파악을 위한 재정 보고서 작성을 위해서도 필요한 작업이라 할 수 있다.

재정 보고서 작성 및 발생 업무는 말 그대로 기관의 재정 상태를 정기적으로 파악하기 위해 월별로 또 분기별로 기관 관리진과 이사회에 보고하는 것이다. 그리고, 연말에는 회계 연도 동안의 세입과 세출 현황을 파악할 수 있는 정산서를 작성하여 지방자치단체에 보고한다.

④ 감사

감사는 사회적으로 할당된 자원들에 대해 기관이 그 역할을 적합하게 수행하고 있는지 확인하는 것이다(Anthony & Heezlinger, 1984). 감사에는 크게 두 가지 종류가 있다. 하나는 규정 순응 감사(compliance audit)이며, 다른 하나는 운영 감사(operational audit)이다.

규정 순응 감사는 기관의 재정 운영이 적절한 절차에 의해 수행되었는지, 재정이나 다른 보고서들이 적절하게 구비되었는지, 기관에 적용된 각종 규칙과 규제들을 잘 준수하고 있는지를 파악한다. 사회복지기관의 경우 정부 보조금이나 사업비 지원기관과의 계약 사항을 잘 지켰는지 여부를 감사하는 것은 규정 순응 감사에 해당한다.

운영 감사는 예산과 관련지어 바람직한 프로그램(서비스)이 제공되었는지, 기관의 목표를 달성하는 데 효율적이었는지를 파악하고자 한다.

(2) 재원 확보

사회복지기관의 주요 수입 원천은 정부 보조금, 프로그램 지원금, 기금(후원금/기부금), 이용료이다.

① 정부 보조금

정부 보조금은 공공기관 재원의 기본이다. 국회는 조세를 고려하여 자금을 할당한다. 이 돈은 기관의 운영과 기관이 제공하는 서비스에 사용된다. 공공기관이든 민간기관이든, 중앙 및 지방자치단체와 지역사회기관 간의 서비스 계약 또는 보조금을 획득하는 것은 재원의 주요한 출처가 되기 때문에, 주 기관에 주어지는 정부 지출금의 성격과 규모는 민간 서비스 조직의 지대한 관심사이다. 재원 총액은 전년도 예산에 의해 결정되며, 대부분의 예산은 사전에 결정된다(Wildavsky, 1974). 따라서, 최근의 경제 동향이나 주요 사회문제, 정치적인 지지 세력과 압력 집단의 유무, 행정가의 능력 등은 이미 결정된 예산 외의 분야에서만 영향을 발휘할 뿐이다.

정부 보조금은 지속적이고 안정적이라는 장점은 있지만 지출활동에 있어서 관리 감독을 받으며 사용 영역이 제한되어 있다는 단점이 있다.

② 프로그램 지원금

프로그램 지원금은 민간 재단뿐 아니라 지방 정부, 중앙 정부로부터도 가능하다. 특히, 이 지원금은 공모를 통해서 경쟁적으로 이루어지고 전문가와 지원 주체 기관의 심사를 통해서 결정되는 경우가 대부분이기 때문에 정부 및 공공 기관에서 예산을 통하여 보조금을 할당하는 프로그램이 요구하는 조건들보다 세부 항목을 더 자세하고 명확하게 기술해야 한다. 따라서, 성공적인 프로그램 지원금 획득을 위해서는 다양한 재원의 출처에 대한 구체적인 지식과 고도의 프로그램 설계 기술이 필요하다.

재원을 얻기 위해서는 신중한 고려와 신중한 의사결정이 필요하다. 지원 기관이 정한 프로그램 설계 기준이나 대상 지원 목적 등에 맞추기 위해 프로그램을 수정하거나 지원 기관에 적합하게 목표 자체를 변경해야 할 경우도 있다. 그렇다면 과연 기관의 목표와 프로그램을 수정할 의사가 있는가? 이 지원금은 얼마나 중요한가? 지원금을 얻고 프로그램 계약을 성공적으로 이끈 조직이 감당해야 할 제약은 존재하는가? 그러나, 이러한 점들을 고려하기 이전에 어느 곳에 재원이 있는지 파악하는 것이 무엇보다 중요하다.

③ 기부금

자금의 셋째 기제는 기부금에 관한 것이다. 기부금은 개인이나 조직으로부터 나온 사적인 기여를 말한다. 레이건 행정부 시절 정부는 복지 프로그램에 필요한 비용 삭감을 보충하기 위해 기부금을 계획했다. 실제로 비공식적인 기부금은 전체 사회복지 자금의 한 부분에 해당한다. 기부금의 범위는 소액 기부에서부터 투자 관리자가 필요할 만큼 많은 억만장자의 유증까지 다양하다. 사회복지행정은 특별한 자금을 모으기 위해 시도하는 행사, 전화, 가정 방문, 전산망을 이용한 기부자 목록, 그리고 법인의 특별 청구까지 다양하다. 모금 캠페인은 시간과 돈의 측면에서 보면 지극히 비용이 많이 들기 때문에 실제 활동에 들어가기 전에 가능하면 기부금에 대한 현실적인 추산이 필요하다.

따라서, 오늘날 많은 사회복지기관에서는 융통성이 높고 잘만 한다면 많은 양을 확보할 수 있는 기금 모금에 적극적인 노력을 기울이고 있다. 그러나, 기금 모금이 쉬운 일은 아니다. 사회변화 패턴과 사람들의 행동 패턴이나 심리 상태를 활용한 다양한 전략을 구사하고 한 번의 기부로 끝나지 않도록 지속적인 노력을 기울여야 하는 일이다.

최근 기부금에 대한 세제 혜택이 증가함에 따라 재원 확보의 책임과 능력은 사회복지기관의 과제가 되고 있다. 우선 사회복지조직들은 조직 운영의 투명성, 신뢰성, 책임성을 확보하고 조직활동을 위해 지지적인 제도적 환경을 조성하는 것이 가장 중요한 과제이다. 즉 이사회와 위원회의 민주적이고 개방적인 운영에서부터 재정의 운영 및 기타 부문에 이르기까지 투명성을 위한 다각적이고 자발적인 노력을 수행하여 좀 더 발전적인 모금 문화가 형성될 수 있도록 기여해야 할 것이다(강철희, 1999).

사회복지법인 재무·회계규칙에서는 사회복지법인이나 산하 기관이 지켜야

[표 4-7] 사회복지법인 재무·회계규칙상의 후원금 관련 조항

조항	내용	기준
41조 2항	후원금의 범위 등	법인의 대표이사와 시설의 장은 아무런 대가없이 무상으로 받은 금품, 기타의 자산(이하 "후원금"이라 한다)의 수입·지출 내용과 관리에 명확성이 확보되도록 하여야 한다. 시설거주자가 받은 개인결연후원금을 당해인이 정신질환, 기타 이에 준하는 사유로 관리능력이 없어 시설의 장이 이를 관리하게 되는 경우에도 또한 같다.
41조 4항	후원금의 영수증 교부	법인의 대표이사와 시설의 장은 후원금을 받은 때에는 별지 제35호 서식에 의한 후원금영수증을 후원자에게 즉시 교부하여야 한다. 다만, 금융기관 또는 체신관서의 계좌입금을 통하여 후원금을 받는 경우에는 그러하지 아니하다.
41조 5항	후원금의 수입 및 사용 내용 통보	법인의 대표이사와 시설의 장은 연1회 이상 해당후원금의 수입 및 사용내용을 후원금을 낸 법인·단체 또는 개인에게 통보하여야 한다. 이 경우 법인이 발행하는 정기간행물 또는 홍보지 등을 이용하여 일괄 통보할 수 있다.
41조 6항	후원금의 수입 및 사용 결과 보고	법인의 대표이사와 시설의 장은 반기 종료 후 10일 이내에 별지 제19호 서식에 의한 후원금수입 및 사용결과보고서를 관할 시장·군수·구청장에게 제출하여야 한다.
41조 7항	후원금의 용도 외 사용금지	① 법인의 대표이사와 시설의 장은 후원금을 후원자가 지정한 사용 용도 외의 용도로 사용하지 못한다. ② 후원금의 수입 및 지출은 제10조의 규정에 의한 예산의 편성 및 확정절차에 따라 세입·세출예산에 편성하여 사용하여야 한다.

할 후원금의 범위와 후원금의 영수증 교부 의무, 후원금의 수입 및 사용 내용 통보의무·사용결과 보고 의무, 후원금 용도 외 사용 금지 조항을 명시하고 있다.

㉠기금 모금 과정

대규모 사회복지기관이든 소규모 기관이든 기금 모금은 피할 수 없는 일이며, 모든 관리자들의 업무 중 핵심적인 부분이다(Broady, 2000). 효과적으로 기금을 마련하기 위해서는 다각화된 장기적 기획 과정이 필요하다. 또한 모금과 관련된 지지적인 사람 기반도 필요하다. 기금 모금에 대한 이해와 준비 과정 없이 막연한 기대로 기금 모금을 시작한다면 결과는 그다지 좋지 않을 것이다. 세상에 다양한

기금 모금 방법이 있지만, 여기에서는 우선 기금 모금 과정에 있어서 기본적인 틀을 익히고 후반부에서 좀 더 구체적인 전략을 살펴보도록 하자.

◉ 1단계: 목표 설정

기금 모금 과정의 첫 번째 단계는 기금 모금을 통해 달성하고자 하는 목표를 설정하는 일이다. 목표 설정 시에는 구체적으로 마련하고자 하는 액수, 후원자 수, 모금 기간 등을 구체적으로 제시하여야 한다.

◉ 2단계: 주요 대상 선정

목표가 설정되었다면 다음으로 기부할 주요 대상(주요 기부자)을 선정하여야 한다. 전 국민이 잠재적인 기부자가 될 수는 있으나, 광범위한 대상 선정은 자칫 현실적인 기부 활동으로 이끌어 내기가 어렵다. 가급적 대상을 명확히 선정하고, 동일한 대상이라 할지라도 다시 세분화시켜 접근할 필요가 있다. 영리 기업에서 대상 선별적 마케팅 전략이 성과를 거두는 것처럼 비영리기관에서의 기금 모금에서도 그 대상을 지리적, 인구사회학적으로 세분화할 필요가 있는 것이다. 20대 대학생을 대상으로 사회복지기금을 마련한다고 할 때, 세부 유형에 따라 나누어 접근할 경우보다 효과적일 수 있다.

◉ 3단계: 주요 테마 선정

주요 대상이 선정된 후에는 기금 모금의 테마를 선정해야 한다. 즉, 모금 활동의 주제를 만들어서 잠재적 기부자로 하여금 기부의 필요성을 느끼게 하는 것이다. 기금 마련에 사용할 수 있는 주제는 그 당시 사회적인 이슈를 활용하면 더욱 효과가 높게 나타날 수 있다. 이를테면 2005년 1월 결식 아동들을 대상으로 한 부

실 도시락 사건이 이슈화되었을 때, 급식 아동들의 도시락 개선을 위한 모금 활동
을 할 경우 그 어느 때보다도 높은 관심을 유발할 수 있고, 높은 관심은 모금으로
연결될 가능성이 높다.

◉ 4단계: 모금 방법 결정

네 번째 단계는 여러 가지 대안 중에서 모금 관련 테마를 가장 잘 나타낼 수 있
고 효과적인 모금 방법을 선택하는 단계이다. 모금 방법에는 DM(direct mail), 이
벤트, 대중매체 광고, 자동응답시스템 등이 있다. 이러한 모금 방법들에 대한 설
명은 모금 전략 부분에서 좀 더 자세히 살펴보게 될 것이다.

◉ 5단계: 모금 홍보 및 실제 모금 활동 시작

모금 방법이 결정된 후에는 홍보 활동과 함께 본격적인 모금 활동을 시작한다.
모금의 취지(테마)나 방법을 몰라서 기부를 하지 못하는 사람들을 실제 기부로
연결시키기 위해서는 모금 활동 못지 않게 홍보가 중요하다. 모금의 주요 대상은
집중화될수록 효과적이고 홍보는 다양화될수록 효과적이다. 홍보와 함께 본격
적인 모금 활동이 시작된다.

◉ 6단계: 기부자 관리

대부분 본격적인 모금 활동을 모금 과정의 끝으로 생각하는 경우가 많은데 모
금 과정은 모금 활동으로 끝나는 것이 아니라 기부자 관리로 이어져야 한다. 새로
운 후원자를 개발하는 것도 물론 중요하지만 이미 확보한 기부자가 지속적으로
기부할 수 있게 관리하는 것은 모금 활동의 효율성을 높일 수 있다. 기관에서는
기부자에 대한 데이타베이스(data-base)를 만들어야 하며, 기부자의 성향과 관련

정보를 지속적으로 관리하며, 지속적인 기부 활동의 요인을 찾아내야 한다. 또한 이미 기부한 것에 대한 기관 차원의 감사를 표시하는 것도 기부자 관리 단계에서 해야 할 것이다.

㉡ 기금 모금 전략

단순히 돈을 구걸하는 것은 기금을 마련하는 방법이 아니다(Broady, 2000). 기금 마련은 그 목표와 주요 기부자 대상에 가장 적합한 방법을 선택하여 전략적으로 수행해야 한다. 사회복지기관에서 주로 사용되는 기금 모금 방법들을 살펴보자.

□ DM(direct mail)

잠재적 기부 대상자들에게 기부 호소 편지를 발송하여 기부자를 개발하는 방법이다. 대개 DM은 불특정 다수에게 보낸다고 인식하는 경우가 많은데, 이보다는 표적 대상(target population)을 선정하여 보낼 때 좀 더 효과적이다. DM은 겉봉투, 편지(카드형태), 첨부 자료로 구성되어 있다. 편지에는 기금 모금의 목적과 내용이 명확하게 드러나 있어야 한다.

□ 특별 행사(event)

이벤트는 기관이 어떠한 목적 달성을 위해 특정 기간, 특정 장소에서 사전 계획을 가지고 대상이 되는 사람들에게 물질 및 정보의 교류를 통하여 개별적이고 직접적인 체감 정보를 쌍방으로 전달하는 비일상적인 특별한 활동을 의미한다. 이벤트의 특징은 전달자와 수용자가 현장에서 시각, 청각, 촉각, 후각, 미각 등 오감으로 느끼고 대화하므로 입체감을 통한 생생한 생명력이 있고 경험과 지각의 효과가 뛰어나며 공감대가 형성되는 등 오래 기억에 남는 특징이 있다.

이벤트는 형식에 있어 전시, 공연, 정기 총회(convention), 페스티발(festival), 판촉 수단 등이 있고, 형태에 있어 발표회, 설명회, 전시회, 초대회, 컨테스트 (contest) 등이 있고, 개입 정도에 따라 주최, 후원 등이 있으며 내용에 있어 스포츠, 전시, 문화, 판촉 등이 있다. 이벤트는 모금 대상자가 누구인지가 명확해야 하며 연령, 대상층에 적합해야 한다. 자선 음악회, 자선 바자회, 자선 만찬, 사랑의 달리기 등이 좋은 예이다(정무성, 2000).

□ 대중매체 광고 모금

이것은 신문, 잡지, TV, 라디오, 인터넷 등의 매체를 통한 모금 방법이다. KBS 사랑의 리퀘스트 프로그램, 각종 정기 간행물의 기금 마련 광고 등이 좋은 예이다.

□ 자동응답시스템(ARS)

주로 TV 프로그램 중 홍보나 자막 광고를 통해 전화를 걸면 일정액이 기부금으로 전달되는 것이다. 기부자 입장에서 소액을 부담 없이 간편하게 참여한다는 장점이 있다. 연말의 불우이웃돕기 ARS는 단기간에 많은 성금이 모이는 좋은 사례이다.

이러한 다양한 모금 방법은 모금할 때마다 적절히 다르게 활용할 수 있다. [표 4-8]에는 일반적으로 모금 활동을 할 때 적용되는 모금 원칙이 제시되어 있다. 적절한 모금 방법 선택 및 사용과 함께 [표4-8]에 제시된 원칙들을 활용한다면 효과적인 모금이 가능할 것이다.

④ 서비스 이용료

넷째, 자금은 서비스에 대한 이용료이다. 이러한 이용료에 많이 의존하는 기관들은 또한 상환할 수 없는 간접 서비스(예를 들면, 담보를 가지고 일하는 것, 공공교육, 상담, 옹호)의 이용을 피하려는 경향이 있다. 그리고, 사무실 중심의 서비스를 선호하고 가정이나 지역사회 내에서 클라이언트와 접촉하기를 꺼리는 경향이 있다. 특히, 후자의 경우 그 결과는 매우 중요한 영향을 미치는데, 왜냐하면 다양한 분야(예를 들면, 정신건강, 아동복지)에서 가정 방문 또는 현장 접근을 통한 서

[표 4-8]사회복지기관의 기금 모금 전략

	사회복지기관에서의 기금 모금(fund-raising) 전략
1	모금은 단순히 돈을 모으는 것이 아닌 인간의 신뢰 관계에 관한 것이다.
2	따뜻한 마음을 향해 외치는 고상한 예술이다.
3	필요를 알려야 한다 − 필요는 돈을 생산해 내며 인간관계 속에서 이것을 알게 하라.
4	사람이 사람에게 주는 것이다. 개인을 보고 주는 것이며 기구나 조직을 보고 후원금을 내는 것이 아니다.
5	동종 그룹이 중요하다. 동종 그룹을 활용하면 모금에 더 효과적이다.
6	당신의 후원자를 친구로 만들어라.
7	후원자에 대한 많은 정보를 갖도록 하라.
8	나이 든 후원자가 더 좋은 후원자이다.
9	현재의 후원자가 최대의 자원이 된다.
10	전체 모금의 80%를 차지하는 고액 후원자 관리가 우선 중요하다.
11	후원금을 내는 과정을 간편하게 해주어라
12	요청하지 않은 것은 받지 마라.
13	다양한 경영의 방법을 모금에 활용하라.
14	끊임없는 모금의 가능성을 시도하라.
15	동기 부여된 후원금은 매우 중요하다.
16	항상 기관의 진실을 말하라.
17	모금 기회를 포착하라.
18	모금자의 전문성과 헌신적인 태도가 중요하다.
19	기관과의 정보 및 기술교류가 필요하다.
20	언제나 "감사합니다"라고 말한다.

출처: 조성아, "후원사업전략과 실무기술", 『장애인복지의 새로운 패러다임과 우리의 변화』, 장봉혜림재활원 교육연수회 자료집, 2000.

비스는 사무실에서의 개입보다 훨씬 월등한 결과를 가져오기 때문이다.

서비스 이용료는 누군가가 제공되는 서비스에 돈을 지불한다는 가정에 기초하고 있다. 클라이언트는 전체 비용을 지불할 수도 있고 이용료 변동 비율이나 공동 지불과 같은 절차를 통해 일부분만을 지불할 수도 있다. 서비스 이용료를 결정하는 데 필요한 예산을 계산하는 것은 예산 유형에 의해 좌우된다. 예산은 흔히 직접 비용과 간접 비용으로 구성된다. 직접 비용은 직원과의 전화, 방문 및 프로그램 등 직접적으로 관련된 모든 요소를 포함한다. 간접 비용은 부기, 기관의 보험, 그리고 법적 이용료 등을 포함하는데 이 모두는 기관에서 프로그램들을 지원하는 데 사용된다. 이러한 간접 비용 중 일부분은 개별 프로그램을 지원한다. 직접 비용과 간접 비용의 구별은 특별한 산정 방법에 따른다. 전체 비용에 기초하여 산정한 서비스 이용료는 그것만으로도 프로그램을 지속적으로 유지할 수 있다. 하지만 전체 비용 중 일부만을 고려하여 서비스 이용료를 산정할 경우, 프로그램을 유지하기 위해서 다른 모금행사 등으로 재원을 확충해야 할 것이다.

이용료의 경우, 실제 많은 사회복지기관에서 이용료를 받고 있긴 하지만 여전히 사회복지기관 이용자들에게 이용료를 부과하는 것이 정당한지에 대한 논의는 계속 되고 있고 또 일부에서는 사회복지기관이 영리를 추구하는 조직처럼 변해가고 있다는 비난을 받기도 한다.

2) 정보관리

오늘날 정보화 기술(information technology)의 발달은 영리 기관은 물론이거니와 비영리 기관의 조직 운영 및 관리에 많은 영향을 끼쳤다. 정보 기술 발달은 기관의 환경 변화와 함께 업무수행에 있어서도 변화를 가져왔다. 개인 컴퓨터와 인터넷 전산망이 없다면 개별 업무를 처리하는 것이 불가능하게 되었다. 또한 기존에는 각 결제 라인마다 일일이 수기로 결제하던 것이 이제는 내부 전산망을 통해 전자 결제가 이루어지고 있다. 한 자리에 모이지 않아도 각각 컴퓨터 앞에 앉아서 화상으로 회의를 하기도 한다. 의사 소통의 방식 또한 정보 기술의 발달로 변화하고 있다. 이제 기관에서는 인적자원 관리와 물적자원 관리에 더하여 기관 운영에 필요한 정보와 서비스 제공에 필요한 정보관리에도 많은 노력을 기울여야 한다.

(1) 정보관리체계(Information Management System)의 필요성

정보화에 따른 조직 운영상의 변화는 사회복지기관에서도 발견되는 현상이다. 다만 사회복지기관의 경우 다른 유형의 기관보다 강조될 수 있는 특징이 있다고 한다면 정보관리 체계를 통해 클라이언트에 대한 서비스를 향상시키고 서비스 제공의 효율을 향상시킬 수 있다는 것이다. 사회복지 분야의 경우, 전형적인 서비스 산업으로 분류될 수 있어 정보 체계의 활용은 필연적으로 클라이언트의 복지를 증진하는 결과를 포함할 수밖에 없는 것이다. 효율성의 경우도 상대적으로 기대 이상의 성과를 가능하게 할 수 있다. 비영리기관으로서의 사회복지기관은 예산 확보의 어려움으로 인해 적극적인 정보화 체계 구축이 용이하지 않았다. 따라서, 타 분야에 비해 상대적으로 업무 환경의 자동화 및 전산화, 정보 체계 구축이 낙후되어 있다. 이러한 상황에서 적절한 정보 체계가 구축된다면 개별 사회복지기관의 효율성 증진, 나아가 사회복지 분야의 전반적인 효율성 향상을 기대할 수 있게 하는 것이다(황성철 외, 2003).

1990년대 중반 이후부터 우리나라의 사회복지기관은 사회적 자원을 사용하여 서비스를 제공하는 것에 대한 책임성과 효과성 증명을 요구받아 왔다. 자원 사용의 책임성과 서비스 제공의 효과성을 증명하는 것은 관련된 여러 정보를 취합하여 구조화된 문서로 작성하고, 이것을 지역사회, 클라이언트, 이사회, 이해 당사자들에게 제시하는 것이다(Lewis et al., 2001). 이제 사회복지기관은 서비스 제공에 대해 정보를 체계적으로 수집해야 하며, 이를 문서화해서 활용할 수 있는 능력을 갖추어야 한다.

사회복지기관에서 정보관리 체계는 사회복지조직의 책임성과 효과성 검증을 위해서뿐만 아니라 사회복지기관의 직원들이 업무 수행을 좀 더 효과적으로 하기 위해서도 필요하다. 그리고, 업무 성과에 대한 적절한 피드백을 통해서 업무에 대한 전문성을 높이고 좀 더 나은 방법을 얻기 위해서도 필요한 것이다.

(2) 정보관리 체계

많은 사람들은 정보관리 체계를 곧 컴퓨터로 인식하는 경향이 있다. 정보관리 체계가 존재하기 위해서는 컴퓨터가 필요하다. 그러나, 컴퓨터가 정보관리 체계의 필수 조건은 아니다. 정보관리 체계는 조직관리와 관련된 기본적인 정보를 처리하기 위해 컴퓨터를 응용하는 것이다. 그러나, 광의의 정보관리 체계는 사람과 절차, 기술의 집합체이며 이 요소들은 데이터와 정보를 모으고 그 처리 과정을 강화하여 그 결과물들을 활용하기 위해 존재한다(Schoech, 1999). 성규탁(1993)은 정보관리 체계는 인간이 갖는 인지 능력과 시간적 한계성을 극복하도록 도와주며, 대량의 복잡한 정보를 신속히 효율적으로 활용하여 효과적인 관리를 가능하게 하는 편리한 도구라고 정의하였다.

셰크(Schoech, 1999)는 정보관리 체계를 정보 기술의 발달과정에 따라 자료 처리 응용, 관리 정보 체계, 지식 기반 체계, 의사결정 지원체계, 업무수행 지원체계로 유형화하였다.

[그림4-5]정보 수집의 체계론적 접근

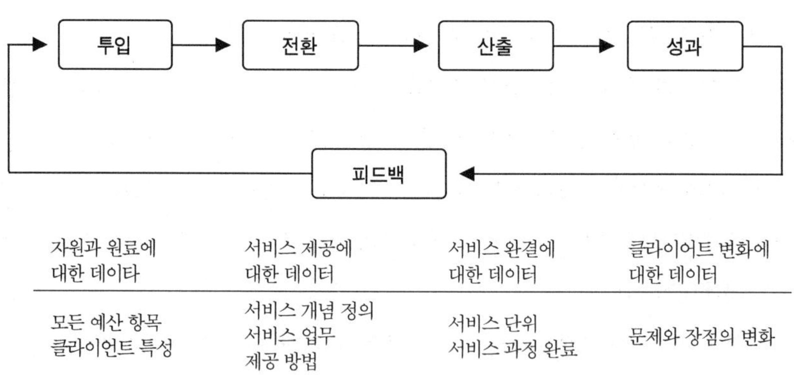

출처: Kettner(Peter M.), *Achieving excellence in the management of human service organizations*, MA: Allyn & Bacon, 2002.

① **자료 처리 응용**

정보관리 체계의 기본에 해당되는 것으로서 정보의 검색, 수집, 저장, 조정, 출력을 말한다. 기관에서의 일상적인 행정 업무 처리에 사용되는 활동들이 여기에 포함된다.

② **관리 정보 체계**

자료 처리 과정을 포함하며 나아가 자료 처리 과정을 통합시키고 목적에 맞게 분석하고 자료의 가치를 향상시킨다.

③ **지식 기반 체계**

지식 기반 체계는 단순히 정보를 수집하고 취합하고 분석하는 것을 넘어서 입력된 개별 정보들을 지식화하여 사용할 수 있게 한다. 음성 처리 시스템(사람의 음성을 들려주면 글자로 전환하는 것)이나 외국어 번역 프로그램은 지식 기반 체계의 좋은 사례이다.

④ **의사결정 지원체계**

이것은 사용자가 복잡한 의사결정을 하는 데 도움을 주기 위한 정보관리 체계이다. 각종 자료들을 취합하고 분석하여 기존의 상태를 바탕으로 한 결과를 통해 의사결정 시 유용한 정보를 지원한다.

⑤ **업무 수행 지원체계**

이것은 업무 능력을 증진시키기 위해 개발된 통합 정보 체계이다. 일상적이나 복잡한 업무를 처리하는 데 도움을 준다.

(3) 사회복지기관의 정보관리 체계

와이너(Weiner, 1990)는 사회복지기관의 정보관리 체계를 크게 세 가지의 하위 차원, 즉 클라이언트 정보관리 체계, 조직정보관리 체계, 수행정보관리 체계로 구분하여 제시하였다. 이 3가지 정보관리 체계는 분리되어 있지 않고 유기적으로 연결되어 있다.

① 클라이언트 정보관리 체계

클라이언트 정보관리 체계는 클라이언트에 관한 정보, 클라이언트와 서비스 간의 상호 작용에 관한 정보 등을 생성하고 조직화하고 보고하기 위한 것이다(Gates, 1980). 이것은 기본적으로 클라이언트에게 서비스를 제공하는 데 필요한 정보를 수집하는 것이다. 따라서, 기본적인 서비스 수용자 파악에서 시작해서 접수 단계에서 서비스 제공, 서비스 종료까지의 정보들을 관리한다.

② 조직정보관리 체계

조직정보관리 체계는 기관에서의 일상적인 행정 업무 처리를 보조하는 기능을 한다. 이 체계는 주로 기관 운영에 소요되는 재정을 관리하는 데 사용된다. 거의 대부분의 사회복지기관에서 재정 관리를 위한 정보관리 체계를 사용하고 있다.

③ 수행정보관리 체계

수행정보관리 체계는 의사결정의 향상을 위해서 서비스의 생산성 및 효과성과 같은 다양한 측면들을 평가하는 데 필요한 목적으로 정보들을 다룬다. 이 체계는 새로 구축하기보다는 기존의 클라이언트 정보관리 체계와 조직정보관리 체계를 통합하여 구축한다. 클라이언트와 조직 운영에 대한 장기간의 정보 축적이 이루어진 후에는 그 정보들을 통합해내고 분석함으로써 향후 의사결정에 필요한 중요한 정보를 생성해낼 수 있다. 또한 기존에 제공된 서비스의 투입 비용과 클라이언트의 서비스 이용 경험을 토대로 분석한 정보는 현재 서비스에 대한 평가 자료로 사용할 수 있다.

사회복지 분야에서는 1997년, 서울 지역 소재 종합사회복지관에서 복지종합시스템을 업무에 처음 활용하기 시작하였다. 현재, 사회복지기관에서 사용되는 복지종합시스템은 시스템 개발 회사마다 약간씩 다른 형태로 구성되어 있다. 한 복지종합시스템에는 경영정보 영역, 이용자 영역, 회계 영역, 인사급여 영역, 자산비품관리 영역, 후원자관리 영역, 상담관리 영역, 재가복지관리 영역, 사례관리 영역, 방문자관리 영역, 무료이용자 관리 영역으로 구성되어 있다. 또 다른 복지종합시스템에는 복지대상자·후원자·자원봉사자 관리, 회계업무관리, 사업실적관리, 사회교육 프로그램 관리, 인사 및 급여 관리, 자산·비품 관리로 구성되어 있다.

그러나, 아직까지 사회복지기관의 업무가 일관된 기준으로 분류되지 않고 업무 자체도 표준화되어 있지 않기 때문에 각 개별기관에서 사용되는 정보관리체계가 현실에서 활용가치가 높은 정보로 재탄생하기는 어렵다.

(4) 정보관리 체계 설계 과정

정보 체계의 발전에 있어서 최근의 경험들은 정보 체계가 적절하고 효과적이고 효율적이고 중요하게 다뤄져야 할 단계에 관련된 지식을 제공하고 있다. 다음의 각 단계들은 셰크(Schoech, 1995)가 개발한 정보관리 체계 형성 단계이다. 이 과정은 현재의 정보 체계를 최신의 것으로 바꾸고, 보다 세련되게 하고, 전반적으로 재설계하거나, 새로운 기관이나 특정 프로그램을 위한 체계를 설계하는 데 사용된다. 이러한 과정 안에는 기관 전체의 전산화뿐만 아니라 정보관리 체계가 설계 또는 재설계된 이후의 변화까지도 포함하고 있다.

① 1단계: 현재 상황 평가

1단계에서는 기관 차원의 준비와 실행 가능성에 초점을 둔다. 정보 체계를 갱신하고 재설계하고자 하는 결정은 전형적으로 기관 관리자와 직원들 사이의 논의에서 출발한다. 또한, 최종 결정을 내리기 전에 많은 의논이 필요한 것이다. 직원들의 참여와 헌신을 이끌어내기 위해서는 정보관리 구축 위원회(committee)

가 우선 구성되어야 한다. 그리고, 위원회에서는 평가 과정을 완료할 수 있도록 만들어져야 한다. 대규모의 기관에서는 정보 체계 설계에 대한 일상적인 업무는 한 사람 또는 특별위원회에서 수행한다. 그런 위원회는 기관의 모든 중요한 영역의 각 대표자들이 포함되어 있어야 한다.

본격적인 평가 전에 사전 작업으로, 필요한 자원에 대한 예비 평가가 시행되어야 한다. 예비 평가 요소에는 직원들이 회의에 참여하는 시간과 새로운 프로젝트 업무를 수행하는 시간과 컴퓨터 컨설턴트 비용이 포함된다. 현재 상황에 대한 평가에는 다음의 요소들이 해당된다.

□ 직원의 기술, 가치, 이데올로기와 같은 현재의 상태
□ 현재 기관에서 소유하고 있는 장비와 업무 처리 과정
□ 직원의 목적과 비전

정보관리 구축 위원회에서는 정보관리 체계의 실질적인 영향(이를테면 좀 더 활용도가 높은 데이터, 실행 중 나타나는 비효율성, 업무 방법의 변화)과 주요 이해 당사자들에게 미칠 영향에 대해 포괄적이고 솔직하게 검토해야 한다.

② 2단계: 현재 체계 분석

두 번째 단계에서는 현재의 체계를 분석한다. 체계의 효과성의 핵심은 그것이 기관의 고유한 기획, 관리, 평가 욕구를 충족시키는 수준이다. 기관 직원들은 가능한 필요한 데이터의 종류와 데이터의 출처, 데이터가 수집되고 배포된 빈도를 확인해둘 필요가 있다. 정보를 효과적으로 수집하고 유포하기 위한 기획은 기관 기능, 규모, 복잡성 정도에 가장 적절한 체계의 유형을 결정하는 것이다. 위원회에서 정보관리 체계의 중요한 목적은 프로그램 목표를 성취하는 데 있어서 직원들의 성과를 이끌어내는 데 있다는 사실을 명심해야 한다. 따라서, 현재 체계를 분석하는 것은 프로그램의 목표와 서비스 전달 모델을 검토하는 것에서부터 시

작해야 한다.

정보관리 체계는 직원 및 이해당사자들이 프로그램 목표에 이르는 과정을 추적하고 프로그램 목표에 유용한 정보를 제공할 수 있게 해야 한다. 파악하고자 하는 정보에는 클라이언트의 인구 사회학적 특징, 직원들의 업무, 서비스 단위, 클라이언트에 대한 중간 성과와 최종 성과 등이 있다. 또한, 정보관리 체계를 통해 프로그램 평가나 조사와 관련된 질문에 답할 수 있어야 한다.

효과적으로 기획된 정보관리 체계가 줄 수 있는 정보들에는 다음과 같은 것들이 있다.

□ 지역사회 관련 정보: 인구학적 정보, 사회 경제적 특성과 관련된 정보, 서비스를 받고 있는 집단, 외부 서비스와 자원의 목록
□ 개별 클라이언트, 집단 클라이언트, 클라이언트 전체 집단과 관련된 정보: 현재의 문제, 제공받은 서비스 유형, 서비스 받은 기간, 사회경제적 특성, 가족 특성, 취업 여부, 서비스 만족도와 성과 측정
□ 서비스 정보: 기관 차원에서 제공된 서비스 유형, 서비스를 제공받은 클라이언트 수, 서비스 관련 활동 내역
□ 직원 정보: 다양한 활동 수행에 소요된 시간, 서비스를 제공한 클라이언트 수, 서비스의 양, 기관 내 독립된 프로그램들과의 차이
□ 자원 할당 정보: 전체 소요 비용, 특정 서비스 유형에 소요된 비용, 재정 보고서 작성에 필요한 데이터

외부 지역사회 관련 정보만을 제외한다면 위에 제시된 데이터는 거의 정상적인 기관 운영을 통해서 얻을 수 있다. 정보관리 체계는 그것이 얼마나 복잡한지 또는 얼마나 비용이 드는지에 상관없이 기획가들이 선택하는 유용한 정보들을 통해서 구축될 수 있다.

③ 3단계: 세부 설계

　제3단계는 이전 단계에서 수집한 데이터를 바탕으로 현재의 정보관리 체계에 변화가 일어나는 단계이다. 이 단계에서는 총괄도(flow chart)가 분석되고 불필요한 단계들은 제거되며, 새롭게 필요한 데이터가 포함되고, 필요한 방법으로 과정이 조정된다. 일단 필요한 정보들이 정해지면, 기관 직원들은 이러한 정보들에 대한 적절한 출처를 찾아야 한다. 대부분의 기관에서는 클라이언트의 특성이나 전달된 서비스의 특성을 파악하기 위한 특정 양식(form)을 사용한다. 평가에 필요한 데이터는 그러한 양식이 설계될 때 고려되어야만 한다.

　평가 데이터를 다루는 방법은 일상적인 기관 운영 속에 포함되어 있어야 한다. 평가자들은 기관의 어떤 사람이나 어떤 기능 단위가 가장 쉽게 필요한 정보를 기록할 수 있고, 정보가 누구에게 보고되어야 하며, 누가 정보를 분석하는 책임을 맡아야 하는지를 결정해야 한다.

　이 단계에서는 데이터가 어떻게 사용될지에 대한 질문에 답을 준다. 정보관리 체계는 서비스 전달 인력에 의해 쉽게 활용될 수 있어야 한다. 또한 프로그램 담당 직원과 관리자들은 전체적으로 프로젝트 진행 과정을 검토하기 위해 요약된 데이터를 사용하기도 한다. 어떤 데이터를 전산화할 것인지에 대한 결정도 이 단계에서 내려야 한다. 이러한 접근 방식에서는 사례 관리 파일에 사용될 양식의 유형과 월별, 그리고 연간 보고서에 사용될 요약된 정보들을 제시한다.

　수집되어야 할 데이터, 수집 방법과 저장 방법, 데이터 기재, 사례관리 파일 양식, 데이터 수집 및 분석 체계, 소프트웨어(software)와 하드웨어(hardware)가 설계되면 검토와 결정을 내릴 준비를 하게 되는 것이다. 만약 다양한 정보관리 체계 구축 프로젝트팀이 다양한 측면의 기획을 하고 있었다면 이 단계에서는 정보관리 체계를 사용할 직원들과 관리자들이 함께 모여 여러 업무들을 통합된 차원에서 검토해야 한다. 계획안이 승인되거나 수정된 후에 새로운 정보관리 체계는 실행을 시작할 수 있게 된다.

④ 4단계: 정보관리 체계 시험 운영 및 기관의 준비

새로운 체계에 대한 계획안이 승인된 후에는 새로운 장비 또는 최소한 소프트웨어라도 구매될 것이다. 이 단계에서는 종종 하드웨어와 소프트웨어 구입 및 직원 대상 훈련으로 인해 일괄적인 비용 지출이 발생한다. 하드웨어와 소프트웨어에 대한 정기적인 유지 관리 및 업그레이드, 새로운 직원에 대한 교육 및 훈련은 이후부터는 고정적인 예산 처리 항목이 된다. 정보관리 체계를 사용하는 직원 및 기타 사용자를 대상으로 하는 교육은 그 중요성에도 불구하고 때때로 간과되기가 쉽다. 게다가 새로운 소프트웨어와 하드웨어를 사용하는 방법을 배우는 것 이외에도 많이 변화되었거나 완전히 새로워진 정보관리 체계를 개발하는 것은 대부분의 기관들에는 조직 문화에 있어서도 상당한 변화를 유발한다.

기본적인 교육 차원에서 볼 때, 짐머만과 브로우톤(Zimmerman & Broughton, 1998)은 때때로 컴퓨터 사용에 관한 직원 교육에 다음과 같이 유용한 제언을 제시해 주고 있다.

□ 소규모 집단 규모로 교육하기
□ 단기간 교육
□ 교육 전에 직원들이 사무실에서 컴퓨터와 소프트웨어에 접근할 수 있게 확인하기
□ 직원들이 사용하는 소프트웨어와 동일한 것으로 사용할 것
□ 다른 업무로 인해서 교육을 중단하지 않기
□ 직원들의 수준에 적절하게 교육 과정 맞추기
□ 새로운 기술을 연습할 수 있는 시간 제공하기
□ 교육 시 동료를 잘 활용하기

⑤ 5단계: 전환

이 단계에서는 정상적으로 새로운 체계가 시행된다. 새로운 체계로 완벽히 전환하기 위해 새로운 체계와 이전 체계는 당분간 함께 사용될 것이다. 시험적 운영 기간이 끝나고 나면 새로운 정보관리 체계는 모든 필요한 정보들을 제공해줄 것이며 이전 체계의 사용은 중단될 것이다. 사무실 위치나 사무실 내 공간의 재구성도 이 단계에 포함된다.

⑥ 6단계: 평가

정보관리 체계를 포함한 기관 차원의 체계에 대한 최종적인 시험 운영은 서비스 개선과 이해당사자들의 반응을 높이는 데서부터 출발하여 비용을 감소하고 업무의 질을 증가시키는 데까지 제시된 목표를 달성하는 데 있어서 성과라 할 수 있다. 새로운 체계에 대한 계획과 실행에 참여한 모든 사람들과 새로운 체계를 활용하게 될 사람들은 원래의 고유한 목적, 목표, 새로운 체계에 대한 기대를 검토할 기회를 가져야 하며, 이러한 것들에 대한 실제적인 결과를 비교해야 한다. 때때로 새로운 체계가 효율성이나 비용감소에 미치는 영향을 평가할 때 흥미로운 일이 있다. 포커스 그룹이나 사회 조사(survey)를 통해 직원의 관점을 평가하는 것은 정보관리 체계의 성취를 확인할 수 있는 동시에 발생하는 문제나 잠재적인 문제 및 그것들을 다루게 될 새로운 아이디어를 얻을 수 있다.

⑦ 7단계: 운영, 유지, 수정

이 시점에서는 새로운 정보관리 체계와 운영 절차 및 형태는 계획된 대로 완전하게 운영되고 기능하고 있어야 한다. 이 단계에서는 뒤따르는 새로운 절차와 새로운 욕구와 상황에 적합한 운영 기제를 확보해야 한다.

4단계에서 제시된 것처럼 변화를 위한 관리 원칙에는 다음과 같은 것들이 있다.

□정보관리 체계에 대한 모니터링

□계획한 대로 정보관리 체계가 활용되고 있는지에 대한 책임

□필요한 정보를 지속적으로 제공하기

　어떤 체계이든지 소프트웨어뿐만 아니라 새로운 프로그램 욕구를 반영한 업데이트(up-date)를 필요로 한다. 새 직원들에 대한 교육뿐만 아니라 변화가 생길 때마다 직원들을 대상으로 하는 교육은 필요하다. 또한, 기관에서는 정보 체계의 사용에 대한 직원들의 느낌을 모니터링하는 직원 회의를 주기적으로 열어서 업무에 있어서 정보관리 체계의 중요성을 인식하게 하는 것도 중요하다. 정보관리 체계에 의해 수집된 데이터 요약은 직원들의 일일 정보를 수집하게 하는 활동을 제공한다. 또한 정보관리 체계를 활용한 직원들의 업무가 가치 있는 프로그램 성과를 내는 데 얼마나 도움이 되는지 보여준다.

사회복지기관 관리자

제5장
사회복지기관 관리자

일반적으로 우리나라에서 사회복지를 전공하거나 혹은 사회복지사 자격증을 취득하여 사회복지사가 되고자 하는 사람은 실천가(practitioner)로서 사회복지의 첫 발을 내딛게 되는 경우가 대부분이다[8]. 사회복지사는 실천가 또는 임상가(clinician)로서 주로 클라이언트를 직접적으로 담당하는 업무를 수행하면서 동시에 사회복지사로서의 전문성(professionalism)과 권위(authority)를 쌓게 되고 그런 다음 조직 운영 활동이나 관리 활동을 수행하게 되는 지위로 옮겨가게 된다.

관리자가 된다는 것은 다시 말하면 수퍼바이저가 된다는 것이고, 직원들을 관리하고 통제하는 권한을 갖게 된다는 의미이며, 따라서 기관을 운영하는 데 있어

---

8) 물론 공공부문의 사회복지 업무 담당자인 경우 전달체계 내에서 실천과 정책의 중간자 역할을 담당하고 있지만 엄밀히 말해서 정책가(politician)라기보다는 공적부조를 담당하는 실천가에 더 근접한다고 볼 수 있다.

막중한 책임을 갖게 됨을 의미한다. 이러한 의미를 제대로 파악하고 적절히 그 의무와 권한을 수행할 수 있을 때 관리자는 자신의 능력을 펼칠 수 있게 되고, 이는 타인이 인정해 줄 수 있는 훌륭한 경력이 되며, 스스로 더 발전할 수 있는 동기가 된다. 그러나, 그렇지 못할 경우 관리자가 되는 그 순간부터 불행과 혼란의 시기가 도래하는 것이다.

1. 실천가(practitioner)에서 관리자(administrator)로

1) 사회복지 관리자 되기

처음 관리자가 된 사회복지 실천가들이 느끼는 갈등과 혼란은 다양한 상황에서 여러 가지 요인들에 의해 복합적으로 발생되지만 다음 두 가지 질문으로 축약될 수 있다. 그것은 "내가 관리자의 역할을 즐겁게 수행할 수 있을까?"와 "나는 효율적으로 업무를 수행할 수 있을까?"라는 것이다. 그러나, 이러한 혼란을 해결할 수 있는 특별한 지식이나 기술이 따로 마련되어 있는 것이 아니고 만일 그런 것이 있다 하더라도 지식이나 기술의 습득에 있어 젊은 층들보다 그 능력이 떨어질 수밖에 없는 관리자들에게는 그것 자체가 위협적인 요소가 될 가능성이 높다.

이러한 초보 사회복지기관 관리자들의 갈등과 혼란을 줄이기 위해서 고려해야 할 점들을 다음 두 가지 측면에서 살펴볼 수 있다(Perlmutter, 1990; Levinson & Klerman, 1967).

(1) 개인적 관점(personal perspective)

직접 서비스를 전문적으로 수행하면서 수년간 훈련된 임상가나 실천가들이 관리자가 됨으로써 겪는 어려움은 그리 예측하기 어려운 상황은 아니다. 그것은 누구나 다 겪을 수 있는 일반적인 일이고 관리자 대부분이 경험하게 된다. 이는

[표 5-1] 사회복지사와 사회복지 관리자의 특성별 차이

내용 \ 대상	일선사회복지사	사회복지관리자
관 점	미시적, 구체적	거시적, 체계적
업 무	직접 실천	권한 위임
의사결정	즉각적, 대응적	우선순위
가 치	중립적	고유의 가치, 리더십
업무 수행 스타일	수동적	적극적
지 향	현재	미래
권한 및 권위 사용	미숙	고도로 훈련

사춘기, 결혼, 사별, 노년기 등의 정상적인 생활주기(life cycle)의 발달단계상에서 겪을 수 있는 내적인 스트레스나 충격과 흔히 비유될 수 있다. 따라서, 이러한 혼란과 충격을 최소화하기 위해서는 관리자가 되는 과정에 있어서의 역동을 함축적으로 이해하는 것이 매우 필요하다. [표5-1]에서는 일반사회복지사에서 관리자가 되면서 경험할 수 있는 역할 및 기능상의 특성별 차이를 개략적으로 보여주고 있다.

① 관리자의 역할 과업

일선 사회복지사가 기관 관리자가 되는 과정에서 서로 상반되는 입장과 위치에서의 갈등을 해결하고 관리자의 역할을 더욱 효율적으로 수행해 낼 수 있도록 하기 위하여 레빈슨과 클러만(Levinson & Klerman, 1972)은 임상가와 행정가의 지위에서 기인하는 역할들을 통합하는 모델을 제시하였다. 이 모델은 일련의 몇 가지 '역할 과업(role tasks)'들을 제시하고 있는데, 그 개략적인 내용은 다음과 같다.

□관리자의 첫째 역할 과업은 기관과 기관의 사회적 관계가 서로 통합된, 사회·심리적 개념을 발전시키는 것이다. 관리자는 일반적으로 인성이론, 관계이론 등 구체적이고 실질적인 이론적 근거를 자신의 지식 기반으로 삼고 있다. 그러나, 기관을 운영하는 관리자는 관료주의, 조직 행동 등의 메카니즘(mechanism)으로서의 조직 및 사회체계에 대한 이해가 우선시되어야 한다. 이 과업은 매우 광범위하며 다른 구체적인 역할 과업들의 이론적인 근간이 되는 것으로서 사회, 정치, 경제 등의 지식 기반에 직접적으로 관련되어 있다.

□둘째는 직원을 관리함에 있어 권위의 활용에 있다. 관리자는 기관 내에서 직원들을 통솔하며 예산, 재원 등의 행정적인 문제뿐만 아니라 직원의 승진, 급여, 사임 개별적인 사항에 대해서도 끊임없이 의사결정을 한다. 권위의 유형은 두 가지로 구분되는데 관료주의의 위계와 서열에서 오는 하나의 권위와, 전문직에서 오는 다른 하나의 권위가 있다. 그런데, 권위로 인해 야기되는 문제는 그것이 나타나는 양상이나 심각성에 비추어 볼 때, 관료주의 조직보다 전문직 세팅일 때 더 복잡하다. 왜냐하면 프로페셔널리즘(professionalism)의 핵심은 자율성이기 때문에 관리자가 다양한 상황에 맞춰 명확히 구분하여 권위를 사용한다거나 조직의 발전 단계에 따라 권위 활용을 다변화할 수 없기 때문이다.

□레빈슨과 클러만(Levinson & Klerman)이 제시한 셋째 역할 과업은 사회복지와 관련이 깊은 다른 전문직과의 관계를 어떻게 맺느냐하는 것이다. 사회복지는 의사, 심리치료사, 지역사회 조직가, 공무원, 교사 등을 포함한 다양한 전문가 집단과 유기적인 관련을 맺고 있다. 이들은 공동 작업을 수행하면서도 각기 다른 목적과 적용 기술 심지어는 다른 가치 지향을 가질 수 있기 때문에 이러한 점들을 민감하게 고려하여 대처해야 한다.

□넷째 과업은 사회복지기관은 사람, 집단, 그리고 기관 외부의 많은 조직들

과 관계를 맺으면서 기능하기 때문에 관리자는 넓은 안목과 융통성 있는 자세를 가져야 한다는 것이다. 사회복지기관이 각각의 고유의 기능만을 수행하며 수동적이고 단편적인 역할에 안주하는 시대는 지났다. 사회복지기관을 운영하는 관리자는 중앙 및 지방 정부, 재단, 지역사회 단체, 언론, 기타 핵심적인 사회체계에 접근하여 적극적으로 기관의 역할을 개발해 나갈 수 있어야 한다.

□기관의 성장과 혁신을 위한 다섯째 역할 과업은 관리자는 궁극적으로 VISION이라는 말로 대표된다. 프리슨과 오스틴(Friesen & Austin, 1984)은 적극적인 행정가는 가치(Values), 의지(Intent), 기술(Skills), 혁신(Innovation), 목표(Objectives), 조정(Negotiations)을 줄 수 있어야 한다고 하였다.

□마지막으로, 여섯째 역할 과업은 관리자는 새로운 정체성을 확립해야 한다는 것이다. 생각과 발상의 전환이 일어날 때 새로운 정체성은 성취된다. 개인과 기관만을 보았던 시각에서 관점을 외부로 돌려 모든 에너지를 기관에 직접적인 영향을 줄 수 있는 더 광범위한 영역에 쏟아야 한다. 그리하면 관리자 자신은 물론, 그가 이끄는 조직은 달라질 것이다.

(2) 체계적 측면(systems perspective)

앞에서 언급한 바 있는 첫 번째 역할 과업은 '기관과 기관의 사회적 배경이 서로 통합된, 사회·심리적 개념을 발전시키는 것'이라고 한 바 있다. 이것은 체계적 측면의 관점으로서 정의될 수 있다.

사회복지기관의 배경(context)을 이해하는 것 자체가 곧 기관의 효율적인 운영을 위한 시작이다. 기관의 사회적 관계를 이해함에 있어 환경은 가장 중요한데, 사회복지기관의 직접적인 외부 환경으로서 고려해야 할 요인들은 혹독한 환경, 가치 변화, 신기술, 선택 가능한 다른 대안들, 전문가 집단 등이 있다.

체계로서 조직을 구성하고 있는 주요 요소들에 대해서 슬래빈(Slavin, 1980)은

[그림 5-1] 사회체계로서의 사회복지기관 구성요소의 관계성

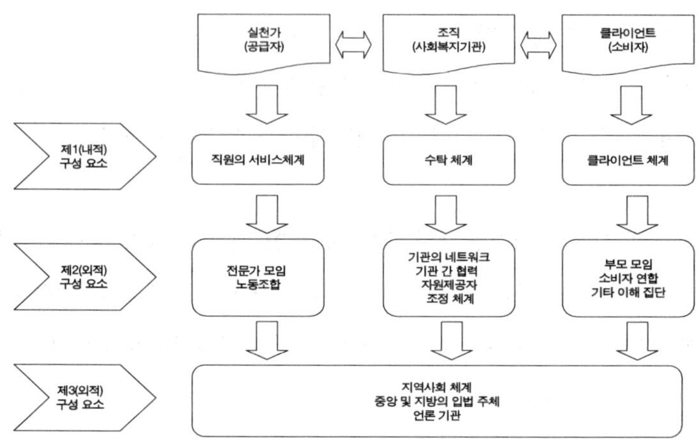

사회체계로서 사회복지기관에 대한 명확한 공식을 구체적으로 제시하고 있다. 그는 모든 서비스를 제공하는 기관들은 세 가지 본질적인 요소들을 통합한다고 하였다. 그것은 곧 서비스 제공자(실천가), 서비스 사용자(클라이언트, 소비자), 그리고 사회복지기관(서비스 기관)이다. 이 세 요소들은 긍정적이든 부정적이든 하나의 네트워크 속에서 서로 관련을 맺고 있다. 예를 들면, 실천가는 일선 사회복지사로서 기관의 구성원일 뿐만 아니라 자신이 훈련받은 전문직으로서 정체성을 가진다. 또한, 클라이언트는 하나의 네트워크 안에서 자신의 가족들과도 관련을 맺고 있으면서 같은 문제를 겪고 있는 다른 클라이언트들과도 연계되어 있다. 기관은 공공 혹은 민간 기관으로서 지역사회의 한 부분으로 기능한다.

슬래빈(Slavin, 1980)은 상호관련성을 가지고 있는 이 세 가지 요소들과 연계망을 통하여 다시 세 가지 차원의 구성 요소들로 분류해 낸 뒤 그 관계성을 [그림 5-1]로 나타내고 있다. 제1구성 요소는 내적인 부분으로서 행정적인 영역이다. 제2와 제3의 구성 요소는 기관의 사회체계로서 외적인 것에 해당되지만 이들도 역시 기관의 직접적인 행정적 관심이 요청되는 부분이라고 할 수 있다.

2) 사회복지 관리자가 되기 위한 조건

(1) 사회복지 실천 유경험자(direct practice or experience)

서두에서 대부분의 사회복지 관리자들이 처음에는 일선 사회복지사로부터 출발한다고 언급한 바 있다. 그렇기 때문에 기관을 운영하고 중요한 의사결정을 하는 관리자가 되기 위한 가장 중요한 출발점은 다른 것에 있지 않다. MBA(Master of Business Administration)가 필요한 것도 아니고, 굳이 뒤늦은 나이에 다시 학교 문을 두드려 비싼 등록금을 내고 많은 특수 대학원에 개설되어 있는 최고 지도자 과정을 따로 이수해야 하나 하는 불안감을 가질 필요 또한 전혀 없다. 다만 우리가 그 이전에 갖고 있었던 사회복지 분야의 다양한 사회복지 서비스를 실천한 직접적인 경험과 임상 경력이 그 핵심이 된다[9]. 즉, 클라이언트나 서비스 이용자, 잠재적 수요자들의 욕구, 관심, 문제들에 대해서 잘 알고 이해하는 것이야말로 사회복지행정 또는 사회복지기관 관리에서 가장 중요한 클라이언트 중심 서비스를 제공할 수 있는 근거를 마련하는 것이다.

따라서, 관리자로서 사회복지기관을 이끌어 보고 싶은 꿈을 가진 후보자는 오랜 기간 클라이언트를 만나고, 함께 그들의 문제를 호흡해 보고, 묻고 깨우치고 알아 가는 많은 시행착오 속에서 자신만이 가진 노하우와 지식, 기술, 자원들을 확보하여야 한다. 자신이 경험한 직접 실천 경험이 해결하기 어렵고 복잡하고 힘들수록 고통스러워하거나 좌절하지 말고 담대하라. 이는 유능하고 자신감 넘치고 인정받는 관리자가 되는 길이 나에게 한 발자국 더 가까이 다가왔다는 신호이다.

이에 더하여 신기술과 지식의 눈부신 발전을 그냥 보고만 있어서는 안 된다.

---

9) 사회복지행정에 대한 논의 중 일반성과 특수성에 대한 논의가 있는데, 일반론적인 측면에서 보면 상반된 관점이라고 할 수도 있다. 일반론적인 관점은 모든 행정은 효율성과 효과성을 추구하는데 사회복지행정 또한 그 예외가 될 수 없다는 것이다. 따라서, 사회복지 무경험자라 할지라도 조직의 효과성과 효율성을 성취하기에는 MBA 출신이 훨씬 더 적절할 것이라고 보는 견해이다.

자신에게 주어진 다양한 행정적 역할을 수행해 내기 위해서는 이론적으로나 기술적으로 항상 특화된 재교육과 훈련을 지속적으로 습득해야 한다.

(2) 적극적인 활동가(proactive leadership)

관리자란 한마디로 말해서 앞서나가는 사람, 넓은 의미로 리더십을 제공하는 사람이다. 기관을 원활하고 효율적으로 운영하기 위해서는 현재 필요한 수요와 욕구를 해결하고 충족시킬 수 있어야 할뿐만 아니라 내일의 비전을 제시하면서 그 가능성과 수요를 예측할 수 있어야 한다.

이에 대해 셀즈닉(Selznick, 1957)은 그의 관점을 다음과 같이 훌륭하게 표현해 내고 있다.

> 만약 행정의 위대한 기능 중 하나가 조직의 안정성을 향한 끊임없는 합일된 노력이라고 한다면 또 다른 것은 현재에는 배제되었으나 미래에는 가능할 수 있는 여건들을 창조해 내는 일이다.

미래를 향해 앞서나가는 리더십에 대한 셀즈닉(Selznick)의 견해는 사회복지행정 분야에만 특수하게 해당되는 것이 아니라 공공이든 민간이든 행정 조직을 갖고 있는 전 분야에 걸쳐 전반적으로 적용되어 온 것이다.

(3) 클라이언트 옹호자(advocacy)

세 번째 조건은 선행적 리더십 원칙과 관계가 깊은 것으로 사회복지행정은 곧 그들이 봉사해야 할 클라이언트의 옹호자가 되어야 한다는 것이다. 이는 현재 기관에서 서비스를 제공하고 있는 대상자 및 그 이용자뿐만 아니라 좀 더 넓은 잠재적인 클라이언트를 파악하고 이들을 위해 자원을 확보하고 대안을 마련하는 등 지속적인 노력과 헌신을 가능케 한다. 그러나, 일반적으로 전문직으로서 사회복지 분야에서는 이 옹호자로서의 전제를 가장 본질적인 요소라고 인식하고 있음에도 불구하고 사회복지 행정가나 기관 운영자들 사이에서는 현실적인 문제나 압력에 직면했을 때 종종 간과되는 부분이기도 하다.

행정가나 관리자는 지역사회 내의 클라이언트에 대한 옹호 활동을 반드시 수행해야 한다. 그렇기 때문에, 이에 따르는 부차적인 의무로서 수퍼바이저나 관리자들은 일선 사회복지사들이 자신의 옹호 의무를 수행할 수 있도록 하기 위한 조직의 분위기를 마련해 주는 것이다.

(4) 임파워먼트(empowering the staff and client)

임파워먼트는 옹호 활동과 관련된 전제로서 관리자 스스로 임파워먼트 되어야 함과 동시에 직원들과 궁극적으로는 클라이언트와 관련자들까지도 임파워링 될 수 있도록 해야 하는 것을 의미한다. 이것은 관리자의 의무이다. 관리자에게는 업무 수행 시 순간 순간 중요한 판단과 의사결정을 해야 하는 일들이 주어지고 많은 업무 부담과 자원 확보, 그리고 직원 및 지역 사회와의 관계 등 중요 현안들에 대한 압력들이 상존한다. 때로는 주어진 책임이나 의사결정이 너무 힘에 겹고 어려울 때, 내 맘대로 해버리고 싶을 때, 포기하고 싶은 유혹에 시달리기도 한다. 그러나, 이것은 클라이언트의 자기 결정권에 대한 사회복지의 확고한 가치에 반하는 것이며, 사회복지사는 그 어떤 순간에도 자신 스스로와 클라이언트의 자기 결정권을 극대화하려는 노력을 포기해서는 안 된다.

관리자는 사회복지사 외에도 훈련된 전문가 집단들과 관계를 맺으며 업무를 수행하는 경우가 많기 때문에 자기 결정의 가치를 항상 기본적으로 고려하며 수용해야 하는 것이다. 새로운 것에 대해 도전한다는 것은 바꿔 말하면 신념을 실천하는 것이다. 임파워먼트는 이러한 전문적 필연성에 직접적으로 기인한 것으로서 클라이언트 및 하위 직원에서 최고 관리자에 이르기까지 지속적으로 강조해야 하며 이는 곧 사회복지 관리자의 책임인 것이다. 사회복지 관리자의 책임성으로서 직원과 클라이언트의 임파워먼트를 강조하는 것은 사회복지행정이 여타 행정과 구별되는 고유한 특성에 해당된다.

[표 5-2] 관리 스타일 이해

1	·나에게 가장 잘 맞는 조직관리 이론은 무엇인가? ·의사결정 시 직원들과 함께 하는 참여적 관리 방식에 대해 나는 얼마나 편안하게 느끼는가?
2	·나는 기획 과정에 따른 의사결정을 선호하는가? 아니면 직원들에게 자율성을 부여하고 전문가의 판단을 존중하는 방식을 더 선호하는가? ·나는 뜻밖의 사건에 대비한 기획(contingency)을 얼마나 중요하게 생각하는가?
3	·직원들이 일으키는 잠재적인 문제뿐만 아니라 다양한 형태의 직원들과 그들의 독특한 기여에 대해서 불만은 없는가? ·나는 일반적인 직무 기술과 주의깊고 면밀한 직무 기술 중 어떤 것을 더 선호하는가? ·사회복지기관을 전문화하는 것에 대해 얼마나 중요하게 생각하는가?
4	·직원 능력 개발을 위한 수퍼비전과 보수교육의 중요성에 관한 나의 태도는 어떠한가? ·직원들의 전문적 경력 개발을 좀 더 높은 관리자의 책임으로 보는가? 아니면 개개인의 책임으로 보는가?
5	·직원 업무수행 평가와 직원(personnel) 활동에 대한 나의 태도는 어떠한가? ·개별 직원의 업무성과 향상을 돕는 것이 보다 유용한가? 또는 기관과 클라이언트를 보호(protect)하는 것이 더 유용한가?
6	·내가 접근한 방식과는 다른 방식으로 업무를 처리한 직원을 인정하고 수용할 수 있는가? 또는 나의 업무 스타일과 유사한 사람들을 인정하고 수용하는가?
7	·부하직원들 간의 응집력과 비공식적 조직 구조에 대해서 불편하게 느끼지 않는가? ·기관 내부의 갈등에 대한 나의 태도는 어떠한가? ·의사소통의 가장 중요한 목적은 무엇이라고 생각하는가? 그리고 내가 더 선호하는 의사소통 방식은 무엇인가?
8	·업무와 권한을 타인에게 위임하는 것에 대해 불만이 없는가? ·스태프에게 위임하는 방식을 선호하는가? 아니면 부하 직원에게 기능적인 권한을 위임하는가?
9	·지시를 통한 상당한 양의 직접적인 통제를 선호하는 편인가? 또는 충고와 정보 제공을 통한 통제를 선호하는 편인가?
10	·훌륭한 리더십의 구성요소로서 지지와 조직 구조의 상대적인 중요성에 대해 얼마나 인식하고 있는가?

2. 사회복지 관리자의 역할

미국의 경우 사회복지 관리자의 역할과 기능을 이야기할 때 항상 이사회의 그
것과 비교하여 논의된다. 일반적으로 이사회는 관리자의 임면권을 가지며 정책
을 수립하고 기관 운영의 규칙을 정한다. 이에 대하여 기관 관리자 또는 행정가는
프로그램 수행을 통해 수립된 정책을 집행하고 예산을 집행하며 직원을 고용한
다. 또한, 대부분의 경우 이사회는 지역사회의 법적ㆍ재정적 전문가로서 무급의
자원봉사로서 이사회 임원의 역할을 수행한다.

우리나라도 물론 사회복지공동모금회나 한국복지재단 등과 같이 대형 사회복
지법인에서 운영ㆍ관리하고 있는 사회복지기관들은 직원의 전보 발령 및 임면
권, 그리고 법인의 핵심적인 정책 등은 법인에서 수립하여 그에 따라 각 기관에서
정책을 수행하기도 한다. 그러나, 일반적으로 각 법인들은 최고 관리자 임면을 제
외하고는 실질적으로 거의 모든 정책 수립이나 집행, 프로그램 운영, 직원 관리,
예산 집행 등 해당 기관의 최고 관리자가 모든 것을 결정하고 수행하도록 일임하
고 있다.

[그림 5-2] 관리자의 역할

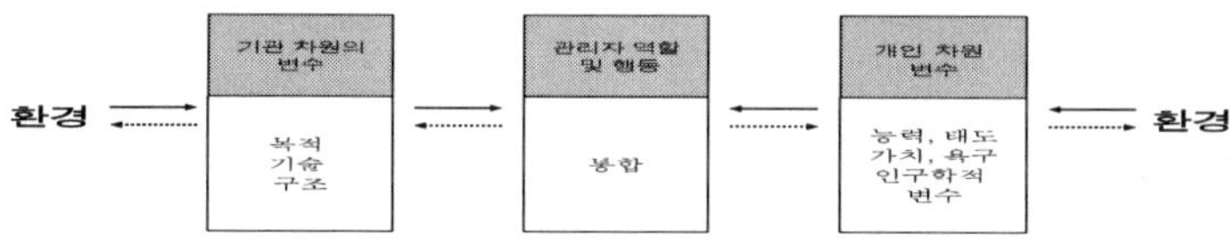

출처: Miles(R.), *Theories of management: Implications for organizational behavior
and development*. New York: McGraw Hill. 1975.

1) 정책 결정 및 집행자

사회복지 관리자 또는 행정가는 기관 내적으로나 외부 환경적 측면에 있어서 모두 효과적으로 기능해야만 한다. 특히, 외부 환경은 빠르고 복잡하게 변화하고 있기 때문에 예측이 불가능하다. 그러므로, 새로운 정치적 현실을 극복해 나갈 수 있는 새로운 기술과 전략의 개발이 반드시 요청된다. 스턴(Stern, 1984)은 이러한 부분을 직시하면서 '관리자는 클라이언트에게 유익이 되지 않는 부분은 최소화하고 기관의 목적은 극대화시킬 수 있는 잘 고안된 일련의 기술들'을 개발해야 한다고 역설하고 있다. 문제에 대한 임의적인 대처 전략만으로는 싸움에서는 이기고 전쟁에서 지는 결과를 가져올 수밖에 없기 때문이다.

(1) 정책과 정치(policy and politics)

정책과 정치는 매우 밀접하게 관련되어 있기 때문에 사회복지 행정가에게 그 유사성과 차이점을 분명히 하는 것은 매우 중요한 일이다. 정책은 이론적 근거를 통해서 세운 원칙을 기본으로 하여 수립된 의사결정에 반영된 프로그램 의도나 목적이라고 정의할 수 있고, 정치는 정책에 의해서 영향을 미치거나 혹은 영향을 받기 위해서 노력하는 해당 집단의 제반 활동이라고 간주될 수 있다. 따라서, 관리자는 이 두 가지 모두에 대해서 잘 알고 상황에 맞게 적절히 대처해 나가지 않으면 안 된다.

(2) 정책적 제한

이에 대해 펄무터(Perlmutter, 1980)는 네 가지 정책상의 제약을 제시하고 있는데, 정책 상호간의 경쟁, 갈등, 불명확성, 불일치 등의 현상이 나타날 때는 매우 정교한 관리 기술이 필요하다고 하였다.

□경쟁: 이 경우는 두 가지 이상의 정책이 하나의 프로그램의 근거가 되어 서

로의 수준이 비슷하거나 둘 다 나름대로의 방식이 적절할 때 나타나는 제한이다. 문제는 프로그램 간의 우선순위가 명확하지 않거나 프로그램들을 지원하는 자원이 불충분할 때 발생한다. 예를 들어, 지역사회정신보건센터의 기능으로서 치료와 예방을 모두 수행하고자 하였다면 결과적으로는, 이론적으로나 전문직의 측면에서는 물론 관리 운영의 측면에서도 무리한 강요의 결과가 된다는 것이다 (Perlmutter & Vayda, 1978, Silverman, 1972).

이 문제를 처리하기 위한 적절한 전략은 경쟁 프로그램들을 동시에 충족시킬 수 있도록 자원의 양을 늘리는 것이고, 만약 충분할 정도의 자원이 확보되지 않는다면 프로그램의 우선 순위를 정하고 장기적인 계획을 수립해야 한다.

□갈등: 갈등이 나타나는 경우 관리자는 둘 중 하나만을 선택해야 한다. 따라서, 한 가지를 선택했을 때 기관이 취할 수 있는 유익과 기관의 발전에 어느 것이 더 적절한지에 대한 장단점들을 서로 비교·탐색하는 과정이 반드시 필요하다. 혁신적인 관리를 위해서는 새로운 관점을 가지고 서로 다른 대안들을 찾아내고 문제를 명확히 하는 분석 기술을 활용할 수 있을 것이다.

□불명확성: 불명확성은 프로그램의 결과에 대한 기대가 불분명할 때 나타나는 제약이다. 이런 경우는 창의적인 리더십이 활용되어야 한다. 위기 관리에 능한 관리자는 독창적인 선택과 새로운 방향을 모색하기 위해서 이러한 모호함이 주는 불분명함과 자유로움을 이용하려 할 것이다. 그러나, 판에 박힌 관리자는 정책의 불명확성을 제거하기 위해서 자신의 능력을 쥐어짤 것이고 그렇게 되면 당연히 혁신의 기회는 잃고 만다. 여기에 더욱 더 완벽하게 정책적 명확성을 드러내기 위해 나설 경우 불명확성은 갈등이나 경쟁으로 변질될 소지가 매우 크다.

□불일치: 중앙, 지방자치단체, 지역사회 등의 기대가 서로 다를 때 불일치가 생기며 불일치는 이러한 경우 새로운 행정적인 연계를 만들게 된다. 정부의 정책

은 정부 주체의 사회복지기관에서 주도적으로 집행되고 민간 기관에서도 위탁 또는 계약의 형태로 수행되기 때문에 두 영역에서 모두 지속적인 증가 추세에 있다. 따라서, 각 정책의 주체가 누구냐에 따라 그 기대가 매우 다양하며 접근 방법도 각기 다른 기술을 요구한다. 정책에는 필연적으로 정치적 행동이 수반된다. 그렇기 때문에 관리자는 각 정부 주체뿐만 아니라 관련 이해 집단(지역사회, 클라이언트, 전문가 등)과의 관계 속에서 효과적으로 기능할 수 있도록 차별화된 정치적인 기술을 능숙하게 활용할 수 있어야 한다.

2) 재정 자원 확보

자원(resources)은 사회복지기관이 환경으로부터 얻어 조직 전체에 배분하는 원자재와 같은 것이다. 재정 자원은 자금, 직원, 기술, 클라이언트, 지역 사회의 동의 및 영향 등을 포함한다.

재정 자원을 획득하는 것은 기관의 가장 중요한 관심사이자 관리자에게 주어진 일차적인 책임이다. 그렇기 때문에 자원 확보에 대한 이해는 조직의 생존과 기관 운영에 있어서 의사결정에 필수적이라고 할 수 있다.

개인이나 종교 단체 등에서 운영하던 시절의 초기 사회복지기관에서는 개인의 재산이나 소득, 헌금 등을 '주머니 돈이 쌈짓돈'처럼 예산이나 회계와 관련 없이 운영비로 사용하였기 때문에 독립적인 재원 확보에 대한 정확한 개념을 갖고 있지 않았었다. 그러나, 조직의 규모가 커지면서 제공하는 서비스와 관련 대상자들이 양적으로나 질적으로 급속하게 팽창하게 됨에 따라 민간 기관의 재정 자원 확보는 조직의 생존과 직결된 가장 중요한 이슈로 등장하게 되었다. 따라서, 기관의 재정이 얼마나 충분하고 안정적인가의 여부가 최고 관리자의 능력을 측정하는 시금석으로 여겨지기까지 한다. 그렇기 때문에 관리자가 도전해야 할 핵심은 클라이언트에게 이익을 주기 위한 자원을 충분히 획득하여 이를 적절하게 할당

함으로써 효과성을 향상시키는 것이다. 여기에서는 전반부에서 다른 물적 관리의 한 차원으로서 재원 확보가 아닌 재원 확보 전략에 있어서 관리자의 역할을 중심으로 간략하게 다루어 보았다.

(1) 재정 자원 획득의 기초 원리

재정 자원의 획득에 대해서 랩과 포트너(Rapp & Poertner, 1992)는 다음의 3가지 기초 원리에 입각한다고 하였다.

① 성과의 명료화

기관에서 부여한 임무와 클라이언트에게서 바라는 성과를 분명히 하는 것이다. 이렇게 함으로써 관리자는 사용하고자 하는 자금을 구하느라 쫓아다니는 일을 하지 않을 수 있다. 자금을 구하는 것이 목표 그 자체가 되어 버리면 기관은 결국 본질에서 벗어난 활동을 하게 되고, 그 결과 클라이언트의 변화와 발전을 위해 노력하기보다는 모든 에너지를 다음의 지원금이나 보조금을 확보하고자 하는 계획안에 집중하게 된다. 목표에 집중할 수 있게 하는 것은 관리자로 하여금 숨겨져 있는 재원에 대해서 눈뜨게 한다. 예를 들어, 기관이 정신지체 아동의 지역사회 보호 프로그램을 수행하고자 한다고 하더라도 재정 모금의 기회를 정신 보건 부문에만 국한시키지는 않을 것이다. 이 목표의 효과성과 관련된 추가적인 재정 자원은 아동복지, 교육, 재활, 고용, 및 직업 훈련 분야에까지 확대될 수 있다.

② 잠재적 자원제공자와 접촉

재원 획득을 위해서는 재원의 잠재적인 출처가 되는 정부 관료, 입법자 및 개인과 자주 접촉해야 한다. 이는 조직 환경에 대한 일관성 있고 강도 높은 개입을 의미한다.

③ 프로그램 설계 기술

재원 획득에는 고도로 발달된 프로그램 설계 기술이 필요하다. 지원금을 확보하기 위한 사업 계획안이든 아니면 새로운 사업에 대한 간단한 취지서의 형태이든, 프로그램 설계는 재원 획득을 위한 다양한 노력 중 핵심이 된다.

(2) 재원 확보 전략에서의 관리자의 역할

사회복지기관의 재원 획득은 대개 최고 관리자의 책임이다. 우리나라에서는 일반화된 것은 아니지만 대형 사회복지법인인 경우 최고 관리자의 통솔 아래 재원 획득을 책임지는 상급 관리팀이 존재한다.

물론 최고 관리자가 재원 획득에 지배적인 책임을 가지고 있기는 하지만 중간 관리자 역시 도움이 되는 다양한 역할을 수행할 수 있다. 즉, 개인적인 네트워크를 통해 가능한 재원의 출처를 마련하기도 하고, 서비스의 중요한 공백을 찾아내고, 재원 획득에 도움이 되는 새로운 프로그램 아이디어를 개발하며, 모금을 지원하기 위해 자료와 서비스 대상자를 조직하고 그들이 모금의 주도자가 되도록 지원 조직과 함께 일할 수 있다. 모든 중간 관리자는 팀, 부서, 프로그램, 사무실 등을 유지하는 데 필요한 충분한 재원을 획득해야 하는 책임이 있다.

(3) 재원 개발 계획

프로그램을 설계하고 예산을 개발하는 것과 병행하여 재원을 획득하기 위해 계획을 세우는 것 역시 중요하다. 이 계획에는 무엇을 할 것인지, 누가 책임을 질 것인지(직원, 자원봉사자), 각 재원 모금 활동이 완수되는 날짜는 언제인지 등을 구체적으로 명시해야 한다. 이러한 계획은 관리자의 직접적인 지휘 아래 재원개발 담당직원(물론, 이 업무를 직접적으로 담당할 직원이 존재할 때 가능한 일이긴 하지만) 또는 중간 관리자(수퍼바이저)가 준비한다.

이 때, 계획의 일부분으로 고려해야 할 몇 가지 결정 사항들은 다음과 같다.

□ 1년 단위로 재원을 모금할 것인가? 아니면 임의적으로 경우에 따라서 재원

을 모금할 것인가?

□ 모금의 요소 중 기관의 임무와 프로그램, 자원봉사자의 능력에 가장 적절한 것은 무엇인가? 그리고 이러한 요소들은 지역사회 내에 존재하는가?

□ 조직 구성원 중 누가 접촉을 할 것인가? 만족할 만한 모금 수준을 누가 결정할 것인가? 누구에게 위임할 것인가? 누가 모금을 개발하고 시행할 것인가?

□ 현실적으로 모을 수 있는 모금 총액은 얼마인가? 그리고, 현재 그 액수를 달성하는 것은 가능한가?

계획은 현실적이어야 하며 누구로부터 어떻게 모금할 것인지 구체적이어야 한다. 이러한 다양한 사항들에 대해 준비가 되어 있고, 기대 수준이 명확해진다면 재원 개발 계획은 완성될 수 있다.

(4) 정치적 영향력을 얻기 위한 전략

조직의 최고 관리자나 중간 관리자가 주요 의사결정자 또는 영향력 있는 사람들과 관계를 맺는 것은 대개 영향력이 발휘되는 그 시점부터이다. 여기에는 국회의원, 시·구 의원, 정당, 중앙 및 지방정부의 공무원, 지역사회의 영향력 있는 유력 인사 등이 포함된다. 특히, 정당이나 선거를 통하여 선출된 대상들은 당선되는 데 도움을 준 사람들에게 더 관심을 보이기 때문에 이를 십분 활용해야 한다. 접촉을 시도하기 전에 가능한 유권자 집단과 이들이 투표하게 될 가능성, 담당 공무원의 경쟁력이나 조직 내에서의 능력 등은 고려해야 할 중요한 요소이다. 또한, 특정 분야의 이익 집단이나 옹호 집단 역시 이러한 전략의 일부분을 차지한다.

영향력을 확보하기 위한 준비 또는 세부적인 전략의 예를 몇 가지 제시해 보면 다음과 같다.

□ 정부의 관보, 홍보물, 백서 등을 꼼꼼히 찾아서 읽기
□ 특정 프로그램 영역의 계약을 위해 주소 목록 얻기

[그림 5-3] 관리자가 다루어야 할 조직 성과와 관련 변수들 간의 관계

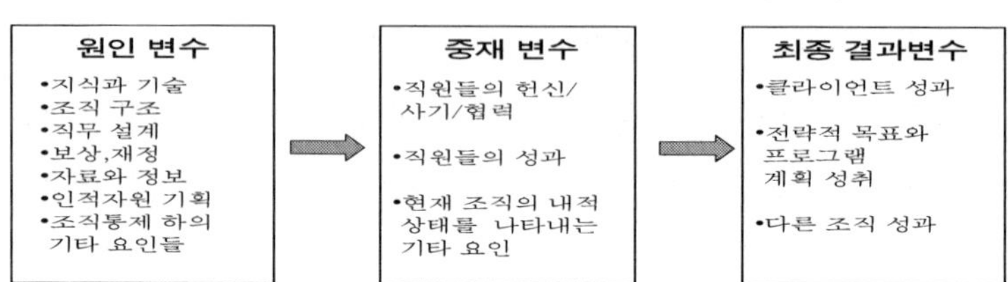

☐ 중앙, 지방, 시와 관련된 프로그램의 지역 대표자와 친분 쌓기

☐ 보조금 지원서나 계약 지원서를 잘 살펴서 읽기

☐ 새로운 프로그램의 실행에 참여하는 것이 조직에 적합한지 고려하기

☐ 우리 기관의 업무나 프로그램과 관련된 법령이나 지침의 제정 및 개정에 항상 관심 갖기

☐ 준비하고 사후 관리하기

3) 자원봉사자와의 관계

(1) 자원봉사관리자의 중요성

현재 많은 기관에서 자원봉사활동과 관련된 여러 가지 문제점, 즉 자원봉사활동의 단명화, 자원봉사자의 책임감 결여, 잘못된 자원봉사자관, 자원봉사자 활용기관의 기관 이기주의, 자원봉사활동 프로그램의 단순함, 자원봉사활동 인정과 보상의 부족, 자원봉사활동의 평가 결여, 자원봉사활동에 대한 법적 지원 미흡, 자원봉사활동 전문 기관의 부족 등이 다양하게 대두되고 있다. 이러한 문제점들 가운데 상당 부분은 자원봉사관리자가 전문적인 능력을 갖고 제 역할을 수행한

다면 해결될 것으로 보인다.

따라서, 여기에서는 사회복지사였을 때와는 조금은 변화된, 관리자가 되고 난 후의 자원봉사자와의 관계 설정과 역할, 바람직한 관리자로서의 특성들을 통해서 중간 관리자로서의 자원봉사자와의 관계를 살펴볼 것이다.

① 자원봉사관리자

최근 자원봉사활동의 필요성이 사회적으로 더욱 더 요청되고 그 중요성이 널리 인식됨에 따라 자원봉사활동 관리의 중요성이 부각되었다. 따라서, 이를 담당할 인력, 즉 관리자에 대한 관심이 증대되고 이에 따라 자원봉사 관리직이 새로운 전문직으로 등장하고 있는 추세이다. 이러한 전문직은 자원봉사관리자(volunteer administrator), 감독자(director), 혹은 조정자(coordinator)의 역할이다. 자원봉사관리자는 그 서비스를 수행하기 위해 수많은 자원봉사자를 활용하는 기관이나 조직의 최고 실무 감독자라 할 수 있고 자원봉사 감독자는 조직 내에서 자원봉사 프로그램을 책임지고 있는 중간 관리자라고 할 수 있을 것이다.

오코넬(O'Connell, 1986)은 자원봉사활동을 유지하고 강화시키고자 노력하는 사람들과 자원봉사 관리자들은 자원봉사활동에 대한 본질을 이해하고 교육시키는 일이 중요하다고 지적하고 있다. 그러나, 자원봉사관리자들이 자원봉사활동을 이해하고 다른 사람들에게 가르치는 방식은 자원봉사활동에 대해 그들이 가지고 있는 개인 철학과 자원봉사관리자의 역할에 대한 그들의 신념에 의하여 좌우될 것이다.

스킬링스태드(Skillingstad, 1986)는 자원봉사관리자로서의 역할 중에 가장 중요한 부분은 그들이 속해 있는 사회에 적극적으로 참여하여 사회의 발전을 꾀하고 노력하는 사람들의 동기를 유발하도록 도와주는 일이라고 믿고 있다. 그와 마찬가지로, 로손(Lawson, 1986)은 자원봉사관리자란 자원봉사자들이 기여하는 시간과 그들의 재능을 인정함으로써 자원봉사활동의 성장과 발전을 도모할 수 있도록 긍정적인 영향력을 행사하는 사람이라고 믿고 있다. 또한, 자원봉사관리자란 자원봉사자들과 함께 자신이 누군가를 확인하고, 자신을 위하여 사용하는 데 필요한 기술, 통찰력, 경험과 재능을 찾는 데 있어서 자원봉사자들을 함께 일하는 동반자로 보고 있다. 그는 자원봉사자는 기술, 시간, 사랑을 소유하고 있는 사람들과 그것들을 필요로 하는 사람들을 연결시키기에 가장 적합한 위치에 있다고 생각한다.

② 자원봉사관리자의 역할

자원봉사 관리 과정에 핵심적 역할을 하는 사람은 자원봉사관리자라고 할 수 있다. 자원봉사 프로그램은 자의적으로 운영되는 것이 아니고, 누군가가 기관의 욕구와 지역사회의 욕구를 결합시키는 복합적인 체계를 잘 맞추는 데 필요한 보살핌과 주의를 집중적으로 투입하는 노력을 기울여야 한다. 효과적인 자원봉사 관리자를 묘사할 수 있는 가장 적절한 용어는 상담역 또는 자문역이라고 할 수 있다. 이 때 관리자의 역할은 이 기관 내의 다른 직원들과 협력적으로 일하면서 욕구를 분석하고 시간제 자원봉사자에 의해 어떤 업무들이 수행될 수 있는지 그리고 이들을 동기화시키는 방법이 무엇인지를 철저히 분석하는 일이다. 상담역으로서의 관리자는 직원과 자원봉사자 양자의 욕구를 동시에 충족시키는 데 초점을 두어야 한다.

이러한 역할을 효과적으로 수행하기 위해서는 사람들과 원만한 관계를 형성하고 그들의 욕구와 소망을 이해할 수 있는 능력, 변화하는 요구 및 관심에 융통성 있게 적응할 수 있는 능력, 그리고 잠재적 기회들을 확인하고 그러한 기회가 현실적으로 이루어질 수 있게 노력하는 데 필요한 구조를 창조할 수 있는 능력 등이 필요하다.

자원봉사 프로그램 관리자들이 자신들을 어떤 특정한 전문직에 속한다고 생각하기 시작한 것은 극히 최근의 일이다. 즉, 관리자로서 자신들은 기업 또는 정부의 관리직에 있는 사람들과 같은 일을 처리하는 것을 인식하기 시작했다. 예를 들면, 작업자의 동기, 각 직무에 적합한 사람을 선발하는 것, 지도 감독, 업무 행동과 성과의 평가 등 관리 기능에 관한 이론들이 자신들의 상황에도 직접적으로 적용될 수 있다는 것을 알기 시작했다.

자원봉사 프로그램의 관리자들은 다른 일들도 당면하고 있는데, 다음은 그 중 특이한 일에 해당한다.

□ 자원봉사자의 매력을 끌 수 있는 직무를 고안하는 것
□ 개인 자원봉사자는 물론 지역사회복지에 기여하는 자원봉사주의의 가치를 잘 이해하고 있지 못하는 현 사회상황 속에서 자원봉사자를 모집해야 하는 일
□ 기관 내의 전문직원들이 자원봉사자들과 협력하여 일할 수 있도록 돕는 일
□ 월급봉투를 받지 않는 자원봉사자들에게 적절한 보상을 제공하는 일
□ 기관은 자원봉사를 원하는 사람을 누구나 사용하지는 않는다는 현실적인 상황 속에서 자격 있는 사람들을 거절하는 일

이와 같은 자원봉사 프로그램 관리자라는 새로운 전문직은 앞에 언급한 사항들을 담당해야 하며, 더욱이 어느 민주 사회에서든지 가장 중요한 활력소로서의 자원봉사주의를 보존하기 위해서 노력해야 한다(S. M. Curley, 1989).

③ 바람직한 자원봉사관리자의 특징

바람직한 자원봉사관리자의 특징을 정리하여 보면 다음과 같다. 또한 [표5-3]에서는 중간 관리자로서 자원봉사관리자의 바른 덕목과 그에 따른 행동지침을 핵심적으로 제시하고 있다.

□ 적극적인 태도: 소극적인 태도는 실패를 자초한다. 도전적이고 개척적인 태도를 가진다.
□ 공정성 유지: 선입견이나 편견은 금물이다.
□ 새로운 사고에 대한 수용력: 완전한 사람은 없다. 항상 배우려는 자세를 가진다.

[표 5-3] 자원봉사관리자의 덕목과 행동지침

자원봉사관리자의 덕목	행동지침
창의적이고 진취적이고 사교적인 사람	넓은 시각을 갖자 새로운 것을 빨리 수용하자 유머 감각을 기르자
감성이 풍부하고 대인관계가 원만한 사람	감성훈련을 받자 긍정적인 사람이 되자
헌신적이고 리더십이 있는 사람	순수한 봉사정신을 함양하자 자기개발에 힘쓰자 인적자원을 잘 관리하자
건전한 가치관을 가지고 있는 사람	원만한 가정생활을 하자 자기수양을 위해 노력하자 검소하고 절약하는 생활을 하자
상식이 풍부한 사람	많이 읽자 시사문제에 관심을 갖자 많은 경험을 쌓자

□ 경청과 이해: 자신의 주장을 펴기보다는 상대방의 느낌, 의도, 신념 등을 이해하려고 노력한다.

□ 능숙한 의사소통: 명료한 대화 및 서류 작성을 한다.

□ 재치 있는 유머: 긍정적이고 지지적인 유머를 구사한다.

3. 사회복지 중간 관리자의 딜레마

관리자는 변화하는 정부 정책, 지원금, 프로그램 수행, 지방 정부와의 관계 등 외부 환경 자원으로부터의 다양한 요구와 압력에 영향을 받기 때문에 관리자에게 부여되는 주요 원칙은 일반적으로 외부적인 것을 우선시하는 경향이 있어 왔다. 그러나, 이와는 반대로 중간 관리자의 기관 내 역할의 주요 원칙은 내부적인 것이다. 실질적으로 현장에서 관리자로서의 역할의 시작은 일선 사회복지사에서 중간 관리자(일반 사회복지기관의 팀장 및 과장급)로 승진을 하면서 첫 발을 내딛게 되는 것이 보통이다. 중간 관리자는 기관의 구심점이 되고, 기관 내의 세부적인 업무를 모두 맡아서 처리하며, 기관에서 자신이 담당한 부서에서는 모르는 일도 없고 피할 수 있는 일도 없는 그야말로 집사와 같은 존재인 것이다.

이와 같이 변화하는 환경에서 중간 관리자의 역할과 어려움을 파악하였고, 이제 기관 내에서 중간 관리자로서 경험하게 되는 제약들을 전문직, 조직, 그리고 개인적 측면으로 나누어 살펴보고자 한다.

1) 사회복지기관의 갈등적인 상황

사회복지 중간 관리자의 위치는 책임성 검증의 압력, 클라이언트의 지위 변화, 서비스의 질 제고, 전문성 향상 등 사회복지에 대한 외부의 끊임없는 요구에 대해 직접적인 영향을 받고 있다. 이를 구체적으로 살펴보면 다음과 같다.

① 클라이언트 지위 상승

기관의 요구와 부합하지 않는 개인적이고, 독특하며 구체적인 클라이언트의 욕구들을 충족시키라는 사회적 분위기에 편승하여 수혜대상자로서 수동적이고 나약하기만 했던 클라이언트의 지위가 기관과 정부 정책을 좌지우지하는 우세한 지위를 가진 대상으로 급상승하였다는 점이다(Piven & Cloward, 1977).

② 사회복지 접근 방법의 변화

일반적이고 광범위한 사회문제 접근 방식에서 심리적이고 치료적인 개별적 접근 방식으로 변화하고 있다는 점이다(Middleman & Goldberg, 1974).

③ 새로운 접근 방법에 대한 지속적 탐색

이에 따라 중간 관리자들은 사회복지사들에게 수퍼비전을 주기 위해서 새로운 실천 방법들을 끊임없이 탐구하고 적용해야 한다.

④ 직원 관리 애로

일선 사회복지사들은 이제 더 이상 수퍼바이저의 관리, 감독을 수동적으로 수용하지만은 않는다는 점이다. 그들은 중간 관리자의 수퍼비전의 내용과 형식, 스타일 등에 있어 지속적으로 의문을 품기도 하며 비판하기도 한다. 심지어는 사회복지 지식과 기술의 급속한 변화와 발전으로 인해 신임 사회복지사가 익숙하게 알고 있는 지식이 수퍼바이저에게는 생소한 것일 수도 있다는 점이다.

⑤ 서비스 효과성과 효율성

변화의 요소들 중에 가장 핵심적인 부분이 서비스의 효과성과 관련된 문제이다. 효과성 제고에 대한 기관 차원에서의 대안 중에서 이제까지 가장 일반화된 것 중의 하나는 아마도 사회복지기관에서 관료주의 시스템의 제거일 것이다. 효율성은 사회복지기관의 양적 팽창에 따른 효과로서 자원의 부족에서 기인한다. 자원의 경제적 활용에 관한 문제로서 효율성은 효과성과 함께 책임성 검증의 두 축을 이룬다.

⑥ 책무성(accountability)

IMF 경제 환란 이후 사회복지 환경의 변화 속도는 자동차 급발진 속도를 능가하면서 효과성과 효율성의 성취에 뒤이어 최근에는 책무성의 압력이 가중되었다. 책무성은 사회복지 서비스는 결과적으로는 효과성과 효율성을 추구하면서, 업무 수행의 과정에 있어서도 윤리적·도덕적으로 바르고 정도를 걸어야 한다는 것이다. 책무성은 중간 관리자가 직면한 새로운 요구, 새로운 욕구, 새로운 압력, 새로운 저항들의 가장 정점에 있다.

2) 사회복지 중간 관리자가 겪는 어려움

앞서 말한 바와 같이 조직 효과성을 높이기 위한 중간 관리자의 역할은 매우 중요하다. 이제는 사회복지 전문직으로서 중간 관리자의 직무 수행에서 오는 문제점과 여러 가지 압력들에 대해서 생각해 보고자 한다. 이러한 점들을 살피는 것이 기관의 발전을 위한 효과성 제고의 가장 첫 단추가 될 것이다.

이에 따라 중간 관리자가 기관 내에서 경험하게 되는 전문직, 기관, 개인의 측면에서 본 세 가지 유형의 한계 혹은 제한점들을 제시하였다.

(1) 전문직으로서 갖는 어려움

전문직으로서의 어려움은 사회복지의 가치, 지식, 기술에 관련된 것이다.

① 가치(values)

우선 사회복지기관의 중간 관리자는 기관 외부에서 기대하는 것과 사회복지 전문직의 가치 상충으로 인해 어려움을 겪는 경우가 있다. 예를 들면, 기관의 존립과 생존이라는 목적을 위해서 클라이언트의 유익이 희생되고 자원 제공자의 요구를 들어 주어야 하는 경우, 정부의 정책 변화로 인해 지원금이 삭감되었을 때 직접 서비스를 담당하던 사회복지사에게 후원금 모금 담당 업무를 맡겨야만 하는 경우, 외부에 보여 주기 위해서 구색 맞추기 서비스나 또는 최근 유행이 되고 있는 프로그램을 수행하는 경우 등 매 순간 전문직으로서 많은 가치의 갈등이 상존한다.

② 기술(skill)

전문직적 제약 중에서 기술적 측면에 관련된 부분은 사회복지사들이 담당하게 되는 모든 업무들에 대해서 그 업무를 수행할 수 있는 기술적 준비가 항상 되어 있는 것은 아니라는 점이다. 이런 경우 중간 관리자에 대한 직무(수퍼비전) 기대가 커지기 때문에 그 업무의 세부적인 부분까지 신경을 써야 하고 이에 따라 업무 부담도 증가하게 되는 것이다.

또 다른 예로서 만일 3인의 사회복지사가 담당하던 업무를 2인이 담당하게 되었다면 일반적으로 대부분의 기관에서는 한 사람의 업무를 두 사람에게 반분하거나 아니면 전체 업무를 놓고 업무량을 비슷하게 조정하여 업무 분장을 하게 되는 것이 보통이다. 그러나, 이런 경우 원칙적으로는 같은 업무를 수행하게 되더라도 변화된 업무 구조에 대한 행정적인 설계를 새롭게 한 후에 업무 분장을 해야만 한다. 특히, 기존의 업무를 그대로 모두 하려고만 할 것이 아니라 과감한 선택과 집중이 요구되며 우선 순위(priorities)가 정해져야만 최대한의 효과성과 효율성을 추구할 수 있게 된다. 그러나, 대부분의 경우 업무 부담이 많아진 직원들의 불만으로 인해 업무의 효과성은 저하되고 중간 관리자의 어려움은 증가하는 것이다.

③ 지식(knowledge)

급격한 사회의 요구와 정책 변화에 대응하는 실천 지식이 요구된다. 사회복지 환경의 급격한 변화로 인해 관리자는 많은 양의 정보와 수퍼비전을 개발하고 발전시켜야 하는 책임과 동시에 직원들에게 이러한 정보와 수퍼비전을 효과적으로 줄 수 있는 적절한 메카니즘을 개발해야 한다는 이중적인 부담감을 갖게 된다.

(2) 기관 차원에서 겪는 어려움

기관 차원에서 경험하게 되는 애로점들은 본질적인 측면으로서의 기관의 목적에 관련된 문제, 불안정한 체계로서의 한계, 상급자의 기대, 하급자가 갖는 기대 등 네 가지 유형들로 구분해 볼 수 있겠다. 이러한 제한점들을 이해해야만 중간 관리자로서 기관의 서비스 역동과 구조를 잘 다루어 나갈 수 있게 된다.

① 기관의 목적

기관의 목적과 관련되어 경험할 수 있는 어려움은 기관의 본질적인 사명으로부터 기인하는 것이다. 사회복지기관은 매우 복잡하고 다양한 사회문제를 다루어야 하고 또한 기관의 본질적인 속성상 특별한 사회적 의무를 지고 있다. 대부분의 기관에서는 신속한 대응을 필요로 하는 상황들이 발생할 수 있고, 중간 관리자들은 항상 이러한 응급 상황에 대처할 만반의 준비가 되어 있어야 한다.

② 불안정한 체계

사회복지기관은 외부 환경으로부터 자원을 공급받아야만 하고, 가치와 목적이 모호하고 불분명하기 때문에 일관성 있는 지원과 이에 따르는 확실하고도 지속적인 형태의 업무 구조를 이루지 못하고 있으며 따라서 불안정한 체계일 수밖에 없다. 잘 기획되고 체계적으로 개발된 계획이나 과정을 장기적으로 적용하려는 접근 방법은 이제 이미 진부한 것이 되어 버렸다. 또한, 재원 조달의 어려움 때문에 의식주와 관련된 기본적인 것이나, 정부가 보조금이나 지원금의 형태로 지원해줘야 하는 서비스가 아니라면 장기적인 서비스를 일관성 있게 제공한다는 것은 거의 불가능한 일처럼 보인다. 이러한 경우 중간 관리자의 판단과 기술적인 능력은 기관의 방향과 존립까지도 영향을 미칠 수 있다.

한편, 조직이 구조 조정의 단계에 있을 때 업무나 직원 감축과 같은 물리적인 구조 변화를 시도해야 할 때도 중간 관리자는 조직 차원의 딜레마를 경험하게 된다.

③ 상급자의 기대

중간 관리자들은 기관의 운영에 있어서 또는 부서별로 중추적인 기능을 담당한다. 그렇기 때문에 이들은 기관에서 생기는 곤란한 문제나 어려움들을 알아서 모두 처리하고 수습해 주기를 바라는 최고 관리자들의 비현실적인 기대와 요구에 자주 직면하게 된다.

만일, 기관 내에 갈등 관계에 있는 두 집단이 있을 때, 이들은 서로에 대한 불만을 나타냄과 동시에 적대감을 드러내기도 하고 나중에는 거의 의사소통조차 하지 않게 되는 경우가 있다. 이들은 서로에 대해서 비합리적이고 무능력하며 심지어는 조직에 피해를 끼친다고 생각하기도 한다. 즉, 서로의 입장에 대해서 전혀 고려하지 않고 자기 집단의 주장만이 옳다고 생각하면서 서로를 비난하게 되는 것이다. 이럴 때 두 집단의 관계를 조정하고 해결해야 하는 중재자의 역할은 중간 관리자의 몫이며, 최고 관리자는 이러한 문제 해결 능력의 검증을 통해서 중간 관리자의 리더십을 파악하려 한다.

④ 하급자의 기대

마지막으로, 하급자가 중간 관리자에게 갖는 기대로부터 생길 수 있는 어려움이 있다. 이 문제는 주로 수퍼바이저(supervisor)와 수퍼바이지(supervisee)의 관계가 이루어졌을 때 발생하는 긴장에서 기인한다. 사회복지기관은 정부 조직, 영리 조직 등과는 달리 비위계적인 구조, 팀 구조, 프로젝트 구조 등의 조직 구조를 갖추고, 더불어 개별적이고도 자유로운 업무 수행 형태인 참여 관리(participatory management) 방식이 훨씬 더 조직 효과성이 높다는 사실은 1960년대부터 인정되어 왔다(White, 1969). 그렇기 때문에, 이러한 평등성과 협력 관계에 대한 사회복지의 가치가 수퍼바이저와 수퍼바이지 사이의 긴장을 만들어 내는 것이다. 물론, 참여 관리가 문제나 집단의 본성을 다양하게 변화시키는 데 매우 효과적이기는 하지만 그 기저에 흐르는 근본적인 부분을 다뤄야 하는 것은 중간 관리자에게 주어지는 부가적인 부담이 될 수밖에 없다.

물론 이러한 문제들은 중간 관리자의 관점과 적절한 역할 수행 여부에 따라 잘 극복되기도 하고 문제가 더욱 심각해지기도 한다. 따라서, 후반부의 변화를 위한 전략에서는 조직에서 경험하게 되는 애로점들을 해결할 수 있는 방법을 중점적으로 살펴보게 될 것이다.

(3) 개인적 어려움

중간 관리자가 겪게 되는 어려움들은 전문직 혹은 기관 내적 역동에서 기인하는 것이 일반적이지만 업무 수행 과정에서 경험하는 개인적 감정, 공과 사의 분리 등에 있어서의 어려움들도 뒤따른다. 중간 관리자의 개인적 측면에서 겪을 수 있는 애로점은 매우 복잡하며 다양하고, 어려운 외부적인 실재에 의해 촉발된다. 정체성의 부재, 소진 등이 그 대표적인 예가 될 수 있다.

① 정체성의 부재

일선 사회복지사가 중간 관리자로 승진하게 되면 초기에는 자신의 기능과 역할에 대한 정체성이 선명하게 확립되어 있지 않기 때문에 자신이 여전히 실천가인지, 교육가인지, 심리치료사인지 명확히 인식하지 못하고 우왕좌왕하거나 모든 일을 자신이 모두 챙겨야 하는 것은 아닌가 하는 착각에 빠지기도 한다. 이에 관해서 레빈슨과 클러만(Levinson & Klerman, 1967)은 이 기간을 업무에 있어서나 개인적으로나 성장할 수 있는 기간일 뿐만 아니라, 혼란과 좌절 및 방어적인 과잉 행동이 나타나는 시기라고 하였다. 그러므로 그 어떤 경우라 하더라도 개인의 외적 경력의 변화는 내적 변화를 반드시 수반한다는 것이다.

한편, 임상가로서 직접 서비스 업무를 담당하였을 때 중요하게 고려하였던 특질들이 관리자가 되면 업무나 기관의 큰 틀 속에서 효과성을 추구하기 때문에 그다지 중요하지 않을 수도 있다. 가장 큰 문제는 권한과 권위의 사용에 관한 부분이다. 임상가일 때는 강압적인 권위의 사용을 피하라고 교육받지만, 기관을 관리하는 입장에 서게 되면 권위를 가져야 하고 부하 직원에게나 주위에 자신의 권위를 보여야 한다. 그리고 개인의 감정보다는 업무 수행에 더 관심을 가지게 되고, 직원의 만족에 관심을 두기보다는 업무의 중요도에 맞추어 일이 처리되는 것을 더 중요하게 여기게 된다.

② 소진

소진은 직무에 대한 부담이 증가할 때 갖게 되는 개인적인 어려움이다. 직무에 대한 부담의 증가는 두 가지 측면에서 오는데, 첫째 클라이언트의 문제가 복잡하고 해결하기 어려울수록, 둘째 업무량이 증가할수록 소진의 가능성은 높아지게 된다. 그리고, 자신의 어려움이나 문제를 털어놓을 수 있는 중간 관리자가 없을 때, 의사소통이 어려운 조직일수록 문제는 더욱 악화된다.

이 외에도 기관의 관심이 내부보다는 외부적인 것에 온통 쏠려 있거나, 직원에 대한 기대가 일관적이지 못한 경우, 강요할 때, 복잡한 업무 특성을 이해하지 못할 때, 지지적이지 못할 때, 조직이 전반적으로 효과성이 떨어질 때 등이 소진을 가져오는 다양한 요인들이다. 이러한 스트레스 요인들(stressors)은 중간 관리자의 불안, 좌절, 우울, 자기 비하 등의 부정적인 정서를 야기시키며 이것이 바로 소진의 증상들이다(Harvey & Raider, 1984; Vash; 1980).

3) 변화를 위한 전략: 임파워먼트

임파워먼트는 공식적으로 권위를 줌과 동시에 어떠한 일을 잘 해낼 수 있다고 생각하는 것을 의미한다. 비록 중간 관리자가 임파워먼트에 대한 공식적이고도 명확한 개념을 갖고 있지 못한다 할지라도, 조직의 개선과 변화를 위하여 업무를 효과적으로 수행하기 위해서 스스로 임파워링되고 있다는 느낌을 갖고 있거나 갖게 되는 것, 그것이 곧 임파워먼트의 본질이라고 할 수 있다. 임파워먼트는 매슬로우(Maslow, 1976)의 가정을 근간으로 하고 있는데, 그에 따르면 인간은 자신의 삶을 긍정적인 방향으로 나아갈 수 있게 하는 현명한 결정을 내리길 원하며, 그것을 가능하게 하는 충분한 정보를 주는 운명에 귀 기울이는 경향이 있다고 하였다. 그리고, 자신의 미래에 영향을 미치는 모든 것에 대해서 얘기하고 싶어한다고 하였다. 따라서, 임파워링된 중간 관리자의 특성은 다음과 같다.

□ 클라이언트, 서비스, 기관에 영향을 미치는 지속적인 기관의 내적, 외적 움직임에 특히 민감하다.
□ 클라이언트의 욕구에 기반한 적절한 서비스를 제공하기 위해 다양한 형태

의 관계에 있어서 항상 주도적인 역할을 수행하려 한다.

□기관에서 자신의 성과, 성장, 발전을 위해서 다양한 수준에서 직원들을 격
려하고 자극할 수 있는 환경을 제공한다.

□기관에 반드시 필요한 변화를 가져오기 위해서 기관 운영의 개선을 촉진한다.

이와 같은 임파워먼트 전략은 앞에서 설명한 전문직, 기관, 개인 차원에서 경
험하는 어려움으로부터 도출되었으며, 기관 내에서 세 가지 수준의 제약점들을
다루어 나가기 위해 고안된 것이다. 따라서, 이 전략을 통하여 중간 관리자들은
동료 관리자, 부하 직원, 기관의 관리 부문 등과 함께 효과적으로 역할을 수행하
는 방법을 배워야 한다. 가장 중요한 것은 이 전략이 성공적으로 수행되기 위해서
는 최고 관리자에서부터 클라이언트에 이르기까지 기관의 다양한 모든 수준의
관련자들이 임파워먼트되어야 한다는 점이다.

(1) 전문직으로서의 전략

앞에서 설명한 바와 같이 중간 관리자가 전문직으로서 경험할 수 있는 제한은
가치, 기술, 지식으로 구분하였다. 이에 대한 각각의 전략들을 간략히 제시해 보
면 다음과 같다.

① 가치

가치는 중간 관리자뿐만 아니라 기관의 모든 사회복지사들이 경험하게 되는
이상적인 갈등이나 혼란이다. 중간 관리자는 그들 스스로를 위해서 또는 수퍼비
전을 주어야 하는 사회복지사, 기관 운영을 위해서도 가치에 대한 교육 프로그램
을 주도적으로 기획하고 구성할 수 있다(예를 들면, 사회복지 가치를 명확히 해줄
수 있는 교육 프로그램). 이러한 프로그램은 가치에 대한 갈등에서 야기된 문제와
긴장을 규정하고, 그 해결 방안을 모색하는 데 분명한 길을 제시해 줌으로써 기관
의 전체 체계에 영향을 미칠 수 있다.

②기술

기술의 영역에 있어서는 조직 구성원들의 기술적인 성과를 개선하고 발전시키기 위해 중간 관리자가 지속적인 직무 교육이나 훈련, 연수 과정 등을 요청할 수 있다. 급변하는 외부 환경의 변화 속에서 사회복지 그 자체로서는 기술 발전의 속도를 따라잡기가 불가능하다. 그렇기 때문에 부족한 부분을 메우기 위해서라도 양질의 교육을 지속적으로 수행하지 않으면 안 된다. 예를 들면, 조직의 효과성을 성취하기 위해서 직원의 직무 기대를 재정비하고 제한점들을 규명하며, 모임을 구조화하는 등의 구체적인 기술을 활용한다면 임파워먼트가 실현되고 조직의 확실한 변화를 가져올 수 있다.

③ 지식

중간 관리자는 외부 환경 체계의 변화에 대한 정보를 갖고 있는 내부 행정 부서로부터 정보와 지식을 공급받고 공유할 수 있는 정기적인 모임이나 교육을 기관에 요청할 수 있다.

(2) 기관의 전략

기관 차원에서의 제한점들은 기관의 목적, 기관의 불안정성, 기관 운영에 있어서 상급자의 기대, 하급 직원의 기대 등 네 가지 유형으로 설명한 바 있다.

①기관의 목적과 체계의 불안정성에 관련된 전략

사회복지사가 근무하는 사회복지기관은 그 속성상 매우 복잡하고 해결하기 어려운 사회문제를 해결하기 위해서 존재하는 기관이다. 이러한 속성 자체가 기관 전체에 영향을 주는 실재(reality)로 작용한다. 기관의 불확실한 목적과 관련되어 생긴 제한들의 근본적인 원인은 체계의 불안정성에 있다. 그렇기 때문에 사실 이 두 요인 간의 관계는 상호 영향 관계의 방향을 명확하게 설명하기 어렵다.

다시 말해서, 중간 관리자는 기관의 불확실한 목적과 상황의 변화로 인해 생긴

[그림 5-4] 사회복지관리를 위한 지식, 기술, 가치

출처: Kettner(Peter M.), *Achieving excellence in the management of human service organizations*, MA: Allyn & Bacon, 2002.

문제들을 해결하는 데 매우 중요한 지위에 있기 때문에 중간 관리자를 임파워먼트시키는 전략은 기관의 전체 차원에서 시도되어야 한다. 그리고, 이 문제들은 그것을 다루는 개인의 능력이 부족해서 생긴 것이 아니라 조직의 본질적인 속성에서 유래하기 때문이라는 것을 구성원들에게 이해시키는 것은 그 문제에 직면하고 있는 담당자들이 문제를 해결하는 데 매우 도움이 된다. 따라서, 이러한 제약점들에 대한 이해와 통찰력을 줄 수 있는 정보나 지식에 대한 교육이 제공되는 것은 매우 의미 있는 일이 될 것이다. 왜냐하면 그런 기회가 주어질 때만이 기관의 구성원과 조직 체계 전반은 효과적인 기능을 할 수 있을 뿐만 아니라 기관의 목적 달성을 위해 노력할 것이기 때문이다.

② 상급자 및 하급자의 기대와 관련된 전략

상급자의 기대에 관해서 중간 관리자는 임파워먼트 과정을 통해서 좀 더 효과적인 기관의 관리 기능을 수행할 수 있게 된다. 조직 내에서 의사소통이 잘 되지 않고 부정적인 경향이 높을수록 중간 관리자의 역할이 중요한데, 이런 경우 중간 관리자가 주도권을 잡고 새롭고 효과적인 관리 방식을 도입하여 기관을 이끌어 나가야 한다.

의사소통은 공식적·비공식적 기제를 전부 동원하여야만 가능해진다. 예를 들면, 중간 관리자는 정책, 기관 운영이나 제반 업무 수행에 관련된 공식적인 직원 회의를 정기적으로 열어줄 것을 요청할 수 있는데, 이와 동시에 직원들을 점심 식사에 초대한다든지 하는 방법으로 관계 개선을 시도하는 것이 바람직하다. 이때 비공식적인 만남에서는 업무와 관련된 공식적인 이야기는 하지 않는 것이 좋다.

다시 말하면, 수퍼바이저와 수퍼바이지의 관계를 개선시키기 위해서는 기관 차원 혹은 조직의 과정들을 통하여서 접근하는 것이 바람직하다. 일반적으로 기관에서 수퍼바이저가 수퍼비전을 줄 때 각기 다른 부서에서 각 해당 업무에 맞는 수퍼비전을 개별적으로 주지만 때로는 공통적인 부분들을 찾아내거나, 같은 유형의 업무를 하는 직원들을 모아서 조인트 그룹 수퍼비전(joint group supervision)을 주는 방법도 생각해 볼 수 있다. 이렇게 기관 차원에서 접근하는 것은 일반 직원들과 관리자 모두에게 의미 있는 유용한 교육이 될 수 있다. 관리자에게는 잠재적인 리더십을 고양시킬 수 있고, 수퍼바이지에게는 상급자로부터 일방적으로 수퍼비전을 받는 것으로 그치는 것이 아니라 그들이 원하는 구체적인 교육을 받을 수 있는 수퍼비전 모임을 기획할 수도 있고, 스터디 그룹의 형태를 구성하기도 하는 등 지속적인 학습을 조직화할 수 있기 때문에 능동적인 관계를 만들어 나갈 수 있게 된다. 물론, 이러한 조직 차원에서의 임파워먼트 전략은 중간 관리자 혼자 하는 일이 아니기 때문에 중간 관리자와 조직 자체에도 어느 정도 위험 요소는 존재한다. 그러나, 임파워먼트 전략은 클라이언트에게 양질의 서비스를

내가 지금 관리자로서 잘 하고 있는 걸까?

※ 당신이 맞다고 생각하는 곳에 체크(✔)해 보세요.

1	나는 관리자로서 부가적인 업무가 주어질 때 그에 대한 급여 상승이나 추가 수당이 지급되지 않는다 할지라도 기꺼이 할 것이다.
2	나는 관리자로서의 신분, 지위 등과 같은 외면적인 것보다는 실질적인 관리자로서의 책임과 의무를 더 중요하게 여긴다.
3	나는 주위 사람들이 원하거나 다른 사람들의 야망 때문이 아니라 바로 나 자신 때문에 더 많은 관리자로서의 책임을 갖기 원한다.
4	나는 관리자로서 내 경력에 장기적인 비전을 갖고 있기 때문에 이를 위해서 관리자로서의 책임을 더 많이 가져야 한다고 생각한다.
5	나는 클라이언트와 직접적으로 만나는 일이 더 적어진다고 하더라도 괜찮다.
6	나는 서류작업 업무가 중요하다고 생각한다.
7	나는 다른 사람들의 업무를 관리, 감독하는 일이 즐겁다.
8	나는 필요하다면 나의 관리자로서의 책임을 위임할 수 있다.
9	나는 부하 직원의 행동에 대해 최종 책임을 지는 것이 관리자로서 당연한 일이라고 생각한다.
10	나는 필요하다면 다른 사람이 요청하는 일을 안 된다고 거절할 수 있다.
11	나는 직원의 업무 성취와 기여에 대해 객관적으로 평가할 수 있다.
12	나는 필요한 경우 타인을 지시하고 권위를 나타내는 일이 편하다.
13	나는 때로는 개별적인 욕구나 요청보다는 조직이나 집단을 우선적으로 고려해야만 한다는 것을 알고 있다.
14	나는 외적으로 나의 사회적 욕구를 충족시켜줄 수 있는 관계를 갖고 있다.

자신에게 해당되는 것이 몇 항목이나 되었나요?
- 20항목 이상: 잘 하고 계셔!
- 16~19: 신경 좀 쓰셔야겠는 걸요
- 16미만: 쯔쯧, 직장 다니는 게 불행하겠어…

제공하기 위한 조직의 성장과 변화를 위해서 지속적인 자기 탐색과 발전을 가능케 해줄 것이다.

(3) 개인적 전략

정체성의 부재, 소진 등과 같은 개인적인 어려움에 대한 전략은 말 그대로 지극히 개인적인 성격을 가지고 있다. 그러나, 이것은 이러한 곤란을 경험하는 개인이 어떤 문제를 가지고 있다거나 결점이 있다는 것을 의미하지는 않는다. 따라서, 개인적 측면에 있어서의 전략도 체계의 관점에서 바라보아야 하고, 앞서 기술한 전문직과 조직의 측면에서 본 제한점과 전략들과도 직접적으로 관련을 맺고 있다.

4. 사회복지 관리자의 윤리적 실천

최근 사회복지사들이 윤리적인 부분에 부쩍 관심을 갖게 되었는데 이것은 비단 사회복지 전문직에서만 볼 수 있는 현상은 아니다. 왜냐하면 각 분야의 전문직마다 이론적, 기술적으로 발달하면서 이전 세대에서는 경험하지 못했던 윤리적인 문제들이 부각되었고 이에 대처하기 위해 새로운 윤리 원칙들이 필요하게 되었다. 따라서, 전문가의 윤리적 임무와 책임에 대한 인식이 높아졌고 윤리적인 부분에 대한 관심이 증대하게 된 것이다. 또 다른 측면에서, 초기 전문직은 임무를 수행할 때 기술적인 면에 치중하는 경향을 보였다. 대부분의 경우 전문직은 기술적인 측면에서 전문성을 확고하게 확립한 후 윤리와 가치라는 쟁점에 관심을 기울이게 되는 것이다. 즉, 전문직 자체가 성숙해지면서 윤리적 실천에 대한 인식이 높아지는 것이다(Reamer, 1995).

이와 같은 맥락에서 보면, 사회복지 분야 중에서 사회복지조직의 행정과 관련된 지식이 발전하기 시작한 것은 얼마 되지 않은 최근의 일이다. 이제 사회복지 전문가들이 직무를 수행함에 있어 뛰어난 능력의 소유자라는 평가를 받고 싶다면 사회복지행정의 정치·경제적인 차원, 리더십, 실천행정의 이론과 모델, 기관 관리와 조직 풍토, 고용 관계, 수퍼비전, 기관 관리 전략 그리고 기관 환경 등을 포함한 광범위한 실질적인 영역들에 대한 지식과 기술을 확고히 구축하고 있어야 한다. 그러나, 이러한 지식들만으로 다 되는 것은 아니다. 뛰어난 관리자는 이러한 현상들이 옳고 그름, 도덕적인 책임과 의무와 관련된 문제들을 어떻게 다루어야 하는가 등과 같은 윤리적인 쟁점에 대한 깊은 통찰력을 필요로 한다. 로웬버그와 돌고프(Lowenberg & Dolgoff, 1996)는 인간의 생존, 생활, 복지 등 그 어느 측면에서나 윤리적 문제가 발생할 수 있기 때문에 사회복지사는 일상적인 활동에서 윤리적인 문제를 인식해야 한다고 주장한다. 즉, 사회복지사는 기술적인 문제를 해결하는 전문가뿐만 아니라 동시에 도덕적 전문가가 되어야 한다는 것이다.

따라서, 사회복지기관 관리에 있어 관리자가 갖고 있어야 할 윤리·철학적 측면의 지식을 기관 운영에 있어서의 윤리적 쟁점과 갈등, 윤리적 분석·도덕적 합리성·의사결정 전략, 위기관리에 있어서 윤리적 측면 등의 세 가지 영역으로 구분하여 살펴보고자 한다.

1) 사회복지기관 관리에서의 윤리적 딜레마

윤리적인 문제는 관리자가 사회복지사의 윤리적인 의무와 책임에 대한 갈등에 직면할 때 발생한다. 사회복지실천에서 지속되는 윤리 문제 중 하나는 부족한 자원을 할당해야 하는 것이다. 긴급 식품과 주거 정책, 프로그램 재정 지원, 재활 프로그램 승인 또는 사회복지사의 승인 등이 구체적인 자원의 예이다. 예를 들어, 기관의 예산이 삭감되어 한정되고 부족한 자원을 어떻게 할당하느냐와 관련된 의사결정을 해야 할 때 관리자는 어려움을 느낀다. 결과적으로 자원의 감소는 클라이언트에 대한 유익의 감소와 직결되기 때문이다. 이러한 배분적 정의에 관한 문제는 모든 클라이언트의 욕구를 동시에 적절하게 충족시킬 수 없다는 갈등적인 상황을 낳는다. 이런 경우 일반적으로 기관에서 가장 심각하고 취약한 클라이언트를 위한 프로그램을 위해서 상대적으로 문제의 심각성과 중요도가 덜한 클라이언트를 위한 프로그램이 희생되는 것이 보통이다(Purlmutter, 1992).

이러한 경우 관리자는 사회복지사로 하여금 한정된 자원을 배분하기 위해 다양한 기준을 활용해서 문제를 예방하거나 줄이는 노력을 하도록 촉구해야 한다. 어떤 경우에는 평등(equality)의 원칙을 기준으로 자원을 균등한 크기로 나누거나 클라이언트에게 공평한 기회를 제공하기도 한다. 또 다른 기준은 욕구이다. 욕구가 가장 큰 사람에게 서비스를 우선적으로 제공하는 정책을 시행한다. 또 다른 전략적 기준은 사회적 부정의나 차별로 고통 받고 있는 사람을 우선 순위로 하는 것이다. 이 원칙이 바로 미국의 우대 조치(affirmative action) 정책의 근간이 되는 것이다. 그리고, 많은 사회복지사들은 클라이언트의 지불 능력이다. 장차 지역사회에 공헌할 수 있는 능력에 기반을 두고 제한된 자원을 할당하기도 한다(김정자, 2004).

한편, 윤리적인 딜레마의 다른 예로는 기관에서 서비스를 받고 있는 클라이언트가 다른 사람에게 위해를 가하려고 하는 경우, 클라이언트의 동의 없이 기관에서 알고 있는 클라이언트와 관련된 정보를 외부에 알려 클라이언트로부터 위협받고 있는 사람을 보호하느냐 아니면 클라이언트의 정보를 보호해야 하느냐와 같은 상반된 결정을 해야 할 경우가 있다. 이 때 기관은 클라이언트의 비밀을 보장해야 할 의무와 위해로부터 제3자를 보호해야 할 의무 사이에서 하나만을 선택해야 하는 갈등적인 상황에 놓여 있는 것이다.

실제로 사회복지사는 클라이언트, 동료, 기관, 전문직 자체, 나아가 사회의 관계 속에서 자신의 의무와 책임을 다하면서 여러 가지 갈등 상황을 맞이할 수 있고 윤리적으로 결정을 내려야 하는 윤리적 딜레마에 직면한다. 윤리적 딜레마는 둘 혹은 그 이상의 의무가 서로 충돌하는 상황에서 발생하기도 하고, 사회복지사와 클라이언트 혹은 기관의 가치가 서로 달라 발생할 수도 있다. 또한, 사회복지사가 준수해야 할 윤리 원칙들이 서로 상충하여 갈등하는 상황이 유발될 수도 있다.

사회복지사의 책임에 대한 갈등 상황에 처하는 경우, 가장 전형적인 윤리적인 딜레마의 한 유형으로서 실천 현장에서 매우 빈번하게 발생한다. '먹을 수도, 뱉을 수도 없는', '할 수도, 안 할 수도 없는' 이러한 상황은 서로 모순된 대안 사이에서 무엇을 선택해야 하는지에 대한 갈등을 의미한다. 그럼에도 불구하고 이러한 상황들을 종종 단순한 실천적 문제로 보아 윤리적 문제로 간주하지 않는 때도 있다. 그러나, 기본적으로 이러한 상황은 우리의 가치와 원칙 그리고 규범들에 대해서 우선 순위에 따라 그 중요성의 순서(order)를 정해야 하는 일이다. 따라서 윤리적 문제는 동시에 실천의 문제가 된다(Cooper, 1983).

사회복지 관리자가 경험하는 윤리적 딜레마와 쟁점들은 다음과 같이 세 가지 유형으로 구분된다.

(1) 직원 관리에 있어서 윤리적 딜레마

관리자가 가장 처음 경험하게 되는 윤리적인 딜레마는 실질적인 서비스를 담당하고 있는 부하 직원(수퍼바이지)을 관리함에 있어서 가장 두드러진다. 이런 경우는 일반적으로 가족치료 기관, 정신보건 서비스기관, 아동복지 서비스기관, 장애인복지관 등 직접 서비스를 제공하는 기관들에서 나타난다. 클라이언트의 비밀 보장의 경우, 규칙 혹은 지침 준수의 문제, 담당 사회복지사가 클라이언트와의 개인적 관계를 맺는 부분을 다루어야 할 때(선물을 받거나, 경조사에 초대되거나, 서비스가 종료된 클라이언트와 개인적으로 친분 관계를 가질 때 등), 특정 사안에 대해서 온정주의를 보일 때(클라이언트의 자기 결정에 사회복지사가 개입하는 경우, 자학하는 클라이언트의 행동을 제한하는 경우 등) 등은 서비스를 담당하고 있는 사회복지사를 관리자가 다루어야 하는 윤리적인 부분이다.

좀 더 구체적으로 설명해 보면, 관리자는 기관과 직원에게 책임이 있다. 그러나, 일반적인 윤리적인 지침은 클라이언트의 요구에 따라 규정되어 있다. 이는 양분된 충성심이라는 문제를 만들어 내며 그 구체적인 내용은 다음과 같다.

□ 직원에 대한 관리자의 의무는 클라이언트 요구 다음 순위인가?

□관리자는 사회복지사를 클라이언트처럼 다루어 사회복지사에게도 윤리강
　령을 대체하여 적용할 것인가?
□혹은 모든 윤리강령을 사회복지사에게 다 적용하지 않고 무시할 수 있는가?

이 세 가지 접근은 각각 분리해 보았을 때에는 분명 적절치 않으나, 전체적으
로 관리자의 윤리적 행동에 영향을 줄 것이다.

관리자는 직원을 항상 클라이언트 다음으로 놓아서는 안 된다. 왜냐하면 관리
자의 직접적인 업무는 직원을 지원하고 직원의 개인적 발달을 지원하는 것이기
때문이다. 사회복지사가 클라이언트는 아니며 사회복지사는 책임을 가진 독립
적인 전문직이다. 즉, 사회복지사는 도움을 구하지 않는다. 그러므로 관리자는
클라이언트와 사회복지사 사이의 관계에 대해 직접적·세부적으로 중요한 윤리
강령의 의미를 무시할 수 없으며 이들을 고려해야 한다. 이에 대한 관리자의 의무
는 다음과 같다.

□관리자는 클라이언트의 결정에 있어 항상 윤리강령에 의거해서 윤리적으
　로 행동해야 한다.

□관리자는 클라이언트의 요구가 직원의 요구와 갈등하는 상황에 놓일 때, 정
　책 발달, 전문적 교육, 협동과 전문적 재량의 필요에 따라 강령에서 표현된
　관심을 고려하여 행동해야 한다.

(2) 관리 업무 수행에 있어 윤리적 딜레마

프로그램 개발, 정책 결정 또는 집행, 조직 구조, 기관 운영, 프로그램 기획과
평가 등의 전반적인 기관 운영의 부분에 있어서도 관리자가 경험하게 되는 윤리
적인 문제들이 있다. 이 문제들은 기관의 공식적인 정책, 운영 과정, 규칙, 지침들
을 고려하는 것이기 때문에 좀 더 거시적인 쟁점이 된다(Pops, 1991; Guy, 1990;

Jackhall, 1989; Almeder & Humber, 1983). 특히 가이(Guy, 1990)는 기관 관리에 있어 생기는 윤리적 문제는 위계적 관계로부터 기인한다고 하였다. 즉, 예산 집행, 재정 관리, 홍보 전략, 수퍼비전 스타일, 직원들의 업무 수행 과정 등 모든 일상적인 업무들과 개인, 전문가, 다양한 가치들 사이에서 충돌이 생기며 이것이 윤리적 문제가 된다는 것이다. 이러한 윤리적 문제들은 다음과 같다.

□ **정책 및 규칙 준수에 관련된 윤리적 문제**

장애인 또는 여성 등 소수 집단에 대한 차별 정책과 같은 클라이언트의 권리를 침해하는 법규, 서비스 수혜 자격을 제한하는 부당한 자격 규정, 클라이언트 및 직원에 대한 불필요한 개인 정보 수집에 관한 업무 지침 등

□ **프로그램 설계 및 목적에 관련된 윤리적 문제**

서비스 대상을 결정짓는 수혜 범위 선택, 제공되는 서비스들, 기관의 사명과 운영 방향을 파악할 수 있는 목적 등

□ **제한된 자원 할당과 관련된 윤리적 문제**

기관 자원의 적절한 관리, 자원 배분에 있어 공정하고도 적절한 원칙 개발 등

□ **비합법적인 서비스 실천과 관련된 윤리적 문제**

후원금 횡령, 자원 제공자들에게 잘 보이기 위해 프로그램 효과를 부풀려 광고하기, 마케팅을 위한 거짓 광고, 프로그램 및 서비스 유지를 위한 서비스 통계 수치 조작 등

□ **개인 사항과 관련된 윤리적 문제**

직원에 대한 학대 또는 착취, 공정한 업무 수행 평가, 공정하고 합리적인 기준에 의한 직원 고용 및 해고 등

이러한 문제들에 직면했을 때, 관리자는 직원들의 행동 모델이기 때문에 기관의 거시적인 측면 또한 광범위하게 고려하여야 하는데 그 내용은 다음과 같다.

□ 관리자는 자신에게 부여된 광범위한 사회복지사업이라는 관점에서 폭넓은 윤리 원칙의 목적에 기여할 특별한 책임을 수용해야 한다.
□ 관리자는 직원들에게 개인의 권리에 관한 윤리 원칙의 윤리적 기준을 적용해야 한다.

한편, 관리자는 기관의 명성과 관계가 위협받을 때 기관의 강점과 과거의 성공 경험, 사회복지사가 다루는 문제 성격 등을 제시하면서 기관의 명성과 관계를 유지할 책임이 있다. 만약 직원이 업무 수행 시 앞선 문제들을 이유로 기관과 갈등한다면 관리자는 명확한 방향을 제시할 윤리적 책임이 있으며, 사회복지사에게는 전문직의 지위에 손상을 주지 않도록 해야 한다.

관리자는 결정하기 위해 판단과 증거를 사정하고 그것이 미칠 영향을 추가함으로써 사회복지사의 위치를 강화할 수 있다. 이와 같이 사회복지사의 자유재량은 관리자의 좀 더 강력한 판단에 따라 강화될 수 있다. 관리자는 일반 사회복지사와는 좀 더 다른 범위의 책임과 지식을 갖고 다른 측면에서 판단할 수 있어야 한다. 즉, 상황을 더 광범위하게 볼 수 있어야 한다(Payne, 1985).

이러한 접근은 기관의 전반적인 관리 및 운영의 측면에서뿐만 아니라 직원이 기관의 이익과 관련하여 윤리적 갈등을 갖게 되었을 때, 그래서 기관의 입장에 수긍하지 못할 때, 사회복지사의 입장을 강화하기 위해 관리자의 위치를 활용하는 실천적 방법이 되기도 한다.

(3) 동료 관계에 있어 윤리적 딜레마

관리자는 종종 기관의 동료들과의 관계와 관련된 윤리적 문제들을 겪는다. 대부분 이런 경우는 직원이나 동료들이 비윤리적인 행동을 했다는 사실이 기관 안에서 스캔들처럼 돌아다니고 그 이후에 관리자가 인지하게 되는 경우가 보통이다. 이 때 관리자는 반드시 그 문제에 대해서 사안에 따라 이사회에 보고를 한다든가 언론이나 전문가 협회, 자격증 위원회 등에 알린다든가 하는 등의 적절한 조치를 취해야 한다(Cooper, 1990; Barry, 1986; Levy, 1982).

그러나, 사람들은 대부분 공공연하게 드러내고 싶지 않은 동료들의 습관이나 행동을 지나치게 이해하려고 한다. 고프만(Goffman, 1959)은 동료들에게만 접근 가능한 영역에 대해 관심을 가졌다. 이 영역에서 무엇이 발생하든 전문직 동료가 아닌 사람들에게는 밝혀져서는 안 되며, 그것은 함께 일하는 사람들 사이에서 영원히 비밀로 남게 된다는 것이다. 사회복지사에게 전문가 동료와의 관계를 다루는 규칙이 분명히 있기만 하다면 비교적 이러한 종류들의 윤리적 문제들은 발생하지 않을 수도 있다. 그러나, 사회복지사에게는 클라이언트와 다른 사람들에 대한 책임이 더 중요하기 때문에 자신을 보호하는 규칙은 더 문제가 된다(신혜령, 2004).

오늘날 사회복지사들은 대부분 그들만의 관계를 인정하지 않으며 동료의 비윤리적인 행동을 관망하지 않는다. 물론 직원의 능력이나 결함의 수준에 따라서 관리자가 감당하게 되는 윤리적 갈등의 정도는 매우 다를 수 있다.

우리나라 사회복지사 윤리 강령의 동료에 대한 윤리 기준은 신뢰성, 전문직 기준을 위한 협력, 윤리적 행위 촉진, 클라이언트의 이익 보호, 비윤리적 행위의 조치, 동료 간의 민주적 직무 관계 등 6개 항목으로 구성되어 있다.

2) 윤리적 의사결정

사회복지사가 현장에서 클라이언트의 문제에 접근하고 해결하기 위해서는 다양한 방법론과 이론이 적용될 수 있다. 그러나 사회복지사는 그 이전에 항상 윤리적인 문제 즉, "무엇이 최선의 선택인가?"에 대한 명확한 윤리적 가치 기준을 갖추고 있어야 한다. 실제로 사회복지사들은 현장에서 다양한 윤리적 딜레마에 직면하게 되는데, 이는 그들이 수행하여야 할 클라이언트, 동료, 기관, 사회에 대한 다양한 의무들이 대립될 때 발생한다. 이러한 경우에 사회복지 관리자는 사회복지사가 바람직한 결정을 내리기 위해 윤리적인 판단을 도와줄 책임이 있다. 이를 위해서 관리자는 우선, 인간의 존엄성과 클라이언트의 자기 결정권, 그리고 평등권과 같은 주요 사회복지의 가치 문제에 대해 우선 순위를 정하고 결정 과정에 대한 명확한 지식과 경험을 갖추고 있어야 한다. 또한, 이러한 결정이 사회복지사의 가치와 사회적 가치, 그리고 전문가적 가치에 상반되는 것은 아닌지 항상 같이 토론할 준비가 되어 있어야 한다. 그렇기 때문에 사회복지사를 양성하고 사회복지사에 대한 재교육을 실시하는 주요 교육 과정에 이러한 윤리적 갈등 문제에 대한 가치 결정 과정이 포함되는 것이다(이효선, 2003). 일반적으로 사회복지 실천현장에서 윤리적 갈등 문제에 대한 의사결정은 사회복지사가 선택할 수 있는 다양한 대안들 가운데 가장 윤리적인 것과 관련하여 판단하고 결정내리는 윤리적 선택 행위를 의미한다(Reamer, 1998).

(1) 의사결정의 틀

① 가치와 의무의 갈등

사회복지는 모든 전문직 중에서 가장 가치를 기반으로 하는 전문직이다(Reamer, 1995). 사회복지 전문가의 임무와 의무(duties and obligations)를 규정할 때, 윤리 원칙을 설정할 때, 사회복지실천 과정에서 윤리적 딜레마에 처했을 때, 실천의 우선 순위를 정해야 할 때 등 언제나 사회복지의 핵심가치(core values)가 그 기반이 되며 기준과 원칙이 된다.

㉠ 핵심적 가치

콘그레스(Congress, 1999)는 사회복지의 핵심적 가치를 다음과 같이 분류하였다.

□개인적 가치: 각 개인의 상황(환경)에 따라 다르게 형성되는 것으로, 일반적으로 가족, 문화, 종교 그리고 사회적 가치로부터 강력히 영향을 받는다. 따라서, 사회복지사의 개인적 가치와 클라이언트의 개인적 가치가 상충하는 상황이 발생할 수 있다.

□사회적 가치: 무엇이 바람직한가에 대한 사회의 공유 개념으로 역사적으로 형성되었고 경험에서 비롯된다. 개인적 가치에 영향을 미치며 시대의 변화와 함께 한다. 미혼모와 효(孝)에 대한 가치 개념이 변한 것은 그 좋은 예이다.

□기관의 가치: 각 사회복지기관의 역할과 기능 및 책임에 따라 기관은 나름의 고유한 가치 체계를 갖고 있다. 아동복지기관은 흔히 가족 유지의 가치를 천명한다.

□전문가 가치: 전문가의 가치가 반드시 개인의 가치와 일치하는 것은 아니라는 주장과 함께 요구가 있는 사람들에 대한 서비스 제공, 사회 정의 증진, 인간의 존엄성과 가치 존중, 인간 관계 강화, 신뢰성 확립, 능력 증진 등을 제시한다.

이 외에도 레비(Levy, 1984), 로웬버그와 돌고프(Lowenberg & Dolgoff, 1996) 등의 많은 학자들이 사회복지실천 과정에서 중시해야 할 핵심 가치들을 분류해 제시함으로써 사회복지사가 윤리적 딜레마에 직면할 때 윤리적 결정을 내릴 수 있도록 돕고 있다.

ⓒ 가치의 위계

이러한 횡적인 분류만으로는 실질적으로 우선 순위를 판단하는 데 부족한 측면이 있다. 일반적으로 많이 활용되는 NASW의 가치 위계는 다음 3단계로 분류된다(NASW, 1995).

□ 1단계: 궁극적 가치(ultimate values)

인간 존중, 평등, 비차별과 같은 가치들로 구성되어 사회복지의 궁극적 목표와 정체성 확립에 기반이 되는 핵심적 가치

□ 2단계: 근사적 가치(proximate values)

특수하고 좀 더 단기적 목표를 표방하는 중간 수준의 가치. 보건의료 서비스, 특정 치료를 거부할 수 있는 환자의 권리 등

□ 3단계: 도구적 가치(instrumental values)

바람직한 목적을 위하여 적절한 수단을 적용시키는 구체적 가치. 비밀 보장, 자기 결정, 고지된 동의 등 클라이언트의 권리를 존중하는 가치

ⓒ 윤리적 임무와 책임

이러한 핵심적인 가치와 우선 순위에 대한 고려와 함께 사회복지사는 클라이언트, 동료, 기관, 최고 관리자, 전문직 및 사회에 대한 전문가로서 윤리적 임무와 책임을 수반하게 되는데, 다음은 그 구체적 내용이다.

□ 지시 원칙과 금지 원칙

사회복지를 실천하는 과정에서 사회복지사에게는 "꼭 해야 한다는 지시적 원칙들(prescriptive, should act)"과 "꼭 하지 말아야 한다는 금지적 원칙들(proscriptive, should not exploit)"에 대한 의무가 주어진다(Reamer, 1995). 이와 관련하여 우리나라 사회복지사 윤리강령(2001)에는 사회복지사가 기본으로 삼아야 할 사상으로 인본주의와 평등주의를 언급하면서 사회적으로나 경제적으로 약자의 편에 서서 사회 정의, 평등, 자유, 민주주의의 가치를 실현하기 위해 활동하도록 전문가의 윤리적 의무와 책임을 명시하고 있다.

□ 윤리적 책임

사회복지사의 의무에는 클라이언트의 이익과 복지 증진 및 사회에 대한 윤리
적 책임이 있다. 클라이언트에 대한 윤리적 책임은 자기 결정권과 고지된 동의
(informed consent), 사생활 보장, 비밀 보장 및 특권(privilege) 등 사회복지 윤리
원칙을 지키고 존중해야 할 것을 강조한다. 사회에 대한 윤리적 책임으로는 취약
하고 억압받는 사람들에 대한 사회복지의 책임을 명시하고 있다(Maluccio,
2002).

□ 윤리적 지도력

직접 서비스에서 윤리적 지도력은 매우 중요하며 지도자가 직접 서비스에서
도덕적 임무를 완수하려면 윤리는 지도력의 본질 및 핵심이 되어야 한다. 사회복
지 전문가는 사회의 기본 가치를 보호하고 해석하는 공적 관리자(public
custodian)로서 의무가 있음을 매닝(Manning, 2003)은 지적한다. 그러기 위해서
는 전문성과 도덕적 비전을 함께 갖추어야 하며 전문가 임무, 조직의 임무, 공적
역할 및 책임과 연계되는 윤리적 함의를 갖는 공적 의무를 수행해야 한다. 이것이
'전문지도자 윤리(ethics for professional leaders)'이다.

② 사회복지사 윤리강령

사회복지사 윤리강령은 사회복지사들이 지켜야 할 전문적 행동 기준과 원칙
을 기술해 놓은 것으로 사회복지사들이 공통으로 합의한 내용을 담고 있다. 그러
므로, 윤리강령은 일반론적이고 광범위한 원칙과 기준에 비해 상대적으로 업무
수행을 통해 적용할 수 있도록 구체적으로 제시되어 의사결정에 도움을 주고 있
다. 물론 법적으로 제재할 힘은 없지만 전문가 단체가 합의해서 만든 것이기 때문
에 사회·윤리적 제재의 힘을 갖는다. 윤리강령의 기능은 사회복지사들이 자신
의 전문직 가치 기준에 맞게 실천할 수 있도록 판단 기준을 제시하는 데 있으며,
사회복지실천 대상자들에게 사회복지사가 지켜야 할 기본적인 윤리 행위를 알려

주어 전문직의 비윤리적 행위에 대해 판단할 수 있는 기준을 제시하는 데 있다.

2001년에 개정된 윤리강령의 개략적인 내용을 살펴보면, 기존의 윤리강령보다 진보성과 전문성, 헌신성을 강조하는 형태를 띠고 있다. 전문, 윤리 기준, 선서로 나누어진 윤리강령은 인본주의와 평등주의 사상에 기초하여 인간의 존엄성과 가치를 존중하고 자유권과 생존권을 보장하는 것을 전제로 하고 있으며, 사회 정의 실현과 클라이언트의 복지 증진에 헌신하면서 사회 경제적으로 열악한 대상층의 편에서 성실하고 공정하게 업무를 수행할 것을 기본 자세로 삼고 있다.

따라서, 윤리강령은 일반사회복지사뿐만 아니라 관리자라면 반드시 숙지해야 하는 내용들로 구성되어 있으며, 관리자는 우리나라의 경우와 함께 미국 NASW의 사회복지사 윤리강령이라든가 국제사회복지협의회의 윤리강령 등을 비교 분석하고 장·단점, 차이점 등에 대해 잘 파악하고 있어야 한다. 또한, 윤리강령 내에서도 서로 상충되는 가치에 대한 우선 순위 고려, 윤리강령에 제시되지 않은 문제들에 대한 합리적인 판단 기준 등을 가지고 있느냐의 여부, 사회 변화에 따라 달라지고 새로이 부각될 윤리적 이슈의 추세를 예측하는 능력 등은 관리자의 관리 및 수퍼비전 능력을 판단하는 중요한 잣대가 된다.

사회복지기관의 성공적 운영을 위한 과제와 도전

제6장

사회복지기관의 성공적 운영을 위한 과제와 도전

이 책의 마지막 장인 이번 장에서는 사회복지기관에 남겨진 과제와 성공적인 운영을 위한 과제들을 조직관리 차원, 자원관리 차원, 프로그램관리 차원, 환경관리 차원에서 각각 검토해본다.

1. 조직관리 차원

우리는 3장에서 조직 구조를 살펴보았다. 오늘날 사회복지기관에 획일적으로 적용될 수 있는 정해진 조직 구조는 없다. 즉, 어떤 기관에 효과적인 조직 구조가 다른 기관에서도 여전히 효과적이긴 어렵다. 다만 오늘날 우리나라의 사회복지기관에서 볼 수 있는 조직 구조상 문제는 어떤 것인지를 파악하고, 조직 구조상의 큰 변화의 경향을 파악하며, 해당 기관이 처한 상황을 객관적으로 파악함으로써 그 상황에 적절하고 효과적인 조직 구조를 찾아낼 필요가 있다.

오늘날 사회복지기관의 조직 구조 경향의 변화는 다음과 같다.

첫째, 사회복지기관은 위계적 구조에서 유기적 구조로 바뀌고 있다. 기관 내에서 기본적인 위계는 있지만 과거에 비해 통제 수준은 약화되고 자율성은 좀 더 강화되며 부서나 전문가들 사이의 유기적 관계가 좀 더 중요시되고 있다.

둘째, 소규모 프로젝트 구조가 과거에 비해 증가하고 있다. 외부 기관에서 사업비를 지원받기 위한 사업계획서를 작성하거나, 신규 사업을 계획할 때 소규모의 프로젝트 팀이 구성된다. 이것은 유기적인 구조를 갖고 있는 기관에서 가능하다.

이러한 두 가지 변화를 말하는 것은 사회복지기관이 반드시 이 두 가지 조직구조 형태를 가져야 한다는 것이 아니라 조직 구조가 탄력적으로 운영되어야 함을 강조하고 있는 것이다. 캔터(Kanter, 1983)는 그의 책에서 유기적인 소규모 프로젝트팀이 자율적으로 형성되는 구조는 조직의 혁신과 성장에도 기여한다고 평가하였다. 미국의 사회복지기관의 변화가 우리보다 앞서 나타난다는 점을 감안할 때 우리의 사회복지기관의 조직 구조는 보다 탄력적이어야 한다.

2. 자원 관리 차원

사회복지기관에서 사용되는 자원은 사회로부터 부여받은 것이기에 자원 사용 그 자체와 결과에 대한 책임성을 기관 외부에 제시할 수 있도록 관리되어야 한다. 사회복지행정에서 자원 관리 부분에 대한 과제와 도전을 각 자원별로 살펴보자.

1) 인적자원 관리

과거에 인적자원 관리는 통제 위주였으나 점차적으로 인력 개발과 효과적인 업무환경 조성을 좀 더 강조하는 추세에 있다. 이제 사회복지기관의 관리자들은 기관에 필요한 신입직원을 다차원적 선발 기준을 적용해서 선발하고, 신입직원의 사회화를 위한 보수 교육에 좀 더 노력해야 한다. 또한, 조직 구성원 개개인이 전문적으로 성장할 수 있는 환경을 창출하는 데 전념할 필요가 있다. 일반 영리기관과는 달리 중·소규모 사회복지기관들에서는 조직 구성원들을 기관의 가치와 목적에 헌신하게 하기 위해 승급이나 금전적인 보상 등과 같은 인센티브 시스템에 의지하기가 쉽지 않다. 따라서, 사회복지기관에서는 이와는 다른 유인적 요소들을 강화할 필요가 있다. 전문직 중심의 조직 구성원들의 속성을 감안한다면 '개인적이고 전문적'인 관심과 역량에 대한 개발이 매력적인 인센티브가 될 수 있다(김영종, 2004).

2) 물적자원 관리

물적자원 사용에 대한 책임성은 단순히 윤리적인 측면의 책임성을 의미하는 것은 아니다. 사회로부터 부여받은 물적자원들은 결국 사회복지기관이 달성하고자 하는 목적 성취에 최소한의 자원으로 사용되어야 한다. 즉, 사회복지기관 관리자들은 자원 활용의 효율성을 더욱 주목해야 한다.

좀 더 적극적인 물적자원 관리는 지출을 효율적으로 잘 하는 것보다 모금 기금을 통해 좀 더 안정적이고 많은 자원을 확보하는 것이다. 따라서, 이제는 사회복지기관에서도 마케팅의 개념을 도입하여 적극 활용할 필요가 있다. 사실 사회복지기관에서 마케팅이라는 용어를 공식적으로 사용하지 않았을 뿐이지 마케팅 활동은 오래 전부터 있어왔다. 사회복지기관의 홍보, 모금 마련 행사, 지역 주민을 위한 행사 등은 단순히 행사 자체에만 의의가 있는 것이 아니다. 결국 이런 행사를 통해 지역사회 주민의 참여를 유도하고, 후원금을 좀 더 확보하며, 유능한 자원봉사자를 확보할 수 있는 것이다. 사회복지기관에서도 클라이언트와의 관계는 때로는 영리기관에서보다 더 중요한데, 서비스를 제공하는 쪽과 받는 쪽이 존재하고, 유사 기관끼리의 경쟁이 존재하기 때문이다. 따라서, 이제는 좀 더 적극적으로 마케팅을 활용해야 한다.

3. 프로그램 차원

사회복지 프로그램들은 계속적으로 변화해 나가야 한다. 외부로부터 위임 사항이 변화하고, 각종 자원이나 클라이언트 환경도 변화하며, 조직 내부로부터의 효과성과 효율성 제고에 대한 요구도 등장한다. 이러한 것들이 조직과 프로그램을 계속해서 변화하게 하는 동인으로 작용한다. 내·외부의 환경적 요구들이 변화하는 상황에 따라 변화된 요구들을 내부적으로 수용하는 것은 사회복지의 책임성 실천과 직접적으로 관련이 있다.

그럼에도 기존의 프로그램들이 변화하기란 쉽지 않다. 기관의 두 가지 궁극적인 목적인 기관의 존립과 목표 추구 중 하나인 기관의 존립은 안정을 희구하는 성향으로 작용하기 때문이다. 즉, 대외적 목표는 변화를 요구하는 데 반해서, 조직 유지의 목표는 안정을 지향하는 상반된 속성을 지닌다. 기관이 목적 전도 현상을 나타내는 경우는 조직 유지의 목표가 대사회적 목표를 압도할 때 발생한다. 이런 경우에는 외부의 환경적 요구들의 변화에 발맞추어 프로그램을 변화해 나가는 것이 불가능해진다. 오히려 기관의 유지를 위해 유리한 환경적 요소를 선별하려는 경향까지도 나타낼 수 있다(김영종, 1998).

이러한 관점에서 볼 때, 우리나라 대부분의 사회복지기관에서 사회복지 프로그램에 대한 기존의 관점은 프로그램의 유지 관리나 기관이 능률적으로 유지되고 있는가에 주된 관심을 가졌다. 그러나, 앞으로는 프로그램의 목표에 대한 관리와 기관이 전체적으로 양질의 프로그램을 제공하고 있는가에 관심의 초점을 두어야 할 것이다. 그리하여, 사회복지기관에서 프로그램 관리의 수준도 프로그램 유지관리 수준에서 현상 개선과 향상을 위한 목표 관리 수준으로, 그리고 향후 구조 변화로 전환될 것으로 판단된다(신복기 외, 2000).

따라서, 사회복지기관 관리자의 가장 중요한 책임이지만 늘 간과되고 있는 것이 바로 프로그램 기획이다. 최근 이슈가 되고 있거나 또는 가용 자원이 있다는 이유만으로 프로그램을 시작하는 데에만 치중하는 경향이 있다(Rapp & Poertner, 1992). 심한 경우, 마치 유행처럼 유사한 프로그램이 잘 된다는 이유만으로 서로 베끼기 식으로 동일한 내용의 프로그램이 이 기관 저 기관에서 성행하는 경우도 허다하다. 그러나, 기획에 대한 신중한 고려 없이 사회복지 프로그램이 클라이언트의 욕구를 효과적으로 충족시킬 수는 없는 일이다.

클라이언트 중심 접근을 위한 프로그램 기획은 과학성에 기초한 논리적인 접근으로 행해져야 한다. 문제를 구체적으로 확인하고 파악해낸 상태에서 클라이언트의 욕구 측정이 과학적으로 이루어져야 한다. 왜냐하면, 문제 해결에 효과적인 프로그램의 기초는 클라이언트의 욕구와 문제를 정확히 파악하는 것이기 때문이다. 또한, 사회복지 프로그램의 질적 수준을 향상시키기 위해서는 우선 프로그램 기획이 특별한 행사가 아니라 일상적인 업무로 자리매김되어야 한다. 그리고, 기획에서 그칠 것이 아니라 기획되고 수행된 프로그램에 대해서는 프로그램 평가가 꼼꼼하게 이루어져야 한다.

4. 환경 관리 차원

1990년대 중반 이후 사회복지기관은 급격한 환경 변화를 경험하고 있다. 기존에 없었던 평가제 시행이나, 사업비를 지원받기 위한 사업 계획서 경쟁, IMF 이후 책임성과 효과성이 강조되는 사회 분위기는 사회복지기관이 좀 더 적극적으로 환경 변화에 대처할 수 있게 하였다. 사회복지에 대한 사회적 욕구가 증가하면서 앞으로도 사회복지기관은 더욱 증가할 전망이어서 이에 따른 경쟁도 더욱 심화될 것이다.

그러므로, 사회복지기관이 기관 운영에 있어 환경을 고려해야 하는 것은 이제

가장 핵심적이고 어려운 일이 되었다. 그렇기 때문에 기관의 환경을 다루기 위해서는 조직 환경을 인식할 때 많은 영향 요인들을 고려해야 한다. 우선, 페퍼(Pfeffer, 1978)의 조직에서 환경을 인식하는 과정과 관련된 논의에서 알 수 있는 바와 같이 조직은 실재하는 환경을 그대로 인식하는 것이 아니고 조직 환경 또한 조직이 설정한 것만을 볼 수 있다는 것이다. 따라서, 사회복지기관이 정확하고 적절하게 환경을 인식하는 것은 기관의 생존에 절대적으로 중요하며 환경과의 관계에서 적합성을 강화하는 데 매우 중요한 기능을 할 것이다. 이러한 중요성 때문에 기관은 환경적 요구를 상시적으로 사정하려는 노력을 하지 않으면 안 된다. 먼저, 기관과 관련된 외부 집단 및 기관에 대해서 파악하고 그 중요성을 이해하려는 노력을 한다. 둘째, 외부 집단 및 조직이 우리 기관에 대해 평가하는 기준을 이해하고 그에 대한 적절한 대응적 활동을 모색한다. 마지막으로, 외부의 평가 기준을 준거로 하여 우리 기관 활동의 파급 효과를 파악하는 노력을 한다면 조직의 환경 대응력을 키우면서 조직의 생존과 발전을 가져올 수 있다는 측면에서 매우 중요한 의미를 가질 수 있다.

그리고, 인력(manpower) 차원에서의 환경 관리는 조직 구성원 중 최고 관리자가 가장 많이 노력해야 한다. 기관의 리더는 행정 관리의 지향점을 외부 환경에 두어야 한다. 사실 이제까지 사회복지기관 리더들은 외부 환경의 변화에 무관심하거나 소극적인 대응을 주로 해왔었다. 그러다가 급격한 환경 변화를 맞게 되고 서서히 적극적인 자세로 변화되기 시작하였다. 외부 환경 관리를 실천하기 위해서는 우선 조직을 개방체계적인 관점으로 볼 수 있는 인식 전환이 요구된다. 또한 조직과 외부 환경과의 관계를 분석하고 이해할 수 있는 지식 체계와 함께 리더십 역할과 기술을 익힐 필요가 있다.

환경 관리의 많은 책임이 최고 관리자에게 있는 것은 분명하나 전적으로 최고 관리자만이 책임져야 하는 것은 아니다. 전 기관 구성원들이 외부 환경의 변화에 민감해야 하고, 상황의 변화가 환경의 변화로 이어지는 것을 미리 예측하고 준비할 필요가 있다.

따라서, 사회복지기관의 환경 관리는 다양한 차원에 있어서의 경쟁력을 강화함으로써 가능해진다. 경쟁력은 기관의 혁신을 통해 확보될 수 있다. 현재의 상태에 대한 냉정한 평가, 변화가 필요하다는 신념이 조직구성원들에게 보편화되어 있는 것, 지속 가능한 리더십, 융통성 있는 기관 운영 등이 반드시 요구된다.

참고문헌

강철희, <한국 모금문화의 선진화 과제>,『사회복지공동모금회 자료집』, 1999.

강흥구, <조직문화가 의료사회사업서비스의 질에 미치는 영향에 관한 연구>, 연세대학교 박사학위논문, 2001.

김영종, <한국 사회복지행정의 환경 변화와 영역 과제>,『한국사회복지행정학』, 제1호, 1999.

김영종, <한국 사회복지조직들의 혁신을 위한 과제와 조건>,『한국사회복지행정학회 1999 추계발표대회 자료집』, 1999.

김영종,『사회복지행정론』, 서울: 학지사, 2004.

남기민, <한국 사회복지행정의 발달과정과 향후과제>,『한국사회복지행정학』, 제1호, 1999.

박재린,『현대조직론의 이해』, 무역경영사, 1998.

성규탁,『사회복지행정론』, 서울: 법문사, 1994.

신복기·박경일·장중탁·이명현,『사회복지행정론』, 서울: 양서원, 2002.

양옥경·김미옥·김미원·김정자·남경희·박인선·신혜령·안혜영·윤현숙·이은주·한혜경,『사회복지 윤리와 철학』, 서울: 나눔의집출판사, 2004.

오정수, <사회복지행정 조직 환경의 변화와 대응 전략>,『한국사회복지행정학』 제1호, 1999.

이성록,『자원봉사활동관리조정론』, 서울: 학문사, 1995.

이효선,『사회복지 윤리와 철학의 이해』, 서울: 학지사, 2003.

장금성·김영숙·김안자, <병원의 조직 문화 유형과 조직 유효성 간의 관계에 관한 연구>,『간호과학논집』, 제1호, 1996.

장인협·이정호,『사회복지행정』, 서울: 서울대학교출판부, 1993.

정무성, <사회복지기관의 후원자 개발을 위한 마케팅 전략에 관한 연구>,『가톨릭대학교 사회복지리뷰』, 제2호, 1998.

정무성,『비영리기관의 모금』, 나눔의집출판사, 2000.

정무성·정진모,『사회복지 프로그램 개발과 평가』, 서울: 양서원, 2001.

조성아, <후원사업전략과 실무기술>,『장애인복지의 새로운 패러다임과 우리의 변화』(장봉혜림재활원 교육연수회 자료집), 2000.

조희숙 외, <종합 병원에서 조직 문화와 조직 유효성과의 관계>,『예방의학회지』, 제32권 3호, 1999.

최성재·남기민,『사회복지행정론』, 서울: 나남 출판, 2001.

최일섭, <21세기 한국복지사회로의 도전>,『제10회 전국사회복지대회자료집』(한국사회복지협의회), 1999.

최일섭·이창호,『사회계획론』, 서울: 나남 출판, 2002.

피터 드러커, 현영하 역,『비영리단체의 경영』, 한국경제신문사, 1995.

한국사회복지행정학회 편,『한국의 사회복지행정』, 서울: 현학사, 2003.

황성철 외,『사회복지행정론』, 현학사, 2003.

황성철·정무성·강철희·최재성,『사회복지행정론』, 서울: 현학사, 2003.

Anthony(R.) & Heezlinger(R.), *Management Control in nonprofit Organizations Homewood*, IL: Richard D. Irwin, 1984.

Boyet(J. H.) & Conn(H. P.), *Maximum management*. Macomb, IL: Glenbridge, 1988.

Bradshaw(J.), *City classification handbook: Methods and classification*. NY: John Wiley, 1972.

Broady(R.), *Effectively Managing Human Service Organizations*. TH: Sage Publications, 2000.

Broskowski(A.) & Baker(F. R.), "Professional, organizational and social barriers to primary prevention", in *American Journal of Orthopsychiatry*, 44, 1974: 707-719.

Bryson(J. M.), *Strategic Planning for Public & Nonprofit Organizations*. SF: Jossey-Bass, 1995.

Burger(P. L) & Luckman(T.), *The social construction of Reality*. NY: Doubleday, 1967.

Burns(T.) & Stalker(G. M.), *The Management of Innovation*. London: Travistock, 1961.

Carlisle(H.), *Management Essentials: Concepts for Productivity and Innovation*, Chicago: Science Research Associates, 1987.

Chait(R. P.), Holland(T. P.), & Taylor(B. E.), *The effective board of trustees*, Phoenix:Orix Press, 1993

Cherniss(C.), *Professional burnout in human service organizations*. NY: Praeger, 1980.

Congress(E. P.), *Social work values and ethics*, Chicago: Nelson-Hall Publishers, 1999.

Cooper(R. B.), "Market strategies for hospitals in a competitive environment" in *Hospital and Health Services Administration*, 1983: 9-15.

Dension(D. R.), "Bring Corporate Culture to the Bottom Line", in *Organizational Dynamics*, 1984.

Dror(Y.), "The planning process: A facet design", in Lyden(F.) & Miller(E.)(ed.), *Planning-Programming-Budgeting*, Chicago: Markham Publishing Co., 1967.

Drucker(P. F.), *Management: Tasks · responsibilities · practices*, NY: Harper & Row, 1973.

Edwards(R. L.), Yankey(J. A.), & Altpeter(M. A.), *Skills for Effective management of nonprofit organizations*, NASW Press, 1998.

Ehlers(W. H.), Austin(M. J.), & Prothero(J. C.), *Administration for the Human Services. An Introductory Programmed Text*. NY: Harper & Row Publishers, 1976.

Foster(M.), "Effective job analysis methods", in Condrey(S.)(ed.), *The encyclopedia of social work*(19th ed.), Washington, DC: NASW Press, 1998.

Friesen(B. J.) & Austin(M. J.), "The mental health executive in a context of madness", in Perlmutter(F. D.)(ed.), *Human services at risk*, Lexington, MA: Lexington books, 1984.

Gates(B.), *Social Program Administration: The Implementation of Social Policy*, Englewood Cliffs, NJ: Prentice Hall, 1980.

Gilbert(N.) & Specht(H.), *Planning for Social Welfare*, Englewood Cliffs, NH. 1997.

Grusky(O.) & Miller(G. A.), *The sociology of organizations*. NY: Free Press, 1970.

Gummer(B.), "Is the social worker in public welfare an endangered species?" in *Public Welfare*, 57(Fall), 1979: 12-21.

Hackman(J.) & Oldham(G.), *Work Design. Reading*, MA: Addison-Wesley, 1980.

Harvey(S. H.) & Raider(M. C.), "Administrative burnout", in *Administration in Social Work*, 8, 1984: 81-89.

Hasenfeld(Y.), *Human Service Organizations*, Prentice Hall, Inc., Englewood Cliffs, 1983.

Hasenfeld(Y.), *Human Service as Complex Organizations*, Newbury Park: Sage Publication, 1992.

Houle(C. O.), *Governing Boards: Their nature and nurture*. San Francisco: Jossey-Bass. 1989.

John(M.) & Stone(G. L.), "Social workers and burnout: A psychological description" in *Journal of Social Science Research*, 10(1), 1987.

Johnson(A.), "The Administrative Process in Social Work" in *Proceedings of the National Conference of Social Work*. NY: Columbia University Press, 1947.

Kadushin(A.), *Supervision in Social work*. NY: Columbia University Press, 1976.

Kadushin(A.), *Supervision in Social work*(2nd ed.). NY: Columbia University Press, 1985.

Kahn(E. M.), "The voluntary sector can remain alive-and well", in Perlmutter(F. D.)(ed.), *Human services at risk*, Lexington, MA: Lexington Books. 1984: 57-74.

Kast(F.) & Rosenweig(J.), *Organizational and Management: A System Approach*, NY: McGraw Hill, 1970.

Kettner(P. M.) , *Achieving excellence in the management of human service organizations*. MA: Allyn & Bacon, 2002.

Kettner(P. M.), Moroney(R. M.), Martin(L. L.), *Designing and managing programs —An effectiveness-based approach (II)*. CA: Sage publication, 1999.

Kidneigh(J. C.), "Social Work Administration: An Area of Social Work Practice?" in *Social Work Journal*, 31, No. 2., 1950.

Kotler(P.), *Marketing management: analysis, planning, and control,* 6th ed., NJ: Prentice hall. 1988.

Kramer(R. M.), "Ideology, status and power in board-executive relationships", in Kramer(R. M.) & Specht(H.)(ed.), *Readings in Community Organization Practice.* Englewood Cliffs, NJ: Prentice-Hall. 1969: 285-293.

Kramer(R.) & Specht(H.)(ed.), *Readings in Community Organization Practice*(3rd ed.). Englewood Cliffs, NJ: Prentice-Hall, 1983.

Levinson(D.) & Klerman(G.), "The clinician-executive revisited" in *Administration in Mental Health*, 1972: 64-67.

Levinson(D.) & Klerman(G.), "The clinician-executive", in *Psychiatry*, 30, 1967: 3-15.

Levy(C.), "The ethics of management" *in Administration in Social Work*, 3, 1979: 277-288.

Lewis(J. A.), Lewis(M. D.), Packard(T.), & Souflee(F. Jr.), *Management of Human Service Program*(3rd ed.). Belmont, CA: Brooks & Cole, 2001.

Loewenberg(F. M.) & Dolgoff(R.), *Ethical decisions for social work practice*(5th ed.), Itasca: IL., F. E. Peacock. Inc. 1996.

Lohmann(R.), "Breaking Even: Financial Management", in *Human Service Organizations*, Philadelphia: Temple University Press, 1989.

Maluccio(A. N.), Pine(B. A.), & Tracy(E. M.), "Ethical issues in working with vulnerable families", in *Social work practice with families and children*, NY: Columbia univ. press. 2002.

Manning(S. S.), *Ethical leadership in human services: a multidimensional approach.* Boston: Allyn and Bacon. 2003.

Maslach(C.) & Leiter(M.), *The truth about burnout: How organizations cause personal stress and how to get out of it*. San Francisco: Jossey-Bass, 1997.

Maslow(A. H.), "Management as a psychological experiment", in Nord(W. E.)(ed.), *Concepts and controversy in organizational behavior*(2nd ed.). Monica: Goodyear Publishing. 1976.

Maslow(A. H.), *Motivation and personality*. NY: Harper and row, 1954.

McCormack(M. H.), Mark H. *McCormack on Managing,* West Hollywood, CA: Dove, 1996.

McKenna(C.), *Quantitative Methods for Public Decision Making*. NY: McGraw Hill. 1980.

Mechanic(D.), "Sources of power in lower participants in complex organizations", in *Administrative Science Quarterly*, 7, 1962: 349-364.

Mintzberg(H.), *The nature of managerial work*. NY: Harper & Row, 1973.

Mintzberg(H.), *The structuring of organizations*. Upper saddle river, NJ: Prentice hall, 1979.

Moorhead & Griffin, *Organizational Behavior*, 1992.

Morris(P.) & Rein(M.), *Dilemmas of Social Reform*. NY: Artherton Press, 1967.

Neo(R. A.), Hollenback(J. R.), Gerhart(B. G.), & Wright(P. M.), *Human Resource Management*. USA: IRWIN Inc, 1997.

Patti(R. J.), "The New Scientific Management: Systems Management for Social Welfare", in *Public Welfare*, 33, No. 2, 1975.

Patti(R. J.), *Social Welfare: Managing Social Programs in a Developmental Context*. Englewood Cliffs, NJ: Prentice Hall, 1983.

Patti(R. J.), *The Handbook of Social Welfare Management*. Sage Publications, Inc., 2000.

Payne(M.), "The code of ethics, the social work manager, and the organization," in David Watson(ed.), *A code of ethics for social work*, London: Routledge & Kegan Paul, 1985.

Perlman(H.), "The problem solving model", in Turner(F.)(ed.), *Social Work Treatment: Interlocking Theoretical Approaches*(3rd ed.). NY: Free Press, 1986.

Perlmutter(F. D.) & Silverman(H.), "The community mental health center: A structural anachronism", in *Social Work*, 17, 1972: 78-85.

Perlmutter(F. D.) & Vayda(A. M.), "Barriers to prevention programs in community mental health centers", in *Administration in Mental Health*, 2, 1978: 140-153.

Perlmutter(F. D.), "Citizens participation and professionalism: A developmental relationship", in *Public Welfare*, 31(3), 1973a: 25-28.

Perlmutter(F. D.), "Prevention and treatment: A Strategy for survival", in *Community Mental Health Journal*, 10, 1973b: 276-281.

Perlmutter(F. D.), *Changing hats from social work practice to administration*, NE: NASW press, 1990.

Peters(T.) & Waterman(R.), *In search of Excellence: Lessons from America's best-run Companies*. NY: Harper and Row, 1982.

Pfeffer(J.), *External control of organizations*. NY: Harper and Row publication. 1978.

Raider(M.), "Installing management by objectives in social agencies", in Slavin(S.)(ed.), *Social Administration: The management of the Social Services*(2nd ed.), vol.(1), 1985.

Rapp(C. A.) & Poertner(J.), *Social Administration: A Client Centered Approach*. NY: Longman Publishing Group, 1992.

Reamer(F. G), *Social work values and ethics*. NY: Columbia univ. press, 1995.

Reamer(F. G.), "Ethics and values", in *Encyclopedia of social work*(19th ed.), Washington, DC: NASW press, 1995: 893-902.

Robbins(S. P.), *Organizational Theory: Structure, Design and Applications*(3rd ed.), Prentice Hall International, Inc. 1990.

Rose(G.), "Issues in professionalism: British social work triumphant", in Perlmutter(F. D.)(ed.), *A design for social work practice*, NY: Columbia University Press. 1974: 172-191.

Rossi(P.) & Freeman(H.), *Evaluation: A systematic Approach*. Beverly Hills: Sage Publications, 1993.

Sager(J.), "Change livers for improving organizational performance and staff morale", in Rothman(J.), Erlich(J.), Tropman(J.), & Cox(F.)(ed.), *Strategies of community intervention*(5th ed.). Itasca, IL: Peacock. 1995.

Sarri(R.), "Administration in Social Welfare," in *Social Work Yearbook*(16th ed.). Vol. 1, NY: National Association of Social Workers, 1971.

Sarri(R.), "Administration in social welfare", in *Encyclopedia of social work*(18th ed.), Vol. I, 1987.

Sathe(V.), "Implementation of Corporate Culture: A manager's Guide to Action", in *Organizational Dynamics*, 28, 1983.

Schein(E. H.), *Organizational Culture and Leadership*, San Francisco: Jossey-Bass, 1985.

Schoech(D.), "Information system", in Edwards(R.)(ed.), *The encyclopedia of social work*(19th ed). Washington, DC: NASW Press, 1995.

Schoech(D.), *Human Service Technology: Understanding, designing, and implementing computer and Internet applications in the social services*. NY: Haworth Press, 1999.

Scriven(M.), "The Methodology of Evaluation", in Tyler(R.) & Scriven(M.)(ed.), *Perspectives of Curriculum Evaluation*. Chicago: Rand McNally, 1967.

Selznick(P.), *Leadership in administration. Evanston*, IL: Row Publishing, 1957.

Skidmore(R. A.), *Social Work Administration: Dynamic Management and Human Relations*, Needham Heights, MA: Allyn & Bacon, 1995.

Slavin(S.), "A theoretical framework for social administration", in Perlmutter(F. D.) & Slavin(S.)(ed.), *Leadership in social administration*. Philadelphia: Temple University press, 1980.

Smircich(L.), "Concept of Cultural & Organizational Analysis" in *Administrative Science Quarterly*, 28(3), 1983.

Steiner(R.), *Managing the human service organization; from survival to achievement*. CA: Sage Publications, 1977.

Stern(M.), "The politics of American social welfare", in Perlmutter(F. D.)(ed.), *Human services at risk*. Lexington, MA: Lexington Books. 1984: 3-22.

Tannenbaum(R.) & Schmidt(W.), "How to choose a leadership pattern", *Harvard Business Review*, 36(2), 1958.

Trecker(H. B.), *Group Process in Administration*. NY: The Woman's Press, 1947.

Trecker(H. B.), *Social work administration: Principles and practices*. NY: Association Press, 1948.

Vandervelde(M.), "The semantics of participation", in *Administration in Social Work*, 3, 1979: 65-78.

Vash(C.), *The burnt-out administrator*. NY: Springer, 1980.

Vineyard(S.), *Marketing magic for volunteer programs*. Heritage Arts, 1984.

Watson(K. W.), "Differential Supervision", in *Social Work*, vol. 18, 1973.

Weiner(M.), *Human Service Management: Analysis and Applications*, Belmont, CA: Wadsworth Publishing, 1990.

White(O.), "The dialectical organization: An alternative to bureaucracy", in *Public administration review*, 29, 1980: 32-42.

Wilson(M.), *The effective management of volunteer program*. Volunteer management associates, 1976.

York(R.), *Human Service Planning: Concepts, Tools, and Methods*. Chapel Hill, NC: The
University of North Carolina Press, 1982.

ㅇ

인명색인

장 신 재

연세대학교 사회복지학 박사
   현, 서울장신대학교 전임강사
   보건복지부 사회복지시설평가 위원
   연세대학교 사회복지연구소 객원 연구원
   ○○시 사회복지직 공무원 임용시험 출제위원
   경기도 광주시 지역사회복지협의회 위원

발표논문

「결식아동을 위한 급식 지원 및 생활 실태 연구」(한국아동복지학회, 2005)
「사회복지전담공무원의 임파워먼트에 영향을 미치는 요인에 관한 연구」(한국사회보장학
   회, 2004)
「사회복지전담공무원의 직무성과에 영향을 미치는 요인에 관한 연구-내외통제성의 조절
   효과를 중심으로」(한국사회복지행정학회, 2003)
「수요자 중심 원칙에서 조명한 우리나라 보육료 지원 제도 성격에 관한 소고」(한국아동복
   지학회, 2002) 외 다수

사회복지행정론
   — 사회복지기관행정을 중심으로

초판1쇄 발행 2005년 9월 30일
초판4쇄 발행 2017년 3월 15일

지은이 | 장신재
펴낸곳 | 사회복지전문출판 나눔의집
펴낸이 | 박정희
주   소 | 서울 금천구 디지털로9길 68, 1105호(가산동, 대륭포스트타워 5차)
전   화 | 1688-4604
팩   스 | 02-2624-4240

값 13,000원
ISBN : 89-5810-066-4 93330